Ludo Moritz Hartmann
Theodor Mommsen.
Eine biographische Skizze

SEVERUS Verlag

ISBN: 978-3-95801-666-8
Druck: SEVERUS Verlag, 2017
Nachdruck der Originalausgabe von 1908

Satz und Lektorat: Christine Frieling

Der SEVERUS Verlag ist ein Imprint der Diplomica Verlag GmbH.
Bibliografische Information der Deutschen Nationalbibliothek:
Die Deutsche Nationalbibliothek verzeichnet diese Publikation in der
Deutschen Nationalbibliografie; detaillierte bibliografische Daten
sind im Internet über http://dnb.d-nb.de abrufbar.

Ludo Moritz Hartmann

Theodor Mommsen.
Eine biographische Skizze

Im Anhang:
Ausgewählte politische Aufsätze Mommsens

SEVERUS

Inhaltsverzeichnis

Vorwort

Die vorliegende biographische Skizze ist mit Erlaubnis des Verlegers aus „Biographisches Jahrbuch und Deutscher Nekrolog", herausgegeben von A. *Bettelheim*, IX. Band (1906) abgedruckt worden. Anhangsweise hinzugefügt wurden politische Artikel Mommsens, die in den „Gesammelten Schriften" keine Aufnahme fanden. Auch im Texte wurden an manchen Orten Erweiterungen und Verbesserungen vorgenommen.

Selbstverständlich muss die Biographie von Mommsen erst geschrieben werden; sie kann aber erst geschrieben werden, wenn das reiche noch vorhandene Quellenmaterial zugänglich sein wird. Nur dadurch, dass dies infolge besonderer Umstände für lange Zeit nicht zu erwarten ist, während ich andererseits in mancherlei nicht allgemein zugängliche Quellen Einsicht nehmen durfte, ist die Wiederveröffentlichung dieser Skizze gerechtfertigt.

Zu lebhaftem Danke bin ich vor allem der Familie Mommsens verpflichtet, welche mir in der gütigsten Weise Auskünfte erteilte und Mitteilungen in reichlichem Maße vermittelte; außerdem namentlich Herrn Professor *Otto Hirschfeld* und Herrn Professor *U. v. Wilamowitz-Möllendor*. Die Einsicht in einige interessante Briefe an den verstorbenen Professor *Levin Goldschmidt* verdanke ich der Güte von dessen Witwe. Einige andere stellte mir *Th. Barth* freundlichst zur Verfügung. Auch sonst konnte ich eine Anzahl ungedruckter Privatbriefe Mommsens benutzen. – Sehr reiches Material für die Kenntnis der

Persönlichkeit bieten die von Hirschfeld nach Mommsens Tode gesammelten „Reden und Aufsätze" (Berlin 1905. – Zitiert als „*R. u. A.*") und natürlich auch die übrigen Werke Mommsens. Diese sind jetzt vollständig zusammengestellt in: „Th. M. als Schriftsteller. – Ein Verzeichnis seiner Schriften von *K. Zangemeister*, im Auftrage der Königl. Bibliothek bearbeitet und fortgesetzt von *Emil Jacobs*" (Berlin 1905. – Zitiert als *Z.-J.*). Herr Dr. Jacobs hat jeden künftigen Biographen durch seine Arbeit der mühevollen bibliographischen Vorarbeit überhoben. – Außer einigen an geeigneter Stelle zitierten Artikeln über Mommsen führe ich ferner hier folgende Aufsätze an, die durch ihre Darstellung oder durch Mitteilung von Material für mich von besonderem Interesse waren: *C. Bardt*, Th. M. (Berlin, Weidmann, 1903. – Geschrieben 1875). – *Th. Barth*, Th. M. in „Die Nation", XXI. Jahrgang, Nr. 6 (7. Nov. 1903). – *H. Blümner*, Th. M. (Separatabdr. der N. Züricher Zeitung 1903, 4. bis 6. Nov.). – *E. Bormann*, Th. M., Ansprache bei der Gedenkfeier der Wiener Universität am 30. Nov. 1903 (Wien 1904, Selbstverlag). – *E. Costa, T. M., Discorso inaugurale per l' anno 1904–5 nell' Università di Bologna (Bologna, Stabil. tip. Succ. Monti, 1904. – Abdruck: Bologna, Zanichelli 1905)* mit Briefen an Borghesi. – *A. Dove*, Zur Erinnerung an Th. M. in Beilage zur „Allgem. Zeitung", München 2. und 3. Februar 1904, Nr. 26. 27 mit Briefauszügen. – *O. Gradenwitz*, Th. M. in „Zeitschr. der Savignystiftung für Rechtsgeschichte", Rom. Abt., Bd. XXV (1904). – *A. Harnack*, Rede bei der Begräbnisfeier Th. M.s (Leipzig, Hinrichssche Buchhandlung, 1903). – *O. Hirschfeld*, Gedächtnisrede auf Th. M. in: Abhandlungen der Königl. Preußischen Akademie der Wissenschaften vom Jahre 1904 (zitiert: *Hirschfeld, Ak.*). – *O. Hirschfeld*, M. (Rede, gehalten zum 80. Geburtstag, abgedruckt in „Der Zeitgeist", Beiblatt zum „Berliner

Tageblatt", Nr. 48, 30. Nov. 1903). – *Ch. Huelsen*, Zum Gedächtnis Th. M., Rede, gehalten in der Institutssitzung am 11. Dez. 1903, in „Mitteil. des *K. D.* Archäol. Instituts", Rom 1903, Bd. XVIII. – *J. Kaerst*, Th. M., in „Historische Vierteljahrsschrift" 1904, S. 313–342. – *C. F. Lehmann*, M.s Lebenswerk, in „Berliner Neueste Nachrichten", 8. u. 10. Nov. 1903. – *O. Seeck*, Zur Charakteristik M.s, in „Deutsche Rundschau", Bd. XXX, 4. Jan. 1904. – *E. Schwartz*, Rede auf Th. M., in „Nachrichten von der Königl. Gesellschaft der Wissenschaften zu Göttingen; Gesch. Mitteilungen" 1904, Heft 1. – Außerdem brachten natürlich die meisten deutschen und italienischen Zeitungen Nachrufe. – Recht verkehrt ist die Auffassung Mommsens bei *A. Guilland, L'Allemagne nouvelle et ses historiens* (Paris, Alcan, 1899).

Wien, im Juli 1908.
Ludo Moritz Hartmann.

Lehrjahre

(Christian Mathias) Theodor Mommsen wurde am 30. November 1817 in Garding im südwestlichen Schleswig als der älteste Sohn des zweiten Predigers (Diakons) Jens Mommsen (geb. 1783), eines geborenen Friesen, und dessen Gattin Sophie Elisabeth, geb. Krumbhaar aus Altona, geboren. Als der Knabe drei Jahre alt war, wurde der Vater nach Oldesloe in Holstein versetzt, nachdem er in einer Eingabe darauf hingewiesen hatte, dass die Notwendigkeit, Privatstunden zu geben, und die Marschluft seine Gesundheit schon sehr angegriffen habe; hier wuchs Theodor in dem einsam auf einem Hügel gelegenen Pfarrhause mit seinen beiden jüngeren Brüdern Tycho (geb. 1819) und August (geb. 1821) und zwei Schwestern, von denen eine in zartem Alter starb, heran. Der geräumige Garten war das Revier der drei Knaben, die nur wenig mit anderen Kindern in Berührung kamen; und unter dem Birnbaume, der den Garten überragte, wie der Garten das Städtchen, mag Theodor seine ersten Gedichte geträumt haben. Der Vater, dessen amtliche Einkünfte (376 Rtlr.) auch jetzt nicht ausreichten, um Frau und Kinder, sowie seine alte Mutter und durch Elementarereignisse verarmte Schwestern zu ernähren, war offenbar ein vorzüglich humanistisch gebildeter Mann, in dem, wenn er auch in enge und ihn bedrückende Verhältnisse gebannt war, mehr steckte, als ein Dorfpfarrer; er wusste sich durch seine Humanität und seine liebevolle Fürsorge die Liebe seiner Pfarrkinder in hohem Maße zu erwerben, konnte es aber trotz wiederholter Suppliken nicht erreichen, dass ihm eine Pfarre übertragen wurde; „ihm verdanken wir", so schreibt Tycho in seiner Autobiographie[1], „die Liebe für alles Sprachliche und die Neigung zur Poesie, welche er in uns nach seiner sanften und innigen Weise zu übertragen wußte, ohne daß wir ein Soll und Muß dabei kennen lernten; meiner Mutter dagegen, die sich durch ihre schlichte Rechtlichkeit und praktische Verständigkeit auszeichnete, das, was dieser Art Gutes in uns zu finden sein mag. Sie ließ nicht immer, wie der Vater, alles, was an Wildheit und Unart der Knaben vorkam, gelten, und wir sind ihr dafür noch im Grabe den höchsten Dank schuldig". Der Vater allein unterrichtete die Knaben in den – allerdings nicht regelmäßig abgezirkelten – Stunden, die er von seinen Amtsgeschäften und Lektionen erübrigte; seine Bezüge hätten nicht dazu ausgereicht, seinen Söhnen einen Hauslehrer zu halten oder sie von früher Jugend an in ein Internat zu schicken. Doch legte er auf ihre Erziehung das größte Gewicht. Und wenn er ihnen, die weniger als andere Knaben vom Lernen abgezogen wurden, die Liebe zur Wissenschaft einimpfte, so musste andererseits das ländliche Milieu dazu beitragen, ihre Körper zu stählen und neben der Erziehung der Mutter die kernhafte, tüchtige Art der Schleswig-Holsteiner, aus denen gerade in jener Zeit so viele hervorragende Menschen hervorgegangen sind, ihnen ein Beispiel zur Selbsterziehung des Pflichtbewusstseins geben. Dem Manne, der später berufen war, das hohe Lied von der Tüchtigkeit des altitalienischen Bauernstandes anzustimmen, mögen mitunter die Eindrücke, die er aus seiner nordischen Heimat mit sich ins Leben genommen hatte,

---

1   Veröffentlicht von J. *Ziehen* in Bursians Jahresberichten über die Fortschritte der klass. Altertumswiss. für 1904, Biograph. Jahrbuch 27, S. 103ff.

in den Bildern aus uralter Zeit wieder lebendig geworden sein. Und man wird auch nicht irre gehen – mag auch in dem abgeschiedenen Pfarrhause wenig politisiert worden sein –, wenn man vermutet, dass die Keime zu Mommsens politischen Anschauungen sich schon in jener Atmosphäre entwickelten, in welcher der selbstbewusste Unabhängigkeitssinn des freien und intelligenten Bauern und der nationale Widerstand gegen die dänische Herrschaft zugleich mit dem Sehnen nach einem einigen und mächtigen Deutschland erstarkt waren.

Es zeugt schon von einem hohen Grade von Energie und Ruhe, dass die beiden älteren Brüder, als es notwendig wurde, die Studien in einen regelmäßigen Lehrplan ausmünden zu lassen, „nach einem selbstgemachten, nur vom Vater gebilligten Lektionsplan arbeiteten, wobei wir" – so erzählt der eine von ihnen – „zugleich Lehrer und Schüler waren".

Am 4. Oktober 1834, also in verhältnismäßig nicht jungen Jahren, trat Theodor Mommsen zusammen mit Tycho in die Prima des Christianeums in Altona ein und wurde ein Jahr später in die Selekta versetzt, der er zweieinhalb Jahre angehörte.[2] Ein Stipendium der Schröderschen Stiftung ermöglichte dem Sohne des Landpfarrers das Studium. In welcher Weise die einzelnen Lehrer, der Direktor Eggers, der als feiner Philologe geschildert wird, der Senior

---

2   Dies nach: „Drei Aufsätze Th. M.s aus seiner Schulzeit. Eine Erinnerungsgabe zum 80. Geburtstage, überreicht vom königl. Christianeum in Altona." Als Manuskript gedr. Berlin, Weidmann, 1897. – Dazu „Jahresbericht des königl. Christianeums zu Altona über das Schuljahr 1888–89", S. 29; ferner Ad. *Wachholtz*, Aus Th. M.s Schulzeit, in „Festschrift der 48. Versamml. D. Philol. u. Schulmänner in Hamburg dargebr. vom Lehrerkollegium des königl. Christianeums zu Altona" (1905), S. 31–54 und Tycho M.s Autobiographie.

des Professorenkollegiums Klausen, den er in einem Fest-
gedichte feierte, u.a. auf Mommsen eingewirkt haben, lässt
sich kaum mehr feststellen. Wohl aber musste es von der
größten Bedeutung für die Entwicklung der Brüder sein,
dass sie aus der Enge der heimatlichen Verhältnisse zum
ersten Male dauernd, wenn auch nicht inmitten, so doch
neben das Getriebe einer Stadt wie Hamburg versetzt wurden, deren weitreichende geschäftliche und gesellschaftliche Beziehungen notwendig den Gesichtskreis dessen
erweitern mussten, der mit ihr in Berührung kam; eine
Anzahl von Frauen und Männern, auch außerhalb der
Schule, übten bedeutenden Einfluss auf Herz und Charakter aus. Nichtsdestoweniger wurde es den beiden Brüdern,
die an die stille und harmonische Würde des Vaterhau-
ses gewöhnt waren, anfänglich schwer, sich in den ihnen
roh erscheinenden Ton ihrer Mitschüler zu schicken, und
namentlich Theodor entbehrte in seinem starken Empfinden für die Schönheiten der Natur das Landleben. Die
Großstadt erschien ihm öde, wie die Wüste, und er fühlte
sich vereinsamt. Der erste Verlust, der ihn tief ergriff, war
der seiner jungen Schwester. Aber auch sonst überkamen
den heranwachsenden Jüngling niedergeschlagene, welt-
schmerzliche Stimmungen, die ihren Ursprung nicht nur
in der Nachempfindung zeitgenössischer Poesie, sondern
auch in einem ureigenen Zuge seines Wesens hatten, das
sich damals zuerst, faustisch und Goethes hohes Ideal vor
der Seele, auf sich selbst gestellt, durch die großen Probleme des Lebens durchzuringen begann. Er rang sich vom
Christen zum Deisten, vom Deisten zum Atheisten durch,
da sein Wahrheitsdrang ihm nicht gestattete zu postu-
lieren, und seine Kritik unbezwinglich rege wurde. Aber
gerade die Schärfe seiner Kritik machte ihm vor sich selbst
bange, bis er sein melancholisches Selbstverzweifeln, „daß
wir nichts wissen *können*", wieder überwand.

Da ihn, wie er selbst bekennt, die eigentlich grammatische Philologie nur wenig anzog und er auch der in Tabellen aufgelösten Geschichte keinen Geschmack abgewann, trieb er neben der Schule, was sich ihm gerade bot, neuere Literatur, besonders englische und französische, kursorische Lektüre der alten Schriftsteller, die ihn gerade anzogen, und was der Tag mit sich brachte. In einem „wissenschaftlichen Vereine" interpretierten die Schüler der Selekta lateinische Schriftsteller, stellten Redeübungen an und schrieben und disputierten auch über allgemeine Themen; „er ersetzte manches, was die Schule nicht bot, besonders im Deutschen"; Mommsen trat im Herbst 1837 bei; als Quästor und Archivar, als Präses und Sekretär konnte er zum ersten Male sein Organisationstalent betätigen. „Mir ist es in diesem Kreise", so schreibt er in viel späteren Jahren, „zum erstenmal nach einer fast einsam verlebten Jugend deutlich geworden, daß der Mensch sich am Menschen schleifen muß, wie der Diamant am Diamanten, und welcher fruchtbare Segen in diesem gemeinsamen Streben liegt. Weiter bringt es keiner, als einer in der Reihe der Mitstrebenden zu sein, und es ist auch nicht nötig, denn es gibt nichts Höheres". Wohl aber erkannten seine Genossen schon damals das „Kraftgenie" ihres Mitarbeiters, wenn ihm auch manche Kritik nicht erspart blieb. Er seinerseits beteiligte sich nicht nur lebhaft an den Kritiken der von anderen, auch von Bruder Tycho eingelieferten Aufsätze, deklamierte nicht nur Goethesche Gedichte und interpretierte Horazische und Klopstocksche Oden, sondern hielt auch „halbextemporäre" Reden über gegebene Themata und lieferte schriftliche Arbeiten ein. Der von ihm vorgetragene Aufsatz „Zur Einleitung in die Schriften des jungen Deutschlands" bezeichnet als das Hauptziel des jungen Deutschlands allseitige Emanzipation, Befreiung von allem Widernatürlichen, sieht in dem „jungen Deutschland" die

Äußerung des Zeitgeistes und schließt: „Der Liberalismus, nicht mehr auf Politik beschränkt, gewinnt immer mehr geistigen Boden, breitet sich immer weiter in den Gemütern der Menschen aus. In Berlin entstehen ganze Gesellschaftskreise, die mit Herz und Sinn modern sind, namentlich – auch ein Fortschritt der Kultur – von ausgezeichneten Frauen (Rahel Varnhagen, Charlotte Stieglitz). Wir selbst endlich, die wir doch auch liberal sein wollen, sind wir junge Deutsche oder nicht? Habt ihr erkannt, daß der heilige Geist in dem jungen Deutschland ist, so verleugnet ihn nicht." Auch die anderen Aufsätze, die Mommsen dem Vereine einreichte, gestatten einen Einblick in den Gedankenkreis des Zwanzigjährigen, und wenn es auch töricht wäre, das Bild eines fertigen Mannes in ihnen zu suchen, so weisen sie doch neben vorübergehenden Einflüssen solche auf, die dauernd auf ihn eingewirkt haben, und zeigen wesentliche Züge seiner Persönlichkeit.

Am überraschendsten ist wohl in formeller Beziehung die vollständige Abhängigkeit vom Schillerschen Stile, nur hier und da können einzelne Pointen an den späteren Mommsen erinnern. Aber auch inhaltlich tritt keine Einwirkung so stark hervor, wie die der deutschen idealistischen Aufklärungsphilosophie Kants und Schillers; diese hat aber, so sehr er spekulativen philosophischen Erörterungen abgeneigt war, über seine Jugend hinaus in ihm nachgewirkt. So hat er sich schon damals so weit von dem Pfarrhause emanzipiert, dass er die „Lehre von der Vorsehung" ablehnt, namentlich weil sie der menschlichen Freiheit widerstreite, und dadurch u.a. die lebhafte Kritik des Ehrenmitgliedes des Vereins, eines Pastors Möller,[3] hervorgerufen. Die vernunftgemäße Entwicklung, der Fortschritt des Menschengeschlechts scheint ihm

---

3   Vgl. „Festschrift" usw. S. 46; auch S. 43.

selbstverständlich; obwohl er aber im ganzen unter dem Einflusse des zeitgenössischen Liberalismus steht, so will er doch den Egoismus als „Grundtrieb" nicht anerkennen. Mit historischen Fragen beschäftigt er sich namentlich in dem Aufsatze „Welches sind die Erfordernisse einer guten Biographie?", in welchem er Drumann tadelt, dass er durch eine Aneinanderreihung von Biographien die Geschichte zu ersetzen dachte, als Hauptaufgabe jeder Lebensbeschreibung die Charakteristik betont und, indem er als Vorbedingung psychologische Erfahrung und praktisch erworbene Menschenkenntnis fordert, doch die subjektiven Grenzen der Annäherung an die Wahrheit betont – und in dem Aufsatze „Genies sind notwendige Übel", in welchem er die Kernfrage der Bedeutung des Individuums behandelt; „die Gegenwart", so schreibt der junge Mommsen, „ist die Tochter der Vergangenheit und in dieser ist die Richtung des Ganzen und des einzelnen begründet"; „der Zeitgeist beruht auf dem Kausalitätsverhältnis zwischen Vergangenheit und Gegenwart „; „das Genie ist der Apostel des Zeitgeistes, der mit leisem Ohre das, was zur weiteren Entwicklung nötig ist, die Zeitbedürfnisse erlauscht, der, selbst ein Sohn des Zeitgeistes, ihn hervorruft und hegt, der, das Künftige ahnend im Busen tragend, seiner Zeit vorausgeeilt ist, der die Zukunft ins Leben ruft und mit prophetischer Begeisterung verkündigt." – Die eigene Zeit erschien ihm allerdings unproduktiv, der damaligen Gesamtstimmung entsprechend, weil die Kritik das schaffende Element überwiege und unterdrücke, und aus dieser Stimmung heraus ist kurze Zeit vor seinem Abschiede von Altona, nach einer mehrwöchigen Krankheit und inmitten der Vorbereitungen zur Prüfung, der letzte Aufsatz: „Warum schadet vieles Kritisieren?" verfasst; die hier niedergelegten inneren Erlebnisse sind nicht nur für den jungen Mommsen charakteristisch, sondern bilden vielfach den Schlüssel auch für seine späteren Stimmungen und Taten, für jenen Kampf zwischen eindringendem, mitunter zersetzendem Scharfsinne, in welchem er eine Gefahr für mutiges Handeln erblickte, und temperamentvoller Begeisterung, aus welcher er den kategorischen Imperativ der Pflicht und den Mut zum Handeln schöpfte. Es ist kein Zufall, dass er, der schon damals gelegentlich intuitiv und mit durchdringender Skepsis seine Kritik an den römischen Sagen und ihrer Überlieferung übte, doch seine Antrittsrede als Präses des wissenschaftlichen Vereins über den Text: „Immer strebe zum Ganzen!" hielt, und dass er seinen Zuhörern die Maxime einzuprägen suchte: „Wissen und handeln, erkennen und wirken – das sind die beiden großen Ideen, deren eine, je nach seinem Charakter, den Menschen fesseln muß." Der Zweifel erscheint ihm als Unglück. „Wenn wir uns für eine Partei entschieden haben und dennoch auf unsere Meinung nicht schwören, nicht alles an ihre Richtigkeit setzen können, so sind wir nicht glücklich. Gewiß zu sein, aus Überzeugung zu glauben, ist ein nur zu oft vergeblich und gerade von den Besten vergeblich ersehntes Glück." Die Selbstkritik ist ihm etwas Selbstverständliches: „Man sagt wohl, daß die meisten eher geneigt sind, ihre Leistungen zu überschätzen, allein bei den wenigsten, die einigermaßen scharfsichtig sind, wird dies der Fall sein. Gewöhnlich kritisiert man sich selbst am schärfsten und findet das von den anderen Gelobte oft so schlecht, daß man sich über ihre Verblendung wundert." Dagegen führt die Kritik oft zur „Erkältung des Herzens". „Jede erhebende, jede begeisternde Idee ist aus Wahrem und Falschem gemischt, und wenn nun die Kritik an die Stelle des schönen Wahns die nackte Wahrheit setzt, … so ist es dem Menschen, der diese Erfahrung öfter machte, nicht zu verdenken, wenn er gegen alles Gute und Große mißtrauisch wird und den Menschen im allgemeinen für ebenso schlecht als dumm erklärt." Und so fragt er, „ob es nicht vorzuziehen sei, manchmal seine Begeisterung falsch zu richten, als sie ganz aufzuopfern." –

Mommsen verließ in Begleitung seines Bruders Tycho, nachdem er bei dem üblichen Festakte eine lateinische Rede über die Vorteile, welche das Gymnasium dem Vaterlande gewährt, gehalten hatte, – eine Rede, die er freilich bei der privaten Abschiedsfeier in rechter Abiturientenstimmung selbst als Produkt einer in der Zwangsanstalt hergestellten „Galeerensklavenarbeit" bezeichnete – mit dem Zeugnis der Reife ausgestattet, am 6. April 1838 das Christianeum; im Vaterhause, in der Schule und durch eigenes Studium trefflich vorbereitet, mit den schärfsten Waffen, mit kritischem Drange und warmer Begeisterung ausgerüstet, bezog er die Landesuniversität Kiel, um in das Heiligtum der Wissenschaft einzudringen.

Am 4. Mai 1838 inskribierte er sich, wie er selbst sagt, von einem Hange zur Jurisprudenz gezogen, an der juristischen Fakultät, und obwohl der Lehrkörper der Universität damals nicht groß war, so umfasste er doch in jenen Jahren eine Anzahl von Gelehrten, die später zu großer Berühmtheit gelangten, so G. Hanssen, dessen kameralistische Vorträge Mommsen besonders interessierten, und den er noch nach 40 Jahren als seinen hochverehrten Lehrer nannte; den Privatdozenten Ed. Osenbrüggen, der damals u.a. über römische Staatsaltertümer vortrug und sich auch speziell mit römischem Strafrechte befasste, und den Mommsen neben dem ordentlichen Professor der Jurisprudenz Burchardi als seinen Lehrer in der Jurisprudenz und den Altertümern bezeichnete; vor allem aber Otto Jahn, an dessen Besprechungen über antiquarische Gegenstände Mommsen mit Eifer und Nutzen teilnahm, so dass er sich gerne als dessen Schüler in der Epigraphik bezeichnete; auch G. Waitz, dessen Kolleg über deutsche

Geschichte Mommsen in seinem letzten Universitätsjahre besuchte; aber auch Wilda, dessen grundlegendes Buch über das germanische Strafrecht in jener Zeit erschien, und J. G. Droysen; ferner den weniger bekannten Michelsen, der über römische Geschichte „nach Niebuhr" vortrug. Er hörte aber auch bei N. Falck, der ein Freund seines Vaters war, Verfassungsgeschichte und vaterländisches Recht und Vorlesungen über Kriminalrecht von E. Hermann.

Mommsen selbst legte in seinem *Curriculum vitae* seine Studien dar. „Ich hörte", so schreibt er, „Institutionen bei Prof. Burchardi, Pandekten bei Prof. Kierulff; in diesen Vorträgen bot sich mir auf der einen Seite ein reiches, sorgfältig geordnetes Material, auf der anderen eine geistreiche, scharfe Auffassung der leitenden Prinzipien, und nachdem ich die Pandekten, wie es zu gehen pflegt, eine Zeitlang angestaunt hatte und zu der Ahnung gekommen war, daß in diesem formlosen Stoff ein wunderbarer Geist wohne, machte ich mich mit Ernst daran, und es gelang mir bald, in dieser Wissenschaft wenn auch nicht heimisch zu sein, doch mich in ihr heimisch zu fühlen. Ich wäre auch schwerlich zu anderen Beschäftigungen übergegangen, wenn mich nicht äußere, zum Teile ökonomische Rücksichten bewogen hätten, die im Herbste 1840 angeschlagene Preisaufgabe zu bearbeiten. Die antiquarischen Studien, die ich jetzt kennen gelernt hatte, fesselten mich; die *leges iudiciariae*, die römische Komitialverfassung, das Studium der römischen Inschriften, zu der mir meine zu anderen Zwecken erworbene Kenntnis des Italienischen den Weg bahnte, endlich die *lex Servilia repetundarum* und das Kriminalrecht aus der Zeit der *quaestiones perpetuae* beschäftigten mich lange Zeit und drängten die eigentliche Jurisprudenz sehr zurück, und nur meine Überzeugung, daß auch der römische Staat erst von der römischen Jurisprudenz sein Licht empfange, hielt mich von dem gänzlichen Übertritt zu einem anderen Fache zurück." In dem wissenschaftlich, literarisch und politisch interessierten Universitätskreise namentlich bei den jüngeren Dozenten, aber auch bei den Studienkollegen gab es der Anregungen genug, die bei Mommsen erstaunlich reiche Früchte zeitigten, wenn er auch wenige Jahre später, von Verehrung für Borghesi erfüllt, gewiss seiner wahren Empfindung Ausdruck leiht, indem er schreibt, dass ihm in seiner Studentenzeit das Glück nicht geworden sei, mit Männern zu verkehren, die ihm imponiert hätten. Die erste Preisarbeit aus dem Jahre 1841 über die *Tribuni aeraii* ist ungedruckt geblieben.[4] Zu Ostern 1843 legte er das juristische Amtsexamen in Kiel ab und erhielt den „ersten Charakter". Während er dann durch eineinhalb Jahre als Mädchenlehrer an einer von Verwandten in Altona geleiteten Schule wirkte, promovierte er *summa cum laude* mit einer Dissertation „*Ad legem de scribis et viatoribus et De auctoritate „*, die er am 8. November 1843 gegen drei Opponenten, unter denen Nitzsch war, verteidigte, nachdem er schon im Frühjahre seine erste bedeutendere, unter den Auspizien Jahns verfasste Schrift: „*De collegiis et sodaliciis Romanorum*", die ebenfalls aus einer Preisaufgabe hervorgegangen war, hatte erscheinen lassen. In dieser Zeit in Altona schrieb er auch eine Anzahl eingehender Kritiken und Abhandlungen, und noch im Jahre 1844 gab er eine schon vor Jahren begonnene an jene erste Preisschrift anknüpfende Schritt „Die römischen Tribus in administrativer Beziehung" heraus, die seinem Bruder Tycho gewidmet ist. „Dir bin ich es schuldig geworden" – so schreibt er in der Widmung –, „daß ich über den Pandekten den Homer nicht vergessen habe; ohne die philologische Anregung, die ich in unserem ununterbrochenen Verkehr empfing, hätten meine

---

4   Vgl. *Hirschfeld*, Ak. S. 5

Forschungen schwerlich die Richtung genommen, Wovon diese Abhandlung zeugt." Schon seine Dissertation machte auf Professor Barkow in Greifswald, der sie durch seinen neuen Kollegen O. Jahn erhalten hatte, solchen Eindruck, dass er den jungen Mann der Fakultät, allerdings vergeblich, zum Professor vorschlug. Auch Savigny, Lachmann, Rudorff wurden auf ihn aufmerksam.

Es ist in der Tat nicht nur die Fruchtbarkeit seines geistigen Schaffens, die schon bei dem jungen Mommsen überrascht, sondern weit mehr, dass – wenn auch mancherlei Einzelresultate seiner damaligen Forschung veraltet sind – manche der Grundpfeiler seiner späteren Auffassungen schon ganz feststehen, dass seine Methode schon damals eigentlich ausgebildet ist und, dass ihn diese Methode im Zusammenhange mit seiner erstaunlich ausgebreiteten Quellen- und Literaturkenntnis schon damals befähigt, sich und der Wissenschaft den Weg für Dezennien vorzuzeichnen. Man pflegt mit Recht als seine Vorgänger Rubino und Niebuhr zu bezeichnen; Mommsen selbst charakterisiert ihre Forschungsweise, indem er von ihnen sagt[5]: „Die gründliche Erforschung jedes einzelnen Punktes wirft Licht auf das ganze Altertum und dieses wieder in seiner Totalität erleuchtet das einzelne, so daß durch diese Wechselwirkung zuletzt das Detail wie der Begriff ins klare tritt." Nichtsdestoweniger tritt er von Anbeginn den „Phantasien" und „Konstruktionen" Niebuhrs und vor allem den „Postniebuhrianern" entgegen. Und wenn er auch sich „nie mit ein-

---

5   Dieses und die folgenden Zitate aus den angeführten Jugendschriften und insbesondere aus den Kritiken in der Neuen Jen. Allgem. Lit.-Ztg. III und aus der Zeitschrift f. d. Altertumswiss. I-III. – Vgl. auch die 9. These der Dissertation: *„Niebuhrii cum splendorem tum erores in eo positos esse, ut historiam totam esse hypotheticam sive ignoraret sive negaret"* und dazu die von *Hirschfeld*, Zeitgeist zitierte Stelle aus „Die römischen Tribus" S. VII.

zelnen Resultaten, sondern erst mit der ganzen Wahrheit, mit dem vollen Bilde der Sache befriedigen will", so betont er doch von vornherein die Notwendigkeit der Detailunter- suchungen als Grundlage der geschichtlichen Darstellung und der „modernen philologischen Jurisprudenz"; „den strengen Fleiß, die gründliche Kenntnis und den sorgfäl- tigen Gebrauch des kritischen Handwerkszeugs" als „Base jeder bleibenden Leistung" – eine Forderung, welche wohl heute dank Mommsens Lebensarbeit wenigstens theore- tisch zu den Selbstverständlichkeiten gehört, aber in einer Zeit, in welcher das Naturrecht nicht überwunden und die spekulative Philosophie auf der Höhe ihrer Entwick- lung war, nur von den wenigsten erfüllt wurde und erfüllt werden konnte. Es ist für Mommsens wissenschaftliche Eigenart bestimmend geworden, dass er in einer Zeit, als sich die historische Rechtsschule unter Savignys Führung die Herrschaft zu erringen begann, als Jurist von der Phi- lologie, die damals auf sprachlichem und monumentalem Gebiete vordrang, die Forschungsmethode entlehnte, die er selbst kennzeichnet als „die rücksichtslos ehrliche, im Großen wie im Kleinen vor keiner Mühe scheuende, kei- nem Zweifel ausbiegende, keine Lücke der Überlieferung oder des eigenen Wissens übertünchende, immer sich selbst und andern Rechenschaft legende Wahrheitsfor- schung".[6] Andererseits hat Mommsen oft ausgesprochen, welche Bedeutung für seinen Werdegang die Jurisprudenz gehabt hat; noch in einem Briefe an L. Goldschmidt vom 31. März 1891 schreibt er: „Unter den verschiedenen Stüh- len, auf denen ich, so gut es eben gehen will, zu balancie- ren versuche, ist ja auch die Jurisprudenz, und ich weiß am

---

6   R. u. A. S. 459. Vgl. auch die spöttische 14. These der Dissertation: *„Jurisconsultum a philologo discere passe; an possit philologus ab illo, adhuc dubitandum"*

besten, was ich ihr verdanke, wenn auch die Resultate meistenteils nicht auf dem Territorium von Gaius und Ulpian zutage gekommen sind. Aber am juristischen Denken bin ich zum Forscher geworden, und Anerkennung von dieser Seite her hat mir immer mehr als jede andere gegolten." Als Jurist ist Mommsen an das von den Romanisten, die infolge der praktischen Bedeutung des römischen Rechtes doch wesentlich Zivilisten blieben, allzu sehr vernachlässigte, erst gerade in jenen Jahren wegen seines historischen Interesses ernsthafter behandelte römische Strafrecht herangetreten und von vornherein sich klar darüber gewesen, welche Unmenge von Detailuntersuchungen angestellt werden mussten, bevor eine befriedigende Gesamtdarstellung möglich wäre; so ist es kein Zufall, dass sein letztes großes Werk, der Schlussstein seiner Lebensarbeit, das römische Strafrecht gewesen ist, – wenn er auch 50 Jahre vor dessen Erscheinen gleichsam intuitiv die Hauptprobleme, z.B. die Frage und Bedeutung der Provokation, die Untrennbarkeit des römischen Strafrechtes vom Strafprozesse richtig erfasst hatte. Es gehörte aber dazu vor allem eine richtige Auffassung vom römischen Staate, der seinerseits „erst von der römischen Jurisprudenz sein Licht empfängt" und dessen Zentralbegriff, das *Imperium*, schon dem Sechsundzwanzigjährigen so deutlich war, wie keinem seiner Zeitgenossen. Aber der Staat, sein Zivilrecht, wie sein Straf- und Staatsrecht konnten in ihrem historischen Werden nur verstanden werden, wenn er aus sich heraus verstanden und nicht moderne Kategorien in ihn hineingetragen wurden. Es musste also, nachdem Niebuhr die Kritik der Überlieferung weit gefördert hatte, in dem vollen Bewusstsein, dass „den Gegensatz reinster Auffassung der Tradition und idealster Rekonstruktion, den wir alle bezwingen möchten, vollkommen niemand lösen kann", der Wiederaufbau dadurch vorbereitet werden, dass alle Quellen, welche noch zu uns sprechen können, gesammelt und gesichtet und, dass sowohl die Sprachwissenschaft, der die großen Meister gerade neue Wege gewissen hatten, als auch Epigraphik und Numismatik, die im großen Ganzen noch mehr von Dilettanten aus Sport betrieben wurden, in den Dienst der Gesamtaufgaben gestellt wurden. Schon Mommsens Erstlingsschriften zeigen dies Bestreben; er erzählt selbst, dass ihn an der Universität besonders „das Studium der römischen Inschriften lange Zeit beschäftigt und die eigentliche Jurisprudenz sehr zurückgedrängt habe"; das Büchlein über die Kollegien schließt aber mit einem Hinweis auf Boeckhs griechisches Inschriftenwerk und mit dem heißen Wunsche, dass ein vollständiges Corpus der lateinischen Inschriften ausgearbeitet werde, als dessen Leiter Mommsen sich seinen Lehrer Otto Jahn erhofft. –

Mommsens überquellendes Temperament hat sich aber niemals in die Gelehrsamkeit eingeschlossen; er mochte die Bücher nicht als Ersatz für das lebendige Leben betrachten, und Geselligkeit war ihm Bedürfnis, eine Geselligkeit, welche die Interessen erweiterte und Witz und Laune beim Glase Wein die Zügel schießen ließ. Aus dieser Geselligkeit heraus ist das „Liederbuch dreier Freunde" geboren, der beiden Brüder Theodor und Tycho und ihres Studiengenossen Theodor Storm. Im Juli 1843, bei Gelegenheit eines Besuches Storms in Altona, wurde der Plan, eine Auswahl von Gedichten anonym herauszugeben, besprochen, aber da sich kein Verleger hierfür fand, entschloss man sich die Namen beizufügen. Obwohl Storm der einzige Dichter unter den dreien war und Tycho später wenigstens als Übersetzer Pindars und Shakespeares bekannt wurde, ist doch Theodor Mommsen der Führende in dem Terzette,[7] der, wenn er auch als Jüngling mitunter den Dichterberuf

---

7   Vgl. auch Allg. D. Biograph.: Storm, von E. *Schmidt.*

in sich zu fühlen glaubte und noch bis in sein spätes Alter Lust und Freude an dichterischer Gelegenheitsproduktion hatte und (mit Wilamowitz zusammen) Gedichte Carduccis und Giacosas „Eine Partie Schach" ins Deutsche übertrug, doch niemals eigentlich von der Zunft war. Ein so gewaltiger Meister der Sprache er auch geworden ist, ein so feines Empfinden für Poesie in seiner großen und deshalb künstlerisch veranlagten Seele Platz fand, sind seine Jugendverse doch bei aller mitunter gewollten Künstlichkeit des Reimes hart. Der Inhalt und die Schärfe des Gedankens scheinen häufig die Form zu sprengen. So ist es auch bezeichnend, dass in der Sammlung kein einziges Liebesgedicht von Theodor Mommsen ist, dass sein Name aber im ersten und im dritten Buche weitaus vorwiegt, in welchen die Stoffe sich an Sagen und Märchen anlehnen oder dem Leben der Gegenwart entnommen sind, das seiner scharfen Satire und Kritik freien Spielraum gewährt. Der Spott ergießt sich namentlich gegen die zeitgenössische Literatur seit Chamissos Tode, gegen die Clique:

> „Das bückt sich und das streichelt sich,
>
> das drängt sich und das treibt sich,
>
> Das gibt ein Buch und einen Band,
>
> da schickt ihr's dann nach Leipzig" –

so wird sie charakterisiert. „Der Bandwurm der Makhamen" findet ebenso wenig Gnade, wie „Mondscheinduft und Lindenglanz, um aus der Haut zu fahren!", wie „die Herren von Adel, die sich am Parnasse drängen" und wie Heinrich Heine, gegen welchen Th. Mommsen die folgenden Verse einrückt:

> „Auch ich war von der Gemeinde
>
> Und trug dein Bandelier:

Einstmals da waren wir Freunde –
Bewahre mich Gott vor Dir!"[8]

Und doch ist im „Liederbuch", wie in jener Zeit fast selbstverständlich, der Einfluss Heines neben dem von Goethes
Faust nicht zu verkennen. Aber das Urteil, das sich in
Mommsens Strophen ausspricht, ist unwillkürlich nicht
nur ein ästhetisches, sondern auch ein ethisches. Zwar
heißt es im „Exodus":

> „In dieser Zeit ist's nicht genug, wenn uns ein Lied geraten;
> Politisch soll der Dichter sein, das heißt man Liedertaten.
> Es ist die Welt doch weit genug und viel kann drinne wohnen,
> Und sind doch nicht bloß Pressen drin und Konstitutionen.
> Man liebt und phantasiert so fort, und das ist keine Schande;
> Im Herzen hat gar vieles Raum noch bei dem Vaterlands.
> Ihr sollt nicht alle Pauken sein, was wenigen nur ziemte,
> Und Stimmen gehe nicht der Zeit, als wer die Zeiten stimmte" –

dann aber weiter:

> „Es ist nicht leicht, die Poesie zu paaren der Gesinnung;
> Nur einen fand ich, der's verstand, und groß ist doch die
> Innung.
> O ihn, aus dem die Jugend spricht, nicht den Lebendigen tadl'
> ich;
> Ein Dichter ist er, das ist wahr, und also ist er adlig."

Wenn sich aber auch hier die Begeisterung für den „Lebendigen", für G. Herwegh, ausspricht, so wird doch das Lob

---

8   Vgl. dazu seine Beurteilung Heines in Lit. Zentralbl. 1851, 799 = Z.-J.
     Nr. 199 und *R. u. A. S.* 416.

nach der zweiten Sammlung („21 Bogen"), die Herwegh herausgab, eingeschränkt. Auch der Streit zwischen Herwegh und Freiligrath („im Sandmeer die Oase") wird mit Interesse verfolgt. Die volle Bewunderung gehört aber Ed. Mörike, von dem Mommsen singt:

> … *„Da fand ich in dem eignen Bett von Moose*
> *Erblühend im geheimsten Tal von Schwaben*
> *Des reichen Liedersommers letzte Rose." –*

Dass und warum das „Liederbuch" selbst eigentlich unpolitisch sein will, kündigt Mommsen im Einleitungsgedichte an:

> … *„Fremd bleiben wir in Schiras und Ägypten,*
> *Denn unsre ganze Kunst ist, mit den treuen*
> *Gesellen uns am guten Tag zu freuen,*
> *Zu weinen wiederum mit den Betrübten.*
>
> *Wohl habt ihr recht, daß unsre Lieder anders*
> *Noch klingen sollen, daß sie klingen werden*
> *Wie Schwerterklang am Ufer des Skamanders.*
>
> *Doch ist es noch nicht Zeit sich zu gebärden,*
> *Als trügen uns die Flanken eines Branders,*
> *Denn seht! wir mauern jetzt noch in der Erden!"*

Aber doch lässt Mommsen den Kaiser Barbarossa mit sehr deutlich politischem Hinweise in einem Kyffhäusergedichte aus dem Jahre 1841 sagen:

> *„Geht heim, ihr Kinder! denn der Morgen grauet,*
> *Bald wird mein Adler seine Flügel breiten.*

Nicht jenem, welcher vor – und rückwärts schauet –
Ihm, der nur vorwärts streckt den schwarzen Nacken,[9]
Hab ich des Kampfes Hitze anvertrauet."

Zum Schluss aber heißt es:

„Bis dahin lasset immerhin euch unser Lied gefallen!
Man horcht ja andern Vögeln auch, nicht bloß den Nachtigallen.
Wir finden wohl ein Publikum, denn seit dem König Necho,
Dem ersten, welcher Kapwein trank, fand jedes Lied sein Echo.
Es ist uns etwas Übermut im Leben nachgeblieben,
Den haben wir für's Publikum in Versen aufgeschrieben.
Für's Handwerk sind sie freilich nicht, noch für die Abgemuckten,
Dem jungen Volk zuliebe ist's, daß wir sie alle druckten.
Fragt ihr in Deutschland nur nicht lang, wo dieser Vers
gewachsen!
Die Veilchen sind dieselben ja in Holstein und in Sachsen.
Euch legen wir sie an das Herz, des Landes lieben Leuten!
Am besten wisset ihr es doch, wohin die Lieder deuten." –

Aber weder Wissenschaft noch Dichtung waren geeignet, dem Kandidaten und dann dem *Doctor juris* das Leben zu fristen. Obwohl O. Jahn, der seinen Schüler auch von Greifswald aus nicht aus dem Auge verlor, nicht daran zweifelte, dass dieser über kurz oder lang zur akademischen Karriere übergehen werde, musste er sich doch zunächst durch Privatunterricht seine Existenz sichern. Es wurde ihm dies dadurch erleichtert, dass ihm verwandte Damen, bei denen er schon als Gymnasiast und als Student verkehrt hatte, Inhaberinnen zweier Mädchenpensionate in Hamburg waren. So wurde er Mädchenlehrer und unterrichtete Geo-

---

9   Gemeint sind natürlich der österreichische und der preußische Adler.

graphie und Geschichte, Literatur und deutschen Aufsatz, aber auch Französisch und Latein. Er fand sich auch in diese neue Tätigkeit und gewann ihr manche freundliche Seiten ab, obwohl seine Gesundheit, offenbar durch das Übermaß verschiedenartiger Arbeit, litt. Dabei schrieb er nicht nur gelegentlich für die „Neuen Kieler Blätter", an deren Gründung, wie es scheint, sein Studienfreund Carstens beteiligt war, politische Beiträge,[10] sondern auch gelegentlich für den „Merkur", sammelte für das „Volksbuch" mit Storm schleswig-holsteinische Sagen und Reime[11] und trat mit Wienbarg, dem Kritiker des „Jungen Deutschland", sowie mit dem von ihm im „Liederbuche" verspotteten Dr. Wille in Verbindung und übernahm Korrespondenzen aus Hamburg für Wienbargs Organ, die literarisch-kritischen Blätter der „Hamburger Börsenhalle"; diese Tätigkeit führte ihn öfters ins Theater, das er freilich im allgemeinen nicht loben konnte; doch erlebte er hier wohl seine erste Faustaufführung, sah Grillparzers „Traum ein Leben", konnte Fanny Eisler bewundern und begeisterte sich namentlich für Döring. Bei alledem kam die Geselligkeit nicht zu kurz, die ihn außer zu seinen Verwandten in literarische Kreise und in die Häuser Hamburger Großkaufleute führte, mit denen er gelegentlich über den Sozialismus diskutierte, und wenn Jahn, Preller, Olshausen durch Hamburg kamen, tauschte er mit ihnen seine Gedanken aus. Bald aber eröffnete sich ihm eine weitere Bahn. Im April 1844 erfuhr er, dass ihm das dänische Reisestipendium, für zwei Jahre je 300 Speziestaler, verliehen worden sei. Erleichtert atmete er auf, dass ihn das Glück doch nicht verlassen habe, und noch mehr als 30 Jahre später hat er dankbar anerkannt, was ihm damit gegeben worden war, als er im preußischen

---

10   Z.-J. Nr. 5. 6. 7.

11   Z.-J. Nr. 8. 9. 10.

Abgeordnetenhause bei Gelegenheit der Stiftung von Privatdozentenstipendien erklärte: „Ich wäre ohne Zweifel nicht Gelehrter, wenn ich nicht als geborener Schleswig-Holsteiner in der Lage mich befunden hätte, als – wie man es damals offiziell formulierte – königlich dänischer Untertan ein Reisestipendium zu erlangen, welches in dieser Weise keinem preußischen Studenten gegeben wird."[12] Mit Rücksicht offenbar auf seine eigenen Erfahrungen erschien ihm stets das Stadium zwischen Doktorat und Habilitation als die eigentlich ausschlaggebende Zeit für den künftigen wissenschaftlichen Lebenslauf. Als offizielles Ziel seiner geplanten Reise nach Italien galt die Vorbereitung für eine aus erster Hand geschöpfte Ausgabe der römischen Gesetzesurkunden, welche den alten Haubold ersetzen sollte. Jahn verwendete sich bei der Berliner Akademie, damit diese sein Unternehmen unterstütze, und Mommsen brachte sich Rudorff und namentlich Savigny dadurch in Erinnerung, dass er seine oskischen Studien bei der Zeitschrift für historische Rechtswissenschaft einreichte, da er keine Lust hatte, sich vor Sr. Exzellenz dem Staatsminister Savigny persönlich zu verneigen, so unendlich er auch den Rechtsgelehrten verehrte. Zugleich wandte er sich an die Pariser Akademie, damit diese ihm in dem von ihr geplanten *Corpus inscriptionum* den Teil *De legibus et senatus consultis* übergebe. Während aber der letztere Plan zu keinem Ziele führte, gewährte die Berliner Akademie eine kleine Unterstützung.[13]

---

12   Rede im preußischen Abgeordnetenhause am 9. März 1875.

13   Vgl. *Hirschfeld*, Ak. S. 7.

Wanderjahre

Als Mommsen das Schuljoch abgeschüttelt und jeder seiner Schülerinnen Verse ins Album geschrieben, als er von der Heimat und seinen Nächsten, von manchen guten Freunden und Freundinnen nicht ohne Wehmut Abschied genommen hatte und am 20. September 1844 im Hamburger Hafen das Schiff bestieg, das ihn zunächst nach Havre bringen sollte, erschien ihm, der seine wissenschaftlichen Ziele fest ins Auge gefasst hatte, die nächste Aufgabe, die er übernommen, nur als eine erste Etappe seiner weiteren wissenschaftlichen Entwicklung und der allgemeinen Erweiterung seines Gesichtskreises; er fühlte es selbst, dass er bisher nur in der Provinz gelebt hatte, und wollte das Versäumte nachholen in der bestimmten Hoffnung, einst, wenn auch vielleicht mit leeren Mappen, doch sicherlich mit erweitertem Blick und freierem Sinn in seine Heimat zurückzukehren. Er wollte nicht nur sehen, was auf Steinen und Pergament stand, sondern auch die weite Welt und ihr Leben. Allerdings kam er sich wie hineingeschneit in die Weltstadt Paris vor und musste sich erst besinnen, bevor er so recht zum Arbeiten und zum Sehen kam. Aber wie er sich schon in Rouen an der ihm neuen französischen Gotik erfreut hatte, so bewunderte er in Paris, das ihm auch als Stätte der Julirevolution und als letzte Ruhestätte Börnes ein geweihter Boden war, nicht nur Notre-Dame, sondern auch die herrlichen modernen Bauwerke, namentlich die Madeleine, und brachte anfangs jeden Morgen im Louvre zu, um sein Auge an die Meisterwerke zu gewöhnen, machte Ausflüge nach Versailles und St. Germain, hörte Berryer plädieren und machte sich seine Gedanken über das Verfahren vor dem Schwurgerichte. An den Abenden bewunderte er die Rachel als *Phédre*, aber auch die kleinen Theater, an denen die ausgezeichnetsten Komiker wirkten. Hase, von Geburt ein Deutscher, Konservator der Manuskripte an der Bibliothek, nahm ihn freundlich auf, und er vertiefte sich in die handschriftlichen Inschriftensammlungen, in Nonius und Asconius und in die Briefe Ciceros. Dabei fand er Zeit zum Verkehr mit französischen Gelehrten, z.B. mit Letronne und Laboulaye, der sich gerade mit römischem Kriminalrechte beschäftigte, sowie mit einer früheren Schülerin, die in Paris verheiratet war, und mit Dr. Emil Braun, dem Sekretär des preußischen archäologischen Instituts in Rom, der zufällig zur selben Zeit in Paris weilte. Auch fand er Gelegenheit, mit den Redakteuren von Victor Considérants „Démocratie pacifique" zu diskutieren, Vergleiche zwischen Deutschland und Paris anzustellen. Sein Urteil über die sozialen Verhältnisse Frankreichs fasste er in die Worte zusammen: „Es ist jetzt der Moment, wo der Mittelstand hier förmlich ausgerottet wird, alle entweder zu den Reichen übergehen oder in die Armut zurück; es ist jetzt hier wie in einem Schiffe, wo der Raum zu enge wird und die Schwächeren ins Meer gestürzt werden." Er erkannte wohl deutlich die sozialen Gefahren der Zukunft, aber vorläufig schien ihm Paris nur Sonntage zu haben.

Aber trotz aller Schönheit und trotz fruchtbarer Arbeit zog es ihn gewaltig nach dem gelobten Lande Italien hin. So ging er im November über Lyon nach Montpellier, wo sich zuerst des Südens tiefblauer Himmel über ihm wölbte, während er „mit Andacht und Entzücken" das in der Ferne glänzende Mittelländische Meer begrüßte, und Nimes, dessen Amphitheater der erste gewaltige Rest antiker Baukunst war, dem er nahen konnte; dann betrat er in Genua Italien, „den heiligen Boden der Natur, der Kunst, der Geschichte", und zog nach zwei Tagen weiter nach den toskanischen Städten, Pisa, wo er die Kunst des Ducento bewundernd in sich aufnahm, Lucca, Pistoia und Florenz, wo das Studium der Ciceronischen Briefe in der Laurentiana nicht selten mit Wanderungen im Arnotale und nach S. Miniato wechselte, wenn er sich nicht in seiner Kammer an langen Abenden der Lektüre von Guicciardini oder im *„piccolo Elvetico"*, einem Café am Domplatze, dem Studium der „Allgemeinen" hingab, aus der er begierig die letzten Nachrichten von der Heimat verschlang. Von Florenz ging es nach Weihnachten nach Siena und, sobald eine Diligenza gefunden war, unaufhaltsam nach Rom. Eine dunkeläugige Italienerin, welche die Gedanken des Forestiere nicht unliebsam durch ihre Neckereien gestört hatte, wies ihm von der letzten Station, La Storza, die Peterskirche, die sich gewaltig vom Abendhimmel abhob. Als er am Abend des 30. Dezember durch die Porta Flaminia einfuhr, war das Ziel seiner Sehnsucht erreicht, und jubelnd brach er in die Worte aus: „Welt geh nicht unter, Himmel fall nicht ein!" Er meldete sich gleich im „preußischen" archäologischen Institute auf dem Monte Tarpeo und, nachdem er gastlich empfangen und ihm eine Wohnung zugewiesen war, eilte er noch nächtlicherweile auf das Forum, um vor den erhabenen Trümmern des Altertums seine Andacht zu verrichten. Und in seiner Wohnung auf dem Kapitole umwehte ihn das Wehen seiner historischen Phantasie. Er hörte den Wind um seinen Hügel pfeifen, wie er wohl um Romulus gepfiffen hatte, und dann vertrieb er sich den Traum mit einem kritischen: „Via! an den glauben wir ja nicht mehr."

Nun nahm er Rom in vollen Zügen in sich auf. In Gesellschaft von Hettner u.a. wurden untertags Museen und Ruinen durchstreift, und am Abende fand man sich in einer Osteria oder im *Cafe dei Greci* oder auch im Karneval auf dem Korso beim Kampfe der Moccoli zusammen. Mommsen hatte das lebhafteste Gefühl, hier in Rom die glücklichste Zeit seines Lebens zu verleben. Die plastische Kunst, überall herrlich, schien ihm doch in Rom am mächtigsten zu wirken, und er dankte seinem Schicksale, ihre schönsten Werke noch in einem Alter gesehen zu haben, das volle Empfänglichkeit besitzt. Und nicht minder wertvoll war es ihm, dass er Gesellen gefunden hatte, die man sonst, wie er meinte, nur auf einer deutschen Universität finden könne, so dass ihm in Rom eine neue, schönere Studentenzeit anging. Der Mittelpunkt dieser Gesellschaft aber war das archäologische Institut. Das von Gerhard mit Unterstützung Niebuhrs und Bunsens gegründete, „preußische" archäologische Institut auf dem Kapitel war schon damals der Mittelpunkt der deutschen und der italienischen, wie der fremdländischen archäologisch-antiquarischen Forschung. Nach mancherlei finanziellen Kalamitäten war die Privatvereinigung, die es erhielt, gerade damals durch die Unterstützung Friedrich Wilhelms IV. und des Herzogs von Luynes in ihrem Bestande gefestigt worden, und die Aufgaben des Instituts erweiterten sich von Jahr zu Jahr.[14] Neben Dr. E. Braun, der als erster Sekretär die Verbindungen mit allen Teilen Italiens, aus denen Fundberichte und Demonstrationsobjekte zusammenströmten, in rühriger Weise anknüpfte und unterhielt und in den Adunanzen und Führungen die Kunstschätze des Altertums temperamentvoll erläuterte, wirkte als zweiter Sekretär Wilhelm Henzen, der unter den Auspizien Borghesis, des Gönners und Bundesgenossen des Institutes, sich in die epigraphischen Studien vertieft

---

14   Vgl. hierzu *Michaelis, Storia. dell' Istituto archeologico Germanico* (1879).

hatte, die immer mehr zur Geltung kamen. So wurde das Institut für die jungen oder bejahrten Ragazzi, die über die Alpen kamen, die hohe Schule der Altertumswissenschaft, die hier an Ort und Stelle nicht als etwas Fremdes erlernt, sondern mit geradezu leidenschaftlicher innerer Anteilnahme gepflegt wurde. Hier wurde in Gegenwart Mommsens in der Adunanz vom 10. Januar 1845 dessen Buch über die Tribus von Dr. Braun vorgelegt, und seit her war Mommsen auch ein regelmäßiger Teilnehmer an den Sitzungen. Er bemächtigte sich mit der ihm eigenen Energie und Orientierungsfähigkeit des neuen wissenschaftlichen Materiales, das jeder Stein in Rom darbot. Schon am 31. desselben Monats teilt er eine topographische Untersuchung über das römische Comitium mit und beteiligte sich dann sowohl an der Polemik mit dem Jesuiten Secchi, dessen wissenschaftliche Unehrlichkeit ihn empörte, als auch an jeder Diskussion über neu auftauchende epigraphische Fragen, welche hier von den besten Sachkennern erörtert wurden, im engen Vereine mit Henzen, mit dem ihn bald warme Freundschaft verband. Bis zum Jahre 1847 weisen die Publikationen des Instituts ein halbes hundertmal Mommsens Namen auf, neben denen von Braun und Henzen und den damals schon berühmten von Gerhard, Welcker, Thiersch, die in diesen Jahren Rom besuchten.

Aber gerade die genauere Kenntnis des Materials musste Mommsen in seiner Überzeugung von der Mangelhaftigkeit der mehr zufälligen, unsystematischen Einzelarbeit und der in Deutschland üblichen antiquarischen Methoden bestärken. Es war damals seine Absicht, zusammen mit Heinrich Brunn eine Übersetzung der epigraphischen Abhandlungen Bart. Borghesis herauszugeben, um die wissenschaftliche Welt jenseits der Alpen mit den Forschungen des einzigen Mannes bekannt zu machen, der damals in umfassender Weise mit wissenschaftlicher Akribie und Kritik epigraphische und numismatische Fragen in vorbildlicher Weise behandelte und seine Untersuchungen nicht der Lokalhistorie, sondern der wissenschaftlichen Erforschung des römischen Altertums dienstbar machte. Mommsen erhoffte davon geradezu eine Revolution in der antiquarischen und historischen Literatur, die Möglichkeit dort wieder anzuknüpfen, wo Scaliger aufgehört hatte. Seinen nie verweigerten Rat erbat Mommsen zunächst schriftlich, kaum dass er in Rom angekommen war, und ihn besuchte er, nachdem er eine epigraphische Reise durch Umbrien gemacht und in Florenz abermals Handschriften kollationiert hatte, am 14. Juli 1845 in seinem weltabgeschiedenen Felsenneste S. Marino. Dieser Tag, an dem der Altmeister der italienischen Wissenschaft und der 27jährige Deutsche Ragazzo, der sich als seinen Schüler bekannte und über die Alpen gekommen war, um die Grundlagen für eine neue antiquarische Wissenschaft zu legen, einander nahe kamen, verdient in der Geschichte der Wissenschaften festgehalten zu werden. „Ich muß mich mit Gewalt daran erinnern, daß er aufhört und ich anfange, um nicht an meinen epigraphischen Studien ganz zu verzagen", schreibt Mommsen an Henzen und trägt in sein Tagebuch ein: „Der hat mir imponiert als Gelehrter wie noch niemand."[15] Mommsen weihte Borghesi in alle

15   Vgl. hierzu und zum Folgenden *Hirschfeld*, Ak., namentlich S. 9 und *Costa*
       a. a. O. Für M.s Reisen in diesem Jahre kann man aus seinem Tagebuche
       folgendes Itinerar gewinnen: 8. Mai 1845 Aufbruch von Rom über Civilà
       Castellana, Terni, Foligno, Perugia (11. bis 13. Mai), Arezzo nach Florenz
       (15. Mai bis 7. Juli), dann über Bologna (8. bis 11. Juli), Ravenna (11. bis
       13. Juli), Rimini, S. Marino (14. bis 23. Juli), Rimini, Pesaro, Sinigaglia,
       Ancona, Loreto, S. Benedetto, Ascoli, Teramo, Chieti nach Neapel, wo M.
       am 1. August eintraf. Am 9. Oktober schiffte sich M. hier ein nach Palermo
       (11. bis 15. Oktober), reiste dann über Calatafimi, Segesta nach Trapani,

seine Pläne ein, und dieser unterstützte ihn bei jeder Einzelheit mit seiner reichen epigraphischen Erfahrung. Der wichtigste dieser Pläne war das *Corpus inscriptionum Latinarum*, für welches, nachdem der seit 1835 bestehende erste Entwurf mit seinem Urheber Kellermann zu Grabe getragen war, die Berliner Akademie Otto Jahn in Aussicht genommen hatte. Im Frühjahre 1845 hatte Jahn Mommsen zu künftiger Mitarbeit bestimmt. Mommsen hielt damals sein Schicksal schon für so gut wie entschieden. „Meine goldene Freiheit!", so schreibt er. „Ich habe angenommen – wie konnte ich anders? aber es reißt an meinem Herzen, daß ich Vaterland, wissenschaftliche Bestrebungen, gewohnte und liebe Verhältnisse tauschen soll – um einer Karriere willen." Aber er bedang sich aus, dass in Italien nur gesammelt, in Deutschland, wo die wissenschaftlichen Hilfsmittel vorhanden waren, redigiert würde. Er will sich nicht „auf ewig in die hesperische Gefangenschaft verbannen" und ist entschlossen, wegen des *Corpus inscriptionum* und der mit ihm verbundenen vielfach mechanischen Tätigkeit nicht alle seine wissenschaftlichen Bestrebungen zu Grabe zu tragen. „Wie viel lieber als anderen Leuten Ziegel machen, baute ich selbst Häuser!", so ruft er aus und er gesteht, dass er, „obgleich ein armer Teufel, leichtsinnig genug gewesen wäre, das schnöde Gold für seine besten Jahre zurückzuweisen", wenn er es nicht für Pflicht gehalten hätte, „daß, wo solche Not ist, wie hier, jeder zugreifen muß, wer da kann, und daß die wahre Tüchtigkeit darin besteht, an der Ecke, wo man eben steht, sei es Offizier, sei es Soldat zu spielen." Indessen war es noch nicht so weit.

zurück über Alcamo nach Palermo (17. bis 21. Oktober) und über Lercara, Girgenti (22. bis 25. Oktober), Caltanisetta, Castrogiovanni, Adernò nach Catania, wo er am 28. Oktober eintraf. Im Dezember kehrte M. nach abermaligem Aufenthalte in Neapel nach Rom zurück.

Die Schwierigkeiten häuften sich. Die französische Akademie hatte im Jahre 1845 ihren eigenen Plan, ein *Corpus inscr. Lat.* ausarbeiten zu lassen, noch nicht aufgegeben; Mommsen selbst hatte in Paris die Inschriftensammlung von Regnier und die zugehörigen Arbeiten besichtigt und gestanden, „daß die Franzosen die Sachen praktisch anzufangen wissen; ich habe mehr Vertrauen zu dem Unternehmen bekommen, seit ich dies gesehen habe"; und da die Akademie schon Borghesi für einen Teil der Arbeit gewonnen hatte, schien Mommsen eine Konkurrenzarbeit gänzlich untunlich sowohl mit Rücksicht auf die Unentbehrlichkeit Borghesis als auch zur Vermeidung einer wissenschaftlich unfruchtbaren und verbitternden Konkurrenz zwischen deutschen und französischen Forschern, welche die Stellung beider Teile den Italienern gegenüber nur erschwert hätte. Aber auch als diese Schwierigkeit beseitigt war, verblieb die größere, dass einer starken Partei der Berliner Akademie die materiellen Lasten zu groß und Mommsen und Jahn weniger geeignet erschienen, die Arbeit zu übernehmen, als der Oberlehrer Zumpt, dessen Oheim selbst in der Akademie war. Trotzdem Borghesi den Plan mit Begeisterung begrüßte, trotzdem Savigny, Lachmann, Gerhard sich mit aller Energie für den von Jahn mit Mommsen ausgearbeiteten Entwurf[16] einsetzten, schien der Plan doch schon im Jahre 1846 gescheitert zu sein. Mommsen machte den Vorschlag einer Probearbeit, und da Jahn aus verschiedenen Gründen davon nichts wissen wollte und dem jüngeren Genossen freiwillig alles Weitere überließ, reichte er die Bearbeitung der Inschriften Samniums ein, nachdem die Akademie auf Anraten Savignys den Vorschlag angenommen und 600 Reichstaler als Subvention bestimmt hatte; unter diesen 600 Reichsta-

---

16   *Harnack*, Gesch. d. königl. preuß. Ak. der Wissensch., II, S. 505ff.

lern waren 200, welche Savigny persönlich durch Abtretung seines akademischen Gehaltes zur Verfügung gestellt hatte.[17] Während dieser Verhandlungen hatte Mommsen rüstig weitergearbeitet. Als nächstes Ziel hatte er sich in Übereinstimmung mit Borghesi die epigraphische Durchforschung des damaligen Königreiches Neapel gesetzt, dessen inschriftliche Überlieferung wenig bekannt und durch Fälschungen verdunkelt war. Von S. Marino zog er die adriatische Küste entlang südwärts und, stets nicht nur Inschriften abklatschend, sondern auch Landschaft und Kunst, die Menschen und ihr Treiben beobachtend, nicht ohne sich über die Passplackereien zu ärgern, die einmal sogar zu seiner Verhaftung führten, nach Neapel, wo er die ganze neapolitanische Inschriftenliteratur, namentlich die Munizipalgeschichten durcharbeitete und die Inschriften des *Museo Borbonico* kopierte. Im Oktober schiffte er sich mit dem Numismatiker Julius Friedländer, durch den er zuerst in die Numismatik eingeführt wurde, und Dr. Schrader nach Palermo ein und blieb drei Wochen in Sizilien.

Nach einem Winteraufenthalt in Rom durchstreifte er im Sommer und Herbst 1846 Süditalien abermals nach allen Richtungen hin, zeitweise wiederum in Begleitung Friedländers und seines Bruders Tycho. Mit diesen beiden war es ein fröhliches Wandern; eine Zeichnung Friedländers, in der übermütigen Laune des Augenblickes hingeworfen, zeigt Mommsen in recht bedenklicher Stellung, halb auf dem Mulo, halb auf der Leiter, eine Inschrift eines Brückenbogens abschreibend. Aber bei den einsamen Streifungen galt es auch die größten Strapazen ertragen und mitunter die größten Schwierigkeiten überwinden in dem großenteils unwirtlichen Lande, in welchem der Fremde

---

17   Vgl. Savignys Antrag an die Akademie bei *Harnack a. a. O.* II, 517ff.

auf das Entgegenkommen der Eingeborenen angewiesen war, der Preti und Landedelleute, die zum Teile misstrauisch, zum Teile neugierig dem Forestiere entgegenkamen, die gewonnen, deren lokalpatriotische Empfindungen geschont werden mussten. Manche der Beziehungen, die Mommsen damals anknüpfte, haben Dezennien hindurch vorgehalten, und der gute Humor hat ihn nur selten verlassen. Aber in Momenten der Missstimmung, die schon den Jüngling gelegentlich ergriffen haben muss, haderte er wohl mit dem Geschicke, das ihn dazu verdammte „zu sammeln und in infinitum zu sammeln unter Widerwärtigkeiten und Schwierigkeiten, von denen sich niemand eine Idee machen kann, der nicht die Freunde und die Gasthäuser in den neapolitanischen Provinzen kennt" – und schildert, wie die Menge ihm über die Schulter sieht, während er auf einem öffentlichen Platze eine Inschrift abschreibt, und sich über den fränkischen Narren lustig macht, der alle Buchstaben abschreiben will. Da sehnte er sich wohl nach dem ruhigen Schreibtische zurück, bis er auf der Piazza von Sorrent sich über das Treiben des Volkes belustigend oder in Neapel oder in Rom im Kreise der heiteren Genossen bei Falerner oder Wein von den Kastelli nicht nur auf die Abenteuer, sondern auch auf die wissenschaftlichen Ergebnisse mit Freude zurückblickte.

Aber nicht nur, dass er damals das vollständige Material für die Sammlung der neapolitanischen Inschriften zusammenbrachte und sich über die Grundlagen jeder wissenschaftlichen Inschriftensammlung klar wurde und dass von seiner Hauptarbeit eine ganze Reihe epigraphischer Analekten abfiel, anknüpfend an seine oskischen Studien wurde er durch die unteritalischen Inschriften weiter zum sprachlichen Studium der unteritalischen Dialekte geführt, deren Frucht das im Jahre 1850 erscheinende Werk „Die unteritalischen Dialekte" war, das für diesen Teil der

Sprachwissenschaft wie für die vorrömische Geschichte Italiens grundlegend geworden ist, wenngleich sich gerade Mommsen seiner Mängel bewusst war. Ebenso legten seine damaligen numismatischen Studien den Grund zu seiner ebenfalls 1850 erscheinenden Abhandlung über das römische Münzwesen.

Kaum einen anderen seit Goethe hatte Italien so reich beschenkt wie Mommsen, weil keiner wie er dem reichen Lande seine Gaben abzugewinnen wusste. Nachdem er im Mai 1847 Borghesi nochmals besucht und ihm seine epigraphischen Manuskripte vorgelegt hatte, kehrte er über die Alpen zurück. Er ging über Wien, und Ende Juli war er in Berlin, wo, nachdem er die Bearbeitung der Inschriften von Samnium und eine Denkschrift „über Plan und Ausführung eines *Corpus inscr. Lat.*" vorgelegt hatte,[18] durch Savignys Bemühen sich eine günstige Wendung in der Angelegenheit der Inschriftensammlung anzubahnen schien. An den Forderungen des Herrn Zumpt und seiner Anhänger scheiterte sie abermals, obwohl Mommsen zu Konzessionen bereit war. Lachmann trat infolgedessen aus der Akademiekommission aus. Mommsen fand harte, aber gerechte Worte gegen die Schwäche und Halbheit der Akademiker und schrieb: „Ich verzichte, freilich mit blutendem Herzen, auf ein Werk, in dem ich eine Stellung nach außen und für mich einen Lebenszweck zu haben meinte."[19] –

Nach der Heimat zurückgekehrt, sonnte er sich in dem väterlichen Garten in Oldesloe und freute sich des Wiedersehens mit manchen Jugendfreunden in Altona. In Kiel schien sich ihm schon zum zweiten Male, freilich nur vorübergehend, die Aussicht auf eine Professur zu eröffnen,

---

18 Vgl. *Harnack a. a. O.* II, 522-540.

19 Die Geschichte der Verhandlungen über das *Corpus* ist dargestellt von *Hirschfeld*, Ak. S. 6ff.

und Jahn riet ihm sich in Leipzig zu habilitieren. Vorläufig aber musste er aus materiellen Gründen wieder seinen Unterricht in der Mädchenpension aufnehmen.

Nichtsdestoweniger suchte Mommsen die Früchte seiner italienischen Reise unter Dach zu bringen und namentlich das neapolitanische Inschriftenwerk. Als er es nach zwei Jahren bis auf die *Indices* fertiggestellt hatte, entschloss er sich, wenn auch mit Widerstreben, von der Berliner Akademie eine Subvention von 1200 Talern zu erbitten. Boeckh stellte, obwohl er über Mommsens Verhalten in den früheren Verhandlungen erbittert war doch den Antrag, die Hälfte dieser Summe zu gewähren, so dass, dank der Opferwilligkeit des Verlegers G. Wigand, die Borghesi – *„magistro patrono amioo"* – gewidmeten *Inscriptiones regni Neapolitani Latinae* nach zweijährigem Drucke im Jahre 1852 erscheinen konnten. – Neben den Vorarbeiten zu dieser Mustersammlung war Mommsen im Winter 1847 bis 1848 mit einer Unzahl von Detailuntersuchungen und Arbeiten auf jenen anderen von ihm in Italien in Angriff genommenen Gebieten beschäftigt. –

Alle wissenschaftlichen Entwürfe und Pläne konnten aber Mommsen nicht hindern, als der Frühling des Jahres 1848 anbrach, seine ganze Person in den Dienst der Politik, des Vaterlandes und der Freiheit zu stellen; der kategorische Imperativ der Pflicht rief ihn, wie damals die besten Männer Deutschlands, unter die Fahnen, und er hat im Jahre 1848 so wenig wie in seinen letzten Jahren verstanden, dass sich die Ängsterlinge in der Studierstube zurückhielten, wenn der Ruf zur Tat an sie erging. Er nahm an einem Tumulte in Hamburg teil, und nur eine Verletzung, die er sich dabei zuzog und die, obwohl unbedeutend, ihn diensttauglich machte, zwang ihn von seinem Plane abzustehen, sich, wie seine Brüder Tycho und August, den gegen Dänemark ziehenden Freischaren in

Schleswig-Holstein anzuschließen. Umso freudiger ergriff er die Gelegenheit, Deutschland und seinem engeren Vaterlande mit der Feder zu dienen, als er auf Olshausens Wunsch in die Redaktion der in Rendsburg erscheinenden „Schleswig-Holsteinischen Zeitung" eintrat, die seit dem 15. April als Organ der provisorischen Regierung herausgegeben wurde. Obwohl an ihr auch andere hervorragende Männer gelegentlich mitarbeiteten, war doch Mommsen, dessen erster Leitartikel am 24. April erschien, durch zwei Monate die eigentliche Seele des Blattes. Der Schwung und die Begeisterung der Zeit trugen den jungen Journalisten und, indem er bald Berichte schrieb, bald staatsrechtliche Tagesfragen in klarer Weise auseinandersetzte, bald in flammenden Worten zur Tat aufrief, bald mit beißender Ironie die Lauen verspottete, bildete er sich jenen glänzenden Stil, der ihn später befähigte, nicht nur das Aktuelle, sondern auch das scheinbar Tote wieder lebendig zu machen – während er zugleich durch sein tatkräftiges Eingreifen in die Politik aus nächster Nähe all die kleinen Triebkräfte kennen lernte, die zu den großen Resultaten der Geschichte führen.[20] Es waren arbeitsreiche Monate. Am 23. April wurde die Schlacht bei Schleswig geschlagen, über die Mommsen am 25. in seiner Zeitung berichtete; noch 40 Jahre später schrieb er an einen Freund: „Ich denke immer noch gern an meine Beschreibung der Schleswiger Schlacht, die ich als journalistischer Schlachtenbummler mitgemacht habe und dann, nachdem ich die Nacht die sechs Meilen von Schleswig nach Rendsburg gelaufen war, den anderen Tag beschrieb." Am 25. wohnte

---

20 Hierzu und zum Folgenden vgl. „Schleswig-Holsteinische Zeitung" (verantw. Redakteur A. F. *Hanssen*) Nr. 1 (15. April 1848) bis Nr. 148 (4. Oktober 1848). Vgl. Anhang I. – Dazu „Die Schlacht bei Schleswig", abgedruckt in *R. u. A. S.* 363ff. mit Anmerkung auf S. 363 und Z.-J. Nr. 118-119.

er einer Versammlung des Zentralwahlkomitees in Neumünster bei, in welcher u.a. Droysen und Waitz, von
Mommsen auch in seiner Zeitung wärmstens empfohlen,
als Kandidaten für das Frankfurter Parlament aufgestellt
wurden, während Professor (Lorenz) Stein aus Kiel infolge
von Mommsens Einspruch abgelehnt wurde. Es schien
ihm am wichtigsten, Männer von Gesinnung zu wählen.
„Sie sollen nicht die Form allein schaffen für Deutschlands
Einheit, sie sollen in vielen Teilen Deutschlands auch den
Geist schaffen; sie sollen die Pommern zu Deutschen, sie
sollen die Mörder Gagerns zu Bürgern machen. Das alles
müssen sie tun durch ihre sittliche Kraft, gehoben durch
den Zwang von außen und den Drang von innen." Dagegen
sollten ausgeschlossen sein „alle verdächtigen Charaktere,
alle Feilen und Lauen, alle Schwankenden und Phantasten,
alle Volks- und Fürstenschmeichler" – aber auch „die in
die alte Staatsmaschine eingepreßten Geister, die Schreibmaschinen der Bureaus, die devoten Pfründner der Staatskirche, die gehorsamen Leutnants und Majore, die ihres
beschränkten Untertanenverstandes sich bescheidenden
Spießbürger, die Männer der Hundetreue". Dies schien
Mommsen umso wichtiger, als ihm „die Gefahr einer
Reaktion im Schoße des deutschen Parlamentes selbst" –
infolge der Unreife großer Teile des Volkes – schon damals
„nicht so chimärisch" erschien. Man solle „nicht zu viel
Gewicht auf die Schlagfrage: Republik oder Monarchie"
legen, da diese nur zu Missverständnissen und unnützen
Diskussionen führte und ihm auch die Fürstengewalt nur
als eine historische Kategorie erschien, sondern von den
Kandidaten vielmehr fordern, dass sie für spezielle Dinge,
namentlich für das allgemeine aktive Wahlrecht und für
eine gewisse Zentralisation eintreten; dass sie versprechen
dazu mitzuwirken, alle diplomatische und militärische
Wirksamkeit von den bisherigen Bundesstaaten auf die

Zentralgewalt zu übertragen, den Schwerpunkt der Zentralverwaltung auf das Nationalparlament zu verlegen und das künftige Bundeshaupt mit wahrhaft konstitutionellen Garantien zu umgeben, und sich namentlich in der Frage: *Republik oder Monarchie?* dem Ausspruche der Majorität zu unterwerfen. Mommsen selbst gab das Schlagwort aus: „Keine Isolierung, keine Reaktion, keine Anarchie." Dem entsprach die politische Haltung der Schleswig-Holsteinischen Zeitung selbst: „Um jeden Preis die Einheit Deutschlands"; demgegenüber sollte die Verfassungsfrage zurücktreten; und wenn auch die Gefahr einer Hausmachtpolitik, welche die Folge des Erbkaisertums sein konnte, hervorgehoben und eine nicht monarchische Spitze der Zentralgewalt prinzipiell bevorzugt wird, wird doch die Meinung ausgesprochen, dass die Zentralisation unter einem Erbkaiser zustande kommen werde wegen der Stärke und des berechtigten Anspruches auf Hegemonie Preußens, das eben bestehe, während der einheitliche deutsche Staat erst geschaffen werden müsse. „Wir anderen Deutschen brauchen Preußen notwendiger, als Preußen uns." – Nichtsdestoweniger polemisiert Mommsen am 10. Juni gegen die Deutsche Zeitung von Gervinus, weil sich das Erbkaisertum mit der Natur eines Bundesstaates nicht vereinigen lasse und nur dem Doktrinarismus entsprungen sei; eine definitive Lösung der Frage sei derzeit noch nicht möglich. Die staatlichen Formen müssten sich eben nach den Bedürfnissen richten. – Sehr energisch trat Mommsen für den konstituierenden Charakter der Frankfurter Nationalversammlung, der „alleinigen Inhaberin der deutschen Staatsgewalt" ein; es war recht deutlich, gegen wen sich die Worte richteten: „wer ihren Beschlüssen den Gehorsam weigert, der ist ein Rebell, und die Behauptung, daß ein Beschluß der Nationalversammlung nicht bloß insinuiert, sondern akzeptiert werden muß, ist Hochverrat gegen

Deutschland". Aber obwohl auch allgemeinere Fragen, z.B. die soziale Frage unter Berufung auf englische Ökonomen und auch auf Engels' „Lage der arbeitenden Klassen in England" in einem liberalsozialpolitischen Sinne in dem Blatte behandelt wurden und Mommsen die österreichischen Verhältnisse im Sinne ungarischer Sympathien und mit scharfer Verurteilung der Kamarilla und des Panslawismus besprach und ausdrücklich feststellte, dass Deutschland auch von Österreich absehen könne, traten doch allmählich die lokalen Fragen immer mehr in den Vordergrund In einer Versammlung in Rendsburg am 13. Juni, an welcher Mommsen als Schriftführer teilnahm, wurde eine Resolution für die augenblickliche Einführung der allgemeinen Wehrpflicht, für allgemeines Wahlrecht in dem von der Ständeversammlung zu beschließenden Wahlgesetze für die Provinzialversammlung und gegen jede Teilung Schleswigs gefasst, und in den folgenden Wochen verfolgt Mommsen in seinem Blatte die Tätigkeit der Stände und kritisiert sie, berichtet über die finanziellen Vorlagen und preist eine reine Einkommensteuer, nicht ohne immer wieder gegenüber der partikularistischen Antiquität des „meerumschlungenen Patriotismus" den gesamtdeutschen Standpunkt zu betonen. Die Dinge gingen nicht, wie Mommsen gehofft hatte. Waren ihm ohnedies die Hände in mancher wichtigen Frage gebunden, so ließ er sich nicht hindern, in den Angelegenheiten seiner engeren Heimat energische Worte zu finden gegen die Schlaffheit und den bösen Willen einer nicht geringen Minorität der Stände. Er hatte schon seit dem Juni das Gefühl, dass das Regiment weder der einen noch der anderen Partei gehörte, sondern ausschließlich den Ungeschickten und dass es seine tägliche Beschäftigung war, sich über die Lauen und über die Renommisten zu ärgern. Zu Michaelis wollte er seinen Abschied nehmen und hat daher Jahn, jetzt die Leipziger Angelegenheit zu fördern. Persönliche Oppositionsartikel führten aber schon jetzt zu heftigen Interpellationen von Seite der Stände, und die Regierung wies nun ihre Zeitung an, die Stände ungeschoren zu lassen. Da Versuche, das Blatt in Privathände zu bringen, fehlschlugen, ging Mommsen schon anfangs Juli mit der Überzeugung, in seiner Heimat überflüssig zu sein, und mit dem Gefühle der Scham, dass die großartig angekündigte Schilderhebung in nichts verlief. – Um seine Existenz zu fristen, suchte er möglichst bald wieder Beschäftigung bei einer Zeitung und ging nach Frankfurt, wo ihm der Gegensatz zwischen der „Parlamentsidylle", für die die verschiedenen Wirren nur Redestoffe seien, zwischen der Beratung der Grundrechte auf der einen Seite und der tatsächlichen Haltung der Regierungen auf der anderen, der Gegensatz zwischen Theorie und Praxis viel zu denken gaben. Er war Zuhörer bei einer Beratung der Linken im „Deutschen Hofe", bei welcher ihm auch R. Blums vorsichtige Zurückhaltung auffiel, die ihn ebenfalls für die Zukunft nichts Gutes ahnen ließ. In dieser wenig freudigen Stimmung erhielt er die Nachricht, dass der sächsische Minister von der Pfordten sich Jahn gegenüber bereit erklärt hatte, Mommsen von Michaelis 1848 an mit einem Gehalte von 400 Reichstalern als außerordentlichen Professor der Jurisprudenz in Leipzig anzustellen.

Dann trat der Wendepunkt in Schleswig und in Deutschland überhaupt ein, als es durch den Vertrag von Malmö klar wurde, dass Preußen von der nationalen Politik sich lossagte. Noch am 29. August, als Olshausen aus der provisorischen Regierung ausgetreten war, polemisierte die Schleswig-Holsteinische Zeitung, die inzwischen in andere Hände übergegangen war, zwar gegen die Berliner Junkerpartei, sah aber doch in Preußen den „Staat des Fortschrittes", der „sich zu Deutschland erweitern müsse".

Dann schlägt sie heftigere Töne an, fordert den Landtag zum Handeln, zur Steuerverweigerung auf, greift die neue verhasste Regierung an und droht: „es wäre möglich, daß vor der lauten Anklage einer Politik, worin die deutschen Fürsten abermals Schmach gehäuft haben auf das deutsche Volk, die noch keineswegs gesicherten Throne wiederum erzittern". Doch erkennt sie resigniert an, dass sich Schleswig-Holstein einem von der Nationalversammlung und den konstituierten Gewalten rechtsgültig abgeschlossenen Waffenstillstande fügen müsse und wirft noch in mehreren Artikeln (16.–21. September) auf Grund der der Nationalversammlung vorgelegten Aktenstücke einen Rückblick auf die Geschichte des Waffenstillstandes. Mommsen scheint in dieser Zeit wieder mitgearbeitet und von Kiel aus die „Briefe über die Landesversammlung" und die neuen Parteibildungen geschrieben zu haben, legte aber Ende September die Feder nieder.

Das ihm eigene strenge Pflichtgefühl, das er auch von den anderen forderte, hatte ihn in den politischen Kampf geführt, und er hatte ausgeharrt mit der aus seinem starken Temperamente entspringenden Begeisterung, die er als eine Grundbedingung des Erfolges betrachtete, solange er glaubte nützlich wirken zu können. „Gehen wir zugrunde, so sind schuld daran die Klagenden und die Zagenden, die bedenklichen kränklichen Seelen, die superklugen Politiker, die den großen Text der Geschichte mit ihren Frage- und Ausrufungszeichen versehen, die nachhinkenden Kleinmeister, welchen der herrlichste Sieg nicht genug Resultate gibt, die armen Seelen, welche keinen Glauben haben an den Gott in der Geschichte, kurz all die hoffnungslose Feigheit, die kopfschüttelnde Klugheit, die wie ein bleiernes Schwergewicht den edeln Enthusiasmus Deutschlands niederziehen möchte." Aber es liegen genug Äußerungen vor, die beweisen, dass er von vornherein die tatsächlichen Machtverhältnisse, das Widerstreben der Machthaber gegen die neue Entwicklung, die Unreife des Volkes, die Stärke der Reaktion und die philiströse Furcht vor der Anarchie richtig beurteilte. Darum wird er auch am leidenschaftlichsten und beredtsten, wenn er die wirklichen Verhältnisse mit beißender Satire dem erstrebten Ziele gegenüberstellt. Schon am 31. Mai schreibt er in einem Artikel, der überschrieben ist: „Die Einheit Deutschlands praktisch angewandt" u.a.: „Wir haben uns sehr geirrt. Die Idee eines einigen und starken Deutschlands hat in der Praxis einen Kommentar erhalten, der geeignet ist, die ruhige Vernunft zum Wahnsinn und die Torheit zur Ehre zu bringen. – Das einige Deutschland ist ein solches, wo jeder deutsche Regent im militärischen und politischen Verhalten zum Ausland seinen eigenen Willen hat, wo Preußen gar nicht zu wollen braucht, was Hannover will, und umgekehrt. Das einige Deutschland schließt nicht aus, daß ein deutscher Fürst sich weigert, sein Kontingent zu stellen. Das einige Deutschland schließt nicht aus, daß ein deutsches Land einen Separatfrieden schließt. Das einige Deutschland kann viel vertragen, unbeschadet seiner Einheit, gerade wie das Heilige Römische Reich, trotz Neutralitätserklärungen und Baseler Friedensschlüsse, das Heilige Römische Reich blieb. Das einige Deutschland ist eine Koalition mehrerer Fürsten, mit einer Phrase dazu. Das einige Deutschland ist ein periodisch wiederkehrender Traum des deutschen Michel, der in Versen vortrefflich, in Prosa schlecht und in der Praxis nirgends an seinem Platze ist. Das einige Deutschland ist ein Hohn der Dänen, die Schadenfreude Englands. Aus Versehen ist Deutschland einig gewesen vier Wochen lang; aber umsonst erschraken die Nachbarn, daß es nun Ernst werden möchte. Schon lenken wir ein in das alte zerfahrene Geleise des ewigen Zwiespaltes, und das *erste* Opfer ist Schleswig-Holstein." Wenn er trotzdem noch ausharrt und „von den deutschen Fürsten, deren viele sind und uneinige, an das deutsche Volk, das eine und, Gott geb' es, einige" appelliert, die Organisation des Volkskrieges gegen Dänemark verlangt und die Pläne einer wirksamen Wehrverfassung für Schleswig-Holstein diskutiert, wenn er immer wieder zur Tat aufruft, so entspringt dies, wie bei manchen seiner Zeitgenossen, weniger dem Glauben an die Möglichkeit, die ersehnten Ziele zu erreichen, als dem Gefühl der Verpflichtung, kein Mittel unversucht zu lassen und den Kampf nicht aufzugeben. Den Schlüssel zu dieser Stimmung gibt Mommsen selbst, in viel späterer Zeit, wo er[21] von Ludwig Bambergers revolutionären Unternehmungen und der „in seinem Kopfe wie in zahlreichen anderen damit vereinigten Einsicht in die so gut wie vollständige Aussichtslosigkeit des Beginnens" spricht und hinzufügt: „Aber wer jene Zeiten mitdurchlebt hat, wird sich der Jugendstimmungen erinnern, der Zeit, wo die junge Welt meinte, das einige, freie Deutschland dadurch schaffen zu helfen, daß jeder, für sein Teil wenigstens, sich aufopferte." –

Seine Berufung nach Leipzig, wo er im Herbste 1848 eintraf, betrachtete Mommsen „als eine der vielen unerwartet glücklichen Fügungen" …, woran er erkenne, dass er ein Sonntagskind sei, und als eine Erlösung von „der Gold in Goldschaum verwandelnden, alle intensive Arbeit tötenden Beschäftigung mit dem Journalisieren."[22] In Leipzig, einem der geistigen Brennpunkte Deutschlands, wohnte er zusammen mit Jahn im Hause G. Wigands; es wurde ihm dank der geistig angeregten und gleichgestimmten, ernsten und humorvollen Geselligkeit, zu der

---

21   *R. u. A. S.* 468f.

22   Vgl. *Hirschfeld,* Ak. S. 13.

sich außer Mommsen und Jahn, Haupt und dem Lessingbiographen Danzel die Verleger S. Hirzel, K. Reimer, G. Wigand regelmäßig zusammenfanden, zur zweiten Heimat.[23] Auch seine wissenschaftliche Tätigkeit beschränkte sich keineswegs auf seine Vorlesungen, obwohl die acht- und zehnstündigen Pandekten- und Institutionenkollegien dem des Lehrens und der Pandekten Ungewohnten genügend Zeit rauben mussten; im Jahre 1850 kündigte er außerdem eine Vorlesung „Abschnitte aus der römischen Geschichte" an, deren Thema mit seinen damaligen Arbeiten wohl in engerem Zusammenhange stand. Den wissenschaftlichen Vereinigungspunkt bildete die neu gegründete Leipziger Gesellschaft der Wissenschaften, in deren Berichten und Abhandlungen Mommsen der eifrigste Mitarbeiter war; hier erschienen u.a. seine grundlegenden Untersuchungen über das römische Münzwesen, seine Abhandlung über den Chronographen vom Jahre 354, die der Ausgangspunkt für eine Reihe chronologischer Untersuchungen sowie für seine später wieder aufgenommene Beschäftigung mit den Quellen des ausgehenden römischen Reiches wurde. Geradezu bedeutsam für die Geschichte der Wissenschaften war in diesem Leipziger Kreise das Zusammentreffen bedeutender Gelehrter und kluger, gebildeter, weitausschauender Verleger. Mommsen hat es G. Wigand nie vergessen, dass er in uneigennütziger Weise den Druck der neapolitanischen Inschriften trotz eines nur ungenügenden Zuschusses der Berliner Aka-

---

23   Vgl. die von *Belger*, Haupt als akadem. Lehrer (1879), S. 32 zitierte Stelle aus einem Briefe Mommsens. – Ferner über den Leipziger Aufenthalt namentlich *Jahn*, Biograph. Aufsätze (1866): Th. W. Danzel; Allgem. D. Biograph. „O. Jahn" von *Michaelis*. Über den Leipziger Kreis auch *Gomperz*, Essays und Erinnerungen, S. 27ff. – Berichte über den „Deutschen Verein" finden sich in der „Leipziger Zeitung" vom Jahre 1849.

demie ermöglichte, und mit Hirzel und Reimer schloss Mommsen damals die Verträge über das römische Staatsrecht und die römische Geschichte. Namentlich Karl Reimer, der in dem Freunde nicht nur den führenden Geist, sondern auch die Energie erkannte, mit der er wissenschaftliche Pläne zu Ende führte, hat ihn auf jede Weise in großzügiger Weise unterstützt. – Aus demselben Kreise ist auch das „Literarische Zentralblatt" hervorgegangen, an welchem Mommsen anfangs eifrig mitarbeitete; die vielen von ihm besprochenen Schriften zeigen, in wie mannigfaltiger Weise er sich auch außerhalb des Faches geistig betätigte. Der freundschaftliche Umgang mit Gustav Freytag, der damals in Leipzig die „Grenzboten" redigierte, mit Danzel, mit Hirzel, dem Goethe-Sammler, regten den dichtenden Gelehrten auch literarisch an. Namentlich Goethe, den er kannte und liebte, wie wenige, war und blieb der literarische Schutzgott dieses Kreises. Sein hundertster Geburtstag wurde festlich begangen, und unmittelbar darauf unternahmen die Genossen eine gemeinsame Wallfahrt nach Weimar.

Auch dies Idyll der Arbeit und der Freundschaft wurde durch die leidige Politik gestört. Schon vor seiner Berufung nach Leipzig hatte Jahn seinen Freund Mommsen scherzhaft gebeten, seine Sympathien für die Linke bis zum linken Zentrum zu mäßigen und sich an den gutmütigen Fortschritt des „Deutschen Vereins" in Leipzig zu gewöhnen. Mommsen nahm in der Tat mit seinen engeren Freunden lebhaft teil an den Verhandlungen dieses Vereines, der für die Anerkennung der vom Frankfurter Parlament zu beschließenden Verfassung und für die preußische Spitze eintrat. Im Januar wurde an die sächsische Regierung und den Landtag wegen Publikation der Frankfurter Grundrechte petitioniert. Auf das Gerücht von einer Ministerkrise, welche das offene Einlenken in die Bahnen der Reaktion bedeutet hätte, verfasste Mommsen im Auftrage seiner Freunde[24] am 23. Januar eine Adresse an den Minister von der Pfordten, in welcher, gegenüber einem partikularistischen Beschlusse der sächsischen Kammer, das Vertrauen ausgesprochen wird, dass der Minister auch künftig nicht vergessen werde, dass er vor allem ein Deutscher sei. Es heißt da: „Ist auch der souveräne Unverstand für den Augenblick zur Herrschaft gelangt, so sind doch seine Tage gezählt; die betörte Mehrheit im Volke wird die Augen öffnen und endlich begreifen, daß nur in und mit Deutschland für unser sächsisches Land eine bessere Zukunft gedeihen kann." Am 2. März sprach u.a. Mommsen „über den gegenwärtigen Stand der deutschen Verfassungsfrage", und es wurde eine Adresse an das Frankfurter Parlament um möglichste Beschleunigung der zweiten Lesung der Verfassung, sowie eine energische Erklärung in Betreff der Rechtsverbindlichkeit der deutschen Reichsverfassung, wie sie aus den Beratungen der Nationalversammlung hervorgehen würde, beschlossen. Als dann Mommsen von einer Osterreise zur Hochzeit seines Bruders und zu seinen Verwandten zurückgekehrt war, auf der er mit Schmerz gesehen hatte, wie die Dinge in Schleswig-Holstein ihren Lauf nahmen, bereitete sich auch schon die letzte große Krise vor, die allen Hoffnungen ein Ende machte. Am selben Tage, an welchem die preußische zweite Kammer aufgelöst wurde, am 27. April, stellte Haupt im Deutschen Vereine den Antrag, dem Rate und den Stadtverordneten von Leipzig den Dank auszusprechen für die Schritte, welche diese an den König und das Gesamtministerium getan hatten, um auf Anerkennung der deutschen Verfassung zu dringen; der Antrag wurde angenommen und in der Zuschrift an die Stadtver-

---

24   Freundliche Mitteilung von Dr. *Jacobs*.

ordneten zugleich erklärt, dass die Sachsen keinem deutschen Volksstamme nachstehen werden an Mut und Entschlossenheit, das Palladium der deutschen Einheit und Macht siegreich zu behaupten. Mommsen unterstützte den Antrag und wies zugleich darauf hin, dass in Württemberg der Widerstand des Volkes den König zum Nachgeben bewogen habe. Jahn stellte sogar zur Erwägung, ob es nicht angebracht wäre, dass der Verein sich noch energischer äußere, als die Stadtverordneten. Der Antrag Haupts wurde einstimmig angenommen und ferner beschlossen, den Vereinsausschuss zu allen Schritten zu ermächtigen, die er zur Herbeiführung des notwendigen Zieles, Anerkennung der Verfassung, für geeignet halte. Aber schon am 30. April hatte Beust über seine liberalen Kollegen im Ministerium gesiegt und den Landtag aufgelöst; am 3. Mai schon wurden in Dresden Barrikaden gebaut.

Am 3. Mai abends kamen die ersten noch unklaren Nachrichten über die Dresdener Vorgänge nach Leipzig, und es fand im Hôtel de Saxe eine Besprechung zwischen Ausschussmitgliedern des Deutschen Vereins, unter denen sich Mommsen befand, und des sog. Cramerschen Vaterlandsvereines statt, in welcher man sich über die Lage der Dinge zu verständigen suchte; man beschloss, Hand in Hand mit den Behörden vorzugehen, und es sollten sich zu diesem Zwecke Deputierte beider Ausschüsse am anderen Morgen am selben Orte wieder zusammenfinden; dagegen sollten die „extremen" Vereine nicht eingeladen werden. Bei der Zusammenkunft am Vormittage des 4. Mai, an der Mommsen, Haupt und Jahn für den Deutschen Verein teilnahmen, scheint es inmitten der allgemeinen Verwirrung, welche eine Folge der Dresdener Vorgänge war, recht tumultuarisch zugegangen zu sein, zum Teil infolge des Zuströmens radikalerer Elemente, die andere Ziele – namentlich die Unterstützung des Dresdener Aufstandes –

verfolgten, als der Deutsche Verein. Es wurde zunächst eine Deputation an den Stadtrat und den Kommunalgardenausschuss gesandt, an der auch Haupt teilnahm, um eine Verstärkung der Kommunalgarde durch neu zu bewaffnende Bürger mit Rücksicht darauf zu erwirken, dass das Militär nach Dresden abgezogen war und die Ordnung in der Stadt aufrechterhalten werden sollte. Eine zweite Deputation, von der Mommsen und seine Freunde nichts wussten, verlangte dann, dass die Kommunalgarden und Freischaren den Dresdener Aufständischen Zuzug leisten sollten. Inzwischen tauchte im Hôtel de Saxe die Idee auf, eine Volksversammlung auf den Blumenberg einzuberufen. Über den Zweck der Versammlung war man sich nicht klar; es hieß, man wollte Generalmarsch für die Kommunalgarden schlagen lassen oder den Willen der Bürgerschaft erkunden; andere Personen scheinen gemeint zu haben, es handle sich um die Frage des Zuzuges nach Dresden. Mommsen und Haupt forderten die ihnen begegnenden Bürger auf, an der Versammlung teilzunehmen. Als aber, trotzdem eine Anzahl Menschen zusammengekommen waren, niemand das Wort ergriff, entfernten sich Mommsen und seine Freunde, während an einem anderen Orte in der Tat eine Volksversammlung tagte. Am Nachmittage fanden sich abermals Vertreter verschiedener Vereine, auch der radikalen, zusammen und tagten als sog. „Vereinigte Ausschüsse"; hier wurde auch der Zuzug nach Dresden beraten. Mommsen sprach dagegen und erklärte den Austritt des Deutschen Vereins, weil die Mehrzahl „den Beschluss gefasst habe, gegen die Kommunalgarde und die Behörde der Stadt Gewalt zu gebrauchen". Auch hielt Mommsen den Dresdener Aufstand für völlig aussichtslos. Am anderen Tage, dem 5. Mai, wurde versucht, die Spaltung auf ein Missverständnis zurückzuführen; aber der Deutsche Verein blieb bei seinem Beschlusse und motivierte seine Haltung in einer von Mommsen entworfenen Erklärung, die mit einigen Änderungen am 6. veröffentlicht wurde. Es hieß darin, dass der Deutsche Verein an der Reichsverfassung, wie an der sächsischen Landesverfassung treu festhalten und Hand in Hand mit den Behörden gehen wolle, während die Tendenzen der provisorischen Regierung in Dresden als solche bezeichnet wurden, welche für die Aufrechthaltung der Landesverfassung keine Garantie böten; auch wolle der Deutsche Verein in keiner Weise die Bewegung in Dresden, welche jeder gesetzlichen Grundlage entbehrte, fördern.

Aber es brach die Zeit heran, in welcher auch sehr gemäßigte Gesinnungen nicht vor Verfolgungen eines so skrupellosen Gegners wie Beust schützten. Als der Leipziger akademische Senat sich weigerte, nach der oktroyierten Verfassung einen Abgeordneten zu wählen, wurden Mommsen, Haupt und Jahn suspendiert; schon vorher waren wegen ihrer Tätigkeit im Deutschen Vereine, weil ihre Absicht gewesen sei, sich an Gewaltschritten zum Zwecke der Anerkennung der Deutschen Reichsverfassung zu beteiligen, Kriminaluntersuchungen gegen sie eingeleitet, die im Oktober 1850 in erster Instanz zur Verurteilung Mommsens zu neun Monaten, Haupts zu einem Jahr Landesgefängnis wegen Vorbereitung des Hochverrates und zur Freisprechung Jahns „ab instantia" führte. Bei Mommsen wurde als erwiesen angenommen, dass er „als akademischer Lehrer so viel Befähigung und Selbständigkeit besitze, daß er das sogar teilweise durch ihn selbst mitveranlaßte Treiben der aufgeregten Menge in seinen Ursachen und Wirkungen überblickt hat", dass er also bei der Aufforderung zur Volksversammlung am Blumenberge den Zweck, der ein hochverräterischer gewesen sei, erkannt habe. In zweiter Instanz wurde er wie Haupt am 17. Januar 1851 *ab instantia* freigesprochen. Diesmal hieß es in den Entscheidungsgründen u.a.: „Darüber, welche Schritte zu diesem Zwecke (Anerkennung der Reichsverfassung) zu tun seien und wohin diese führen könnten, mögen sich die Inkulpaten wohl nicht klar geworden sein. Dies ist eine Erscheinung, die bei jungen Leuten und bei Männern, die dem praktischen Leben ferne stehen, und sich bloß mit der Theorie beschäftigen, häufig vorkommt. Sie leben in Ideen, enthusiasmieren sich für dieselben, ohne die Fähigkeit zu haben, deren praktische Durchführbarkeit beurteilen zu können, und ohne zu bedenken, welches Unheil die versuchte Durchführung derselben mit sich bringen kann. Berücksichtigt man daher die Persönlichkeit der hier in Frage befangenen Inkulpaten, so kann man mit Grund nicht behaupten, daß ein kriminalrechtlich strafbarer dolus schon am 3. Mai vorhanden gewesen sei."

Mommsen erhielt die Nachricht, als er im Februar 1851 am Sterbebette seines Vaters weilte. Sobald er in Oldesloe, tief bewegt durch den eigenen Verlust und durch den ehrfurchtgebietenden Schmerz seiner Mutter, die dringendsten Angelegenheiten geordnet hatte, eilte er nach Berlin an das Krankenlager Lachmanns, in dem der ganze Leipziger Kreis seinen *pater familias* und in wissenschaftlichen wie in menschlichen Dingen seine höchste Instanz verehrte. Nach Lachmanns Tode (13. März 1851) nach Leipzig zurückgekehrt, musste er mit seinen beiden Genossen in Form einer Ministerialverfügung Beusts unappellabeln Spruch über sich ergehen lassen, durch welchen alle drei „zum Besten der Universität", weil sie während der Maitage „öffentliches Ärgernis gegeben und ein sehr schlechtes Beispiel für die akademische Jugend aufgestellt" hätten, ihres Amtes, trotz des gerichtlichen Freispruches, enthoben wurden (22. April). Die drei Genossen legten hierauf, natürlich vergeblich, feierliche Verwahrung ein, suchten nachzuweisen, dass die Absetzung nichtig sei, und legten

dein akademischen Senate, unter Wahrung ihrer zivil-
rechtlichen Ansprüche, einen Rekurs an das Gesamtministerium bzw. an die „in Evangelicis beauftragten Herren
Staatsminister" vor, der natürlich ohne Folgen blieb.

So kam alles zusammen: Zerstörung aller politischen
Hoffnungen, die schwersten persönlichen Verluste, Vernichtung der materiellen Existenz. Mommsen hat mit stau-
nenswerter Spannkraft, allerdings in jeder Weise gestützt
durch seine Freunde, unter denen Karl Reimer vor allen
genannt zu werden verdient, in ungeschwächter Arbeitskraft die Krise überwunden. In jene Zeit fallen außer dem
Drucke der *Inscriptiones regni Neapolitani* Mommsens
Arbeiten über das Preisedikt Diokletians und seine Erläu-
terungen zu den römischen Feldmessern in der Lachmann-
schen Ausgabe, sowie außer verschiedenen epigraphischen
Analekten und Besprechungen die Anzeigen literarischer
und historisch-politischer Werke im Zentralblatte, die
zeigen, dass trotz allem seine Anteilnahme an der deutschen Frage und namentlich an Schleswig-Holstein nicht
vermindert war. Und dass auch der Humor nicht zu kurz
kam, beweisen mancherlei literarische Späße, die aus dem
Freundeskreise hervorgingen.[25]

Ein Ruf als Professor des römischen Rechtes nach
Zürich, den ihm wahrscheinlich S. Hirzel vermittelt
hatte, entriss ihn der schwierigen Situation. Aber trotz
des freundlichen Empfanges, der ihm im Mai 1852 zuteil
wurde, trotzdem die Züricher Regierung ihm unaufgefor-

---

25   Die Darstellung der Maivorgänge und des Prozesses insbesondere nach
      den im Besitze der Familie M. befindlichen Abschriften der Verteidigungs-
      schriften des Advokaten Cichorius und den Entscheidungsgründen. Dazu
      Beilage der „Münchener Neuesten Nachrichten", Jahrgang 1908, Nr. 5
      (Juli 6): „Ein Professorenprozeß". – Vgl. Z.-J. zu 1849–1852 und nament-
      lich S. VI und X (Litt. Zentralblatt).

dert im Frühjahre 1853 den vollen Ordinariatsgehalt zubilligte, was er dankbar anerkannte, gelang es Mommsen während seines mehr als zweijährigen Aufenthaltes in Zürich (Frühjahr 1852 bis Sommer 1854) nicht, sich in die damals sehr engen Verhältnisse der Stadt hineinzugewöhnen. Die deutschen Professoren betrachteten damals Zürich nur als Durchgangsstation, und Mommsen, der den angeregten Leipziger Kreis, mit dem er freilich brieflich in regem Verkehr blieb, schwer vermisste, litt sowohl an Vereinsamung, als an dem Zwange der steifen obligaten Professorendiners, während er sich nur dem Physiologen Ludwig und Hitzig freundschaftlich anschloss und gegen Ende seines eigenen Aufenthaltes den Abgang seines Fakultätskollegen Erxleben lebhaft bedauerte. Weder die politischen Verhältnisse des Kleinstaates, die ihm nicht zusagten, noch auch seine Lehrtätigkeit konnten ihm einen Ersatz bieten, da er über die mangelhafte Vorbildung der Studenten mit Ausnahme derer, welche aus der Züricher Kantonsschule hervorgegangen waren, zu klagen hatte und höchstens auf zehn Hörer rechnen konnte. Umso mehr vertiefte er sich in seine wissenschaftlichen Arbeiten. Außer der Arbeit an der römischen Geschichte, die auch eine Arbeitskraft wie die Mommsens hätte ganz in Anspruch nehmen können, nützte er aus, was ihm die Umgebung an Material für seine wissenschaftlichen Zwecke bot; wenn auch ungern, unterzog er sich der Pflicht, einen populären Vortrag vor dem ihm nicht sympathischen Publikum zu halten, und sprach über die Schweiz in römischer Zeit, sammelte und gab die lateinischen Inschriften der Schweizer Eidgenossenschaft für die Züricher antiquarische Gesellschaft heraus, deren Mitglieder, namentlich F. Keller, er schätzen gelernt hatte;[26] er wurde mit den Resten des Altertums in der Schweiz

---

26   Vgl. auch *Blümner a. a. O. S.* 6f.

so vertraut, dass er es auch übernahm, den Schweizer Baedeker in antiquarischer Beziehung umzuarbeiten. Aus demselben Arbeitskreise gingen in Fortsetzung früherer Arbeiten seine Studien über die nordetruskischen Alphabete hervor. Dazu kam aber seit dem Jahre 1853 die ermüdende, in diesem Stadium großenteils mechanische Arbeit am *Corpus inscriptionum*, namentlich die Herstellung der Scheden. Denn die Neapolitaner Inschriften hatten so deutlich gezeigt, dass nur Mommsen geeignet sei, das ganze *Corpus* zu schaffen, dass die Berliner Akademie ihren Zumpt fallen ließ. Diese Bedingung hatte auch Ritschl in Bonn gestellt, als er sich in Verbindung mit Mommsen der Akademie gegenüber zur Bearbeitung der archaischen Inschriften, die gleichsam den *Prodromus* zum *Corpus* bilden sollte, bereit erklärte. Auch Mommsens sonstige Bedingungen, durch Gerhard abermals energisch befürwortet, wurden jetzt angenommen, insbesondere auch die Mitwirkung Henzens, namentlich für die stadtrömischen Inschriften, und de Rossis, die er forderte. Im Juni 1853 wurden diese beiden Gelehrten und Mommsen zu Korrespondenten der Akademie ernannt, und Mommsen wurde für die Vorarbeiten zum Corpus für sechs Jahre eine Remuneration von je 400 Reichstalern bewilligt.

Dabei genoss Mommsen trotz allem die wunderbare Natur, und eine fröhliche Wanderung auf den Rigi und nach Meiringen, welche die drei Leipziger Genossen Mommsen, Haupt und Karl Reimer im Sommer 1852 gemeinsam unternahmen, erfrischte ihn nach den Mühen des ersten Züricher Semesters; ein andermal überkam ihn die Lust am Klettern bei Gelegenheit eines Ausfluges nach Haiden so sehr, dass er den Säntis bestieg. Von Karl Reimer immer wieder aufgefordert, entschloss er sich zu Ostern 1854, ihn und die anderen Freunde in Leipzig zu besuchen. Es zog ihn wohl schon ein geheimer Wunsch dahin,

den er erst in einem Briefe äußerte, als er nach mehrwö-
chigem Aufenthalte Leipzig verließ, um über Eisenach, wo
er Bruder Tycho und seine Mutter besuchte, nach Berlin
zu gehen. In Marie Reimer, der schönen Tochter Karls,
glaubte er den Ernst und die Heiterkeit gefunden zu haben,
die man brauche, um das schwere Leben mit Würde und
Anmut zu ertragen; und dieser Glaube an die Frau, die
durch nahezu ein halbes Jahrhundert seine treue Gefährtin
werden sollte, täuschte ihn nicht; sie hatte nach ihres eigenen Vaters Zeugnis eine gewisse Stärke über Nebendinge
keine Grillen zu fangen; sie wusste ihm die kleinen Dinge
des Lebens zu ordnen, wie sie sich in den großen der Führung seines starken Geistes unterordnete. Mommsen wagte
den Schritt in die Ehe, weil er seiner Frau jetzt eine wenn
auch bescheidene Häuslichkeit bieten konnte, zu der sein
Gehalt als Züricher Professor (700 Reichstaler) nebst seiner Remuneration aus Berlin, seinen Kolliengeldern und
seinen literarischen Einnahmen ausreichte, ohne dass er
befürchten musste, durch ökonomische Sorgen geknickt
zu werden; allerdings setzte er auch die Hoffnung auf eine
glänzendere materielle Zukunft in seine verständige Rechnung ein. Am 16. April 1854 wurde die Verlobung publi-
ziert, ohne dass gerade die vielen, die derartige Ereignisse
immer vorausahnen, überrascht gewesen wären. Mitten in
den Sorgen um seine erkrankte Braut, um die Einrichtung
der neuen Häuslichkeit in Zürich, um die Beschaffung
des Heimatscheines für die Hochzeit, die dem politisch
Gebrandmarkten von dem dänischen wie von dem sächsischen Polizeistaate auf jede Weise erschwert wurde, traf ihn
ein Ruf des preußischen Unterrichtsministers Raumer. Er
sollte als Ordinarius für römisches Recht an die Universität
Breslau kommen und seine Professur mit einer Bibliothekarstelle verbinden. Da er jedoch die Bibliothekarstelle auf
Rat seiner Freunde ablehnte, entschloss sich der Minister,

ihm, auch abgesehen von diesem Nebenamte, auskömmliche Bedingungen zu stellen. Die Hauptsache für Mommsen war, dass er nach Preußen kam, dass er hoffen konnte, von der preußischen Regierung für das Inschriftenunternehmen der Berliner Akademie, so oft es nötig wurde, Reiseurlaub zu erhalten, und dass er und seine Freunde von vornherein Breslau nur als eine Etappe auf dem Wege nach Berlin betrachteten. Auch hoffte er in Breslau größere Kollegien zu haben als in Zürich. Darin täuschte er sich allerdings; denn nachdem er im Hause seines Schwiegervaters, der eben im Begriffe war, mit seinem Geschäfte nach Berlin zu übersiedeln, am 10. September 1854 seine Hochzeit gefeiert und nach kurzer Hochzeitsreise in Breslau angekommen war, wurde es ihm rasch klar, dass hier die Studentenschaft sehr flau, die Einpaukerei in vollem Flore war. Das Beste daran war, dass er in diesem Wintersemester von allen Vorlesungen frei war, da sich für sein Privatkolleg (Obligationenrecht) nicht bloß kein einziger Student gemeldet hatte, sondern auch in die erste Vorlesung nicht einmal die Neugier einen Hospitanten geführt hatte; erst im Sommersemester brachte er es auf zwölf Hörer. Auch mit seinen Kollegen war er nicht sonderlich zufrieden, noch auch mit der Geselligkeit; an wenige Personen, darunter Wattenbach und Roepell, schloss er sich in Breslau an; er bemühte sich auch hier, nach dem Muster der Leipziger Gesellschaft, die wissenschaftliche Arbeit an der Breslauer Universität zu organisieren, während er selbst bei rastloser Arbeit an der römischen Geschichte und den Inschriften noch Muße fand, in unglaublich kurzer Zeit seine bedeutende Untersuchung über die neugefundenen Stadtrechte der latinischen Gemeinden Salpensa und Malaca durchzuführen. Sein glückliches Daheim und seine Arbeit brachten ihn über manchen Schmerz, den Tod seiner Mutter, über Überarbeitung und manche Unannehmlichkeiten hinweg.

Namentlich drückten ihn auch die trostlosen politischen Zustände in dem Preußen nach Olmütz, in dem Lande, auf welches er für Deutschland seine Hoffnungen gesetzt hatte. In Breslau selbst fand er nichts als Zopftum, Schlaffheit und schlesischen Partikularismus. Auch nach dem Tode des Zaren Nikolaus, als manche wohlmeinende Personen auf eine Emanzipation Preußens vom russischen Einflusse hofften, erklärte er, keine Hoffnung auf eine Änderung der politischen Zustände zu haben, solange Friedrich Wilhelm IV. regierte. Nichtsdestoweniger nahm er wieder gelegentlich am politischen Leben teil und tat in Verbindung mit Freunden das Seinige, um entschiedenere Liberale, z.B. Simson, bei den Wahlen durchzubringen. Schon dies, dazu die Ernennung zum Ehrendoktor der Philologie in Greifswald bei einer oppositionellen Universitätsfeier, genügte in Verbindung mit seiner politischen Vergangenheit, ihm von Berlin aus eine wohlmeinende private Verwarnung von Seiten des Ministerialreferenten Joh. Schulze zuzuziehen, die er mit der ebenfalls auf privatem Wege, durch Reimer, zurückgesandten Antwort quittierte, dass er sich nie, auch nur durch Stillschweigen, an dem mitschuldig machen werde, was er aus Überzeugung missbillige. Diese Umstände schienen seine von ihm und von Karl Reimer wie von Haupt in Berlin herbeigesehnte Berufung nach Berlin weiter in die Ferne zu rücken als je. Sachliche Rücksichten hätten sie entschieden befürwortet. Denn Mommsen hatte die Redaktion des *Corpus* unter der stillschweigenden Voraussetzung übernommen, dass der Druck nicht früher beginnen sollte, bevor er in Berlin angestellt sei. Er arbeitete in den Breslauer Jahren außer an der Geschichte hauptsächlich an den Vorarbeiten für das *Corpus*, das ihm immer unendlicher, *„une mer à boire“*, erschien, wenn man es nach den strengen Grundsätzen der Kritik, die er in seinen Neapolitaner Inschriften angewendet hatte, und nicht nach

Boeckhscher Art machen wollte. Als man ihn nichtsdestoweniger von Berlin aus drängte, mit dem Drucke zu beginnen, antwortete er mit dem Anerbieten seiner Demission.
Zu gleicher Zeit kam ein Ruf aus München unter günstigen
Bedingungen, da sich namentlich der König von Bayern für
die Berufung Mommsens interessierte. Mommsen lehnte
nichtsdestoweniger ab, da sich Aussicht auf Beilegung der
Krise im *Corpus* und Hoffnung auf eine Berufung nach Berlin ergab. Auf einer epigraphischen Reise, die er im Sommer und Herbste 1857 nach Wien, Siebenbürgen, Pest,
Venedig und dem Friaul unternahm, traf ihn die Nachricht
von seiner Berufung nach Berlin als Akademiker mit einem
Gehalte von 1500 Talern laut einem Erlasse, welchen der
Prinz von Preußen am 27. Oktober, also wenige Tage nachdem er die Stellvertretung seines Bruders übernommen,
vollzogen hatte, dank der nie nachlassenden Zähigkeit
Haupts und der Intervention Alexander von Humboldts.
Im Frühjahr 1858 siedelte Mommsen nach Berlin über.
Er hatte die Empfindung, jetzt auf einen Posten gestellt zu
sein, wo er eine große Unternehmung mit großen Mitteln
durchsetzen konnte und wo er hingehörte.

Auf diesem Posten hat er noch 45 Jahre lang ausgeharrt.
Aber schon als er nach Berlin kam, war seine wissenschaftliche Stellung klar umrissen. Wenn er sich zu Beginn seiner Wanderjahre seine Ziele gesteckt hatte, so hatte er in
den 14 Jahren, die seitdem verflossen waren, schon alle
Fundamente gelegt, auf denen er nunmehr das Gebäude
der römischen Altertumswissenschaft in unermüdlicher
Arbeit neu aufbaute. Er selbst hat in weit späteren Jahren
seine Stellung in der Wissenschaft und die Einflüsse, die
auf ihn in seiner Werdezeit eingewirkt haben, in den folgenden Worten zusammengefasst: „Es ist mir beschieden
gewesen, an dem großen Umschwung, den die Beseitigung
zufälliger und zum guten Teil widersinniger, hauptsächlich

aus den Fakultätsordnungen der Universitäten hervorge-
gangener Schranken in der Wissenschaft herbeigeführt hat,
in langer und ernster Arbeit mitzuwirken. Die Epoche, wo
der Geschichtsforscher von der Rechtswissenschaft nichts
wissen wollte, in der der Rechtsgelehrte die geschichtliche Forschung nur innerhalb seines Zaunes betrieb, wo es
dem Philologen wie ein Allotrium erschien, die Digesten
aufzuschlagen, und der Romanist von der alten Literatur
nichts kannte als das *Corpus iuris*, wo zwischen den beiden
Hälften des römischen Rechts, dem öffentlichen und dem
privaten, die Fakultätslinie durchging, wo der wunderliche
Zufall die Numismatik und sogar die Epigraphik zu einer
Art von Sonderwissenschaft gemacht hatte und ein Münz-
oder Inschriftenzitat außerhalb dieser Kreise eine Merk-
würdigkeit war – diese Epoche gehört der Vergangenheit
an, und es ist vielleicht mit mein Verdienst, aber vor allen
Dingen mein Glück gewesen, daß ich bei dieser Befreiung
habe mittun können. Was ich, ausgegangen von ernsten
Studien des römischen Privatrechts, dabei meinen älteren
philologischen Freunden, vor allen Jahn, Haupt, Welcker,
Lachmann, an innerer Anregung und äußerer Förderung
verdanke, wie dann das Land Italien mit dem ewig bele-
benden Atem seines Bodens und in Italien die Lehre unseres Altmeisters Borghesi, die treue Arbeitsgemeinschaft
mit meinen Freunden Henzen und Rossi befreiend und
den Blick erweiternd auf mich gewirkt haben, das habe ich
lebhaft und dankbar immer empfunden, wo ich in die Lage
kam, mir zu vergegenwärtigen, was ich gefehlt und was ich
recht getan ...“[27]

Allerdings beziehen sich diese Worte auch schon auf die
gewaltigen Werke der zweiten Hälfte seines Lebens. Aber

---

27 Aus dem Danke aus Anlass seiner Quinquagenarien *in utroque iure*; zitiert
    von *Gradenwitz a. a. O.* S. 6f.

so gewaltig sie sind, so waren sie doch nur die Ausführung jener genialen Intuition in bezug auf Kritik und Rekonstruktion, zu der nur gelangen konnte, wer sich schon frühe wie Mommsen eine zentrale und universale Stellung zum Gesamtgebiete seiner Wissenschaft erobert hatte, wie sie in der Römischen Geschichte zum Ausdrucke kommt.

Die Römische Geschichte

Welcher Zufall die Veranlassung dazu war, dass das deutsche Geschichtswerk des 19. Jahrhunderts entstand, das zum eisernen Bestande der Weltliteratur wurde, erzählt Mommsen selbst in einem Briefe an G. Freytag[28]: „Wissen Sie, wie ich dazu gekommen bin, die Römische Geschichte zu schreiben? Ich hatte in meinen jungen Jahren alle möglichen anderen Dinge im Sinn, Bearbeitung des römischen Kriminalrechts, Herausgabe der römischen Legalurkunden, allenfalls ein Pandektenkompendium, aber dachte an nichts weniger als an Geschichtschreibung. Da traf mich die bekannte Kinderkrankheit der jungen Professoren, dem gebildeten Leipzig zu gegenseitiger Belästigung einen Vortrag über irgend etwas zu halten, und da ich eben an dem (thorischen) Ackergesetz arbeitete und mit diesem selbst doch bei meiner künftigen Frau mich allzu schlecht eine geführt haben würde, so hielt ich einen politischen Vortrag über die Gracchen. Das Publikum nahm ihn hin, wie ähnliche Dinge auch, und ergab sich mit Fassung darein, von dem berühmten Brüderpaar auch ferner nur eine dunkle Ahnung zu haben. Aber unter dem Publikum waren auch K. Reimer Hirzel gewesen, und zwei Tage darauf kamen sie zu mir und fragten mich, ob ich ihnen nicht für ihre Sammlung eine römische Geschichte schreiben wollte. Nun war mir das zwar sehr überraschend, da mir

---

28   Veröffentlicht in der „National-Zeitung", Morgenausgabe, Berlin 17. November 1903, 56. Jahrgang Nr. 606.

selbst diese Möglichkeit noch nie in den Sinn gekommen war, aber Sie wissen ja, wie es in jenen Jahren der Wirren und Irren herging, jeder traute sich alles zu, und wenn man einen Professor neckte: wollen Sie nicht Kultusminister werden?, so sagte er gewöhnlich zu. So sagte ich denn auch zu, aber ich sagte es doch auch mit darum, weil jene beiden Männer mir imponierten, und ich dachte: wenn die dir das zutrauen, so kannst du es dir selber auch zutrauen. Wer von ihnen beiden den Gedanken gefasst hat, weiß ich nicht, und wenn ich es wüsste, würde ich es nicht sagen. Sie wissen, wie grundverschieden die beiden Persönlichkeiten auch waren, in ihrem Wirken und Schaffen schieden wir die Weidmänner nicht … Das aber möchte ich, daß Sie dem Publikum sagen: wenn es richtig ist, wie ich es ja wohl glauben muß, daß mein Geschichtswerk dankbare Leser gefunden hat, so gehört ein guter Teil des Dankes, vielleicht der beste, den beiden Männern, die mir diese Aufgabe gesetzt haben." Im Oktober 1849 schreibt Mommsen an Henzen, dass er sich vorläufig in das Studium der Kaisergeschichte vertieft habe, und im Juni 1850 heißt es in einem Briefe an denselben: „Ich habe teils meiner Subsistenz wegen, teils weil die Arbeit mich sehr anmutet, zugesagt und wirklich angefangen, eine lesbare, nicht allzu ausführliche römische Geschichte – Darstellung, nicht Untersuchung – zu schreiben. Zu solchen Arbeiten ist es wahrlich hohe Zeit; es ist mehr als je nötig, die Resultate unserer Untersuchungen einem größeren Kreise vorzulegen, um uns nicht gänzlich vom Platz verdrängen zu lassen."[29] Der Plan hatte aber noch keineswegs alle Fährlichkeiten überstanden. Als Mommsen im Sommer 1851 schon an dem Entwurfe eifrig arbeitete, aber „gedrückt durch die unendliche Schwierigkeit des Unternehmens" an sich verzweifelte, wendete sich Profes-

29   Vgl. *Hirschfeld*, Ak. S. 17f.

sor Peter durch Preller an Mommsen, damit dieser ihm für seine römische Geschichte in drei Bänden einen Verleger verschaffe; Mommsen schlug ihn als Ersatzmann für sich vor, erhielt aber von den „Weidmännern" einen Korb. Dann war es aber auch die materielle Lage des suspendierten und disziplinierten Professors, die Mommsen zum Ausharren zwang. Er nahm einen Vorschuss von 350 Talern auf das ausbedungene Honorar, und K. Reimer, der bei der Teilung der Weidmannschen Buchhandlung den Kontrakt über die Römische Geschichte übernommen hatte (Ende 1852), steigerte freiwillig das ausbedungene Bogenhonorar auf 15 Taler Gold für die erste Auflage von 2000 Exemplaren und auf 10 Taler Gold für eine zweite Auflage von 3000 Exemplaren. Mommsen, der sich anfangs gegen die Honorarerhöhung sträubte, erschien diese letztere Bestimmung ganz überflüssig, und er war im Gegensatze zu der Zuversicht des weitblickenden Verlegers der Ansicht, dass sein Buch beim Publikum auf eine schlechtere Aufnahme zu rechnen haben werde als die in derselben Sammlung erscheinende griechische Geschichte von Curtius, nicht nur wegen der konzilianteren Natur von Curtius, sondern auch, weil es zwar hergebracht sei, die Marathonkämpfe zu bewundern, dagegen die römische Geschichte nicht als politisch indifferent angesehen werde. Reimer jedoch blieb bei seinem Entschlusse und war auch ferner der kluge, ruhige und praktische Berater und Förderer.

Dass aber nichtsdestoweniger diese Römische Geschichte nur von Mommsen geschrieben werde konnte, ist nicht nur in dem Sinne richtig, dass nur ein Gelehrter von jener zentralen wissenschaftlichen Stellung der Rechtskunde, den Monumenten und der Philologie gegenüber, dass nur eine Persönlichkeit von dem inneren Reichtum und der speziellen Anschauungsweise Mommsens sie schreiben konnte, sondern auch in dem engeren

Sinne, dass seine keineswegs bewusst zum Zwecke der Geschichtschreibung durchgeführten wissenschaftlichen Vorarbeiten für Form und Stoffverteilung mitentscheidend geworden sind. Es ist nicht unwesentlich, dass ihre Veranlassung die Beschäftigung mit einem Ackergesetze und mit den Gracchen war, dass sich Mommsen gerade an der Lachmann-Rudorffschen Ausgabe der römischen Feldmesser beteiligte und durch das Studium der Urkunden des römischen Staates zu der Auffassung der sozialen Entwicklung geführt wurde, welche die Grundlage seiner Darstellung von der hundertjährigen Katastrophe der römischen Republik bildet; es ist nicht unwesentlich, dass er sich eingehend mit der lebendigsten Quelle für die Agonie des römischen Freistaates, mit den Cicerobriefen, beschäftigte und, hierin Drumanns Spuren folgend, die lebendige und der traditionellen Darstellung widersprechende Anschauung von den auf der politischen Bühne agierenden Persönlichkeiten gewann; und ebenso wenig ist es unwesentlich, dass seine älteren kriminalistischen Arbeiten ihn zum Verständnisse der zentralen Begriffe des römischen Staatsrechtes, seine sprachvergleichenden Studien, zu welchen er zufällig durch seine Beschäftigung mit dem oskischen Gesetzestexte geführt war, zu einer klaren Auffassung der ältesten Völkerschichtung in Italien, seine numismatischen Arbeiten ihn zur Anschauung der Verkehrsverhältnisse hingeleitet hatten – so dass die Frühzeit wie die Spätzeit der römischen Republik ihm in einem neuen Lichte erschienen.

Das Werk war ursprünglich auf drei Bände veranschlagt, von denen der dritte die Geschichte des römischen Kaiserreiches enthalten sollte. Aber die bisherige Arbeitsrichtung Mommsens sowohl wie auch namentlich das Bewusstsein, dass eine erschöpfende Darstellung des Kaiserreiches vor der Sammlung der lateinischen Inschriften nicht gut möglich sei, machen es begreiflich, dass die Ausarbeitung des geplanten dritten Bandes immer mehr in den Hintergrund trat, während die Geschichte der römischen Republik Mommsen als ein Ganzes erschien. Das Brouillon des ersten Bandes wurde in Zürich schon in den letzten Tagen des Jahres 1852 beendigt, obwohl die Pandekten Mommsen mehr, als ihm für die Einheitlichkeit des Werkes zuträglich erschien, in Anspruch nahmen. Aber die mit der Schlussredaktion verbundene Abschrift machte viel Ärger und Arbeit. Die Kapitel über die Literatur, in der er nicht genügend zu Hause zu sein glaubte, sendete er an Ritschl zur Durchsicht. Große Überwindung kostete es ihn bei der Abschrift, massenweise Seitenblicke auf die moderne Zeit, die eigentlich mehr auf die Gegenwart als auf die Vergangenheit ein Streiflicht warfen, hinauszustreichen, weil, wie er selbst gestand, sein Herz dieser Dinge voll war. An Henzen schrieb er nach dem Erscheinen des ersten Bandes: „Über den modernen Ton wäre viel zu sagen. Sie kennen mich genug, um zu wissen, daß er nicht gewählt ist, um das Publikum zu kajolieren. Direkte Anspielungen, die sich hundertfach darboten, sind durchgängig verschmäht. Aber wollen Sie eins bedenken: es gilt doch vor allem die Alten herabsteigen zu machen von dem phantastischen Kothurn, auf dem sie der Masse des Publikums erscheinen, sie in die reale Welt, wo gehaßt und geliebt, gesägt und gezimmert, phantasiert und geschwindelt wird, den Lesern versetzen – und darum mußte der Konsul ein Bürgermeister werden usw. Es mag zu viel geschehen sein; glauben Sie nicht, daß ich eigensinnig gegen den Tadel mich opponiere, aber meine Intention, denke ich, ist rein und richtig; die möchte ich vertreten."[30] – Er arbeitete sich müde an dem ersten Bande und ließ ihn ohne das Litera-

---

30 *Hirschfeld*, Ak. S. 18 Anm.

turkapitel in die Welt gehen, weil er ungeduldig war ihn abzustoßen und auch mit anderen, persönlichen Dingen beschäftigt war. Im November 1853 ging das Manuskript an Reimer; anfangs Juni 1854, als Mommsen schon verlobt war, erhielt er die ersten gedruckten Exemplare, mit der Dedikation an seinen Freund Haupt geziert. Damals arbeitete er schon am zweiten Bande, an der Darlegung der sullanischen Verfassung, die ihm als eine der interessantesten, aber bei dem Mangel an einer Hauptquelle und der Zerstückelung des Quellenmateriales auch als eine der schwierigsten Partien erschien. Gerade deshalb dachte er damals auch daran, für „die quellenlose, die schreckliche Zeit vom Ende des erhaltenen Livius bis auf Cicero" die Belege in einem eigenen Bändchen zu geben – ein Plan, der jedoch nicht zur Ausführung gelangte. Die Literatur der gracchischen Zeit machte ihm abermals Bedenken, weil er meinte, der *Graeca* nicht genügend Herr zu sein. Nach mancherlei Unterbrechung nahm er die Arbeit an Cäsar und Pompejus nach seiner Heirat in Breslau wieder auf, war sich aber im Februar 1855 noch nicht darüber klar, ob er das Werk bis Aktium oder nur bis zur Schlacht bei Philippi fortführen werde. Er arbeitete nun mit der größten Heftigkeit, überarbeitete sich, um aus der Arbeit herauszukommen, in der er sich nun schon so lange bewegt hatte, dass sie ihm wie eine Zwangsjacke erschien. Am 1. April 1855 beendigte er das Brouillon, und im Juni begann der Druck, während Mommsen noch an dem letzten Teile arbeitete. Aus praktischen Rücksichten erschien eine Teilung wünschenswert, und so erschien der jetzt sogenannte zweite Band zu Weihnachten 1855, der dritte Band im Frühjahr 1856, jener den Züricher Freunden Ludwig und Hitzig zugeschrieben, weil er noch größtenteils in Zürich konzipiert war, dieser Otto Jahn. – Aber schon war auch eine neue Auflage von 4–5000 Exemplaren nötig geworden. Mommsen, der das Gefühl hatte, dass ihm mancherlei klarer geworden war, als zur Zeit, da er zu schreiben begann, und dass die letzten Bände genauer und ebenmäßiger gearbeitet waren als der erste, machte sich sofort mit Freude an die Revision, obwohl er damals schon wieder tief in den Inschriften steckte. Am meisten glaubte er in der Darstellung der Anfangsepoche ändern zu müssen, wo er infolge der hypothetischen und problematischen Natur des Dargestellten immer wieder einreißen wollte; deshalb wurde das erste Buch wesentlich verändert; ein Literaturkapitel wurde hinzugefügt, wie er es denn überhaupt am liebsten gesehen hätte, wenn Jahn die Zeit gefunden hätte, die Literatur- und Kunstabschnitte für die zweite Auflage kritisch zu lesen, und wenn Bötticher, nach dessen „Tektonik" er sich gerichtet hatte, zu bewegen gewesen wäre, die Abschnitte über die Kunst durchzuarbeiten. Dazu kamen außer der Verwertung der neu aufgefundenen Fragmente des Licinianus seine neueren Untersuchungen, namentlich über die staatsrechtliche Stellung der römischen Untertanen, ein tieferes Eingehen auf die Verhältnisse des Ackerbaues – zu welchem Zwecke er nicht nur nochmals die römischen Ackerbauschriftsteller durcharbeitete, sondern sich auch in Schriften über moderne Landwirtschaft zu orientieren suchte. Außerdem wurde noch das Werk äußerlich übersichtlicher gestaltet und eine Karte der römischen Chausseen beigegeben. Aber vom dritten Buche an sollte alles im Wesentlichen beim alten bleiben. Mommsen versuchte eben nur eine Anzahl schwieriger Fragen, die in der ersten Bearbeitung entweder ganz beiseite gelassen oder nach der hergebrachten Meinung besprochen worden waren, nach eigener Untersuchung schärfer und sicherer zu bestimmen. Die „Prinzipien" sind dieselben geblieben – nur dass er allerdings versuchte, den umgebenden Missdeutungen und Missverständnissen gegenüber seinen Standpunkt scharf zu betonen. Eine solche Selbstinterpretation, auf die Mommsen selbst den größten Wert legte, ist namentlich die Einschiebung auf Seite 457–459 der 2. Auflage des dritten Bandes, die unverändert auch in die folgenden Auflagen übergegangen ist:

„Wohl aber wird es gerade hier am Orte sein, das, was der Geschichtschreiber stillschweigend überall voraussetzt, einmal ausdrücklich zu fordern und Einspruch zu tun gegen die der Einfalt und der Perfidie gemeinschaftliche Sitte, geschichtliches Lob und geschichtlichen Tadel von den gegebenen Verhältnissen abgelöst als allgemeingültige Phrase zu verbrauchen, in diesem Falle das Urteil über Cäsar in ein Urteil über den sogenannten Cäsarismus umzudeuten. Freilich soll die Geschichte der vergangenen Jahrhunderte die Lehrmeisterin des laufenden sein, aber nicht in dem gemeinen Sinne, als könne man die Konjunkturen der Gegenwart in den Berichten über die Vergangenheit nur einfach wieder auf blättern und aus denselben der politischen Diagnose und Rezeptierkunst die Symptome und Spezifika zusammenlesen; sondern sie ist lehrhaft einzig insofern, als die Beobachtung der älteren Kulturen die organischen Bedingungen der Zivilisation überhaupt, die überall gleichen Grundkräfte und die überall verschiedene Zusammensetzung derselben offenbart und statt zum gedankenlosen Nachahmen vielmehr zum selbständigen Nachschöpfen anleitet und begeistert. In diesem Sinne ist die Geschichte Cäsars und des römischen Cäsarentums, bei aller unübertroffenen Großheit des Werkmeisters, bei aller geschichtlichen Notwendigkeit des Werkes wahrlich eine schärfere Kritik der modernen Autokratie, als eines Menschen Hand sie zu schreiben vermag. Nach dem gleichen Naturgesetz, weshalb der geringste Organismus unendlich mehr ist als die kunstvollste

Maschine, ist auch jede noch so mangelhafte Verfassung, die der freien Selbstbestimmung einer Mehrzahl von Bürgern Spielraum lässt, unendlich mehr als, der genialste und humanste Absolutismus; denn jene ist der Entwicklung fähig, also lebendig, dieser ist, was er ist, also tot. Dieses Naturgesetz hat auch an der römischen absoluten Militärmonarchie sich bewährt und nur um so vollständiger sich bewährt, als sie, unter dem genialen Impuls ihres Schöpfers und bei der Abwesenheit aller wesentlichen Verwicklungen mit dem Ausland, sich reiner und freier als irgendein ähnlicher Staat gestaltet hat. Von Cäsar an hielt, wie die späteren Bücher dies darlegen werden und Gibbon längst es dargelegt hat, das römische Wesen nur noch äußerlich zusammen und ward nur mechanisch erweitert, während es innerlich eben mit ihm völlig vertrocknete und abstarb. Wenn in den Anfängen der Autokratie und vor allem in Cäsars eigener Seele noch der hoffnungsreiche Traum einer Vereinigung freier Volksentwicklung und absoluter Herrschaft waltet, so hat schon das Regiment der hochbegabten Kaiser des julischen Geschlechts in schrecklicher Weise gelehrt, inwiefern es möglich ist, Feuer und Wasser in dasselbe Gefäß zu fassen. Cäsars Werk war notwendig und heilsam, nicht weil es an sich Segen brachte oder auch nur bringen konnte, sondern weil, bei der antiken auf Sklaventum gebauten, von der republikanisch-konstitutionellen Vertretung völlig abgewandten Volksorganisation und gegenüber der legitimen in der Entwicklung eines halben Jahrtausends zum oligarchischen Absolutismus herangereiften Stadtverfassung, die absolute Militärmonarchie der logisch notwendige Schlußstein und das geringste Übel war. Wenn einmal in Virginien und den Carolinas die Sklavenhalteraristokratie es so weit gebracht haben wird wie ihre Wahlverwandten in dem sullanischen Rom, so wird dort auch der Cäsarismus vor dem Geiste der Geschichte

legitimiert sein;[31] wo er unter anderen Entwicklungsver-
hältnissen auftritt, ist er zugleich eine Fratze und eine Usurpation. Die Geschichte aber wird sich nicht bescheiden,
dem rechten Cäsar deshalb die Ehre zu verkürzen, weil ein
solcher Wahlspruch den schlechten Cäsaren gegenüber die
Einfalt irren und der Bosheit zu Lug und Trug Gelegenheit
geben kann. Sie ist auch eine Bibel, und wenn sie so wenig
wie diese weder dem Toren es wehren kann, sie mißzuver-
stehen, noch dem Teufel, sie zu zitieren, so wird auch sie
imstande sein, beides zu ertragen, wie zu vergüten."

In dieser inhaltlich wie stilistisch meisterhaften Stelle
ist zum Teil in polemischer Form in der Tat Mommsens
Gesamtauffassung aufs deutlichste niedergelegt für alle,
die sehen wollen und nicht blind sind. Dass er aber miss-
verstanden wurde, zum Verteidiger des modernen Cäsarismus, zum Heroenverehrer und Erfolganbeter im gewöhnlichen Sinne gestempelt wurde, nicht nur vom deutschen
und ausländischen Publikum, das durch das Kunstwerk
hingerissen wurde, sondern auch von der gelehrten Welt,
welche noch die Anmerkungen zu dem Kunstwerke vermisste, hatte seine Ursache nicht nur in der Darstellungs-
weise, die darauf ausging, nicht den antiken Geist durch
moderne Anschauungen zu ersetzen, wohl aber antike
technische Ausdrücke durch moderne zu veranschauli-
chen – sondern vor allem auch darin, dass Mommsens
durchaus evolutionistische Auffassung in den fünfziger

---

31 Zusatz der späteren Auflagen: „Als dies geschrieben wurde, im Jahre 1857,
    konnte man noch nicht wissen, wie bald durch den gewaltigsten Kampf
    und den herrlichsten Sieg, den die Geschichte des Menschengeschlechts
    bisher verzeichnet hat, demselben diese furchtbare Probe erspart und des-
    sen Zukunft der unbedingten, durch keinen lokalen Cäsarismus auf die
    Dauer zu hemmenden sich selbst beherrschenden Freiheit gesichert wer-
    den sollte."

Jahren nur von wenigen erfasst werden konnte und die Schlagworte, die für die Mommsensche Geschichtschreibung damals geprägt wurden, ohne eingehende Überprüfung, wie es zu gehen pflegt, von der folgenden Generation übernommen wurden und um so lieber übernommen wurden, als sie mit manchen neueren politischen Strömungen übereinzustimmen schienen. Das Große aber in Mommsens Römischer Geschichte, wodurch sie für alle Zeiten – ganz abgesehen von der kritischen Forscherarbeit und der künstlerischen Gestaltungskraft – einen Markstein in der Geschichte der Geschichtschreibung bilden wird, ist gerade die zum ersten Male konsequent durchgeführte evolutionistische Geschichtsauffassung, die dazu führte, dass er einerseits die verschiedenen Seiten des Volkslebens, einheitlich und zusammenhängend untersuchte und darlegte, und dass er andererseits die Triebkräfte der Entwicklung historisch-induktiv in einer Weise aufzeigte, die vielfach den von Darwin in der Geschichte der organischen Welt aufgewiesenen analog ist. Er erkennt es als Aufgabe des Geschichtsforschers, „die sukzessive Völkerschichtung in dem einzelnen Lande darzulegen, um die Steigerung von der unvollkommenen zu der vollkommenen Kultur und die Unterdrückung der minder kulturfähigen oder auch nur minder entwickelten Stämme durch höherstehende Nationen so weit möglich rückwärts zu verfolgen" (RG. I, 8). „Die Elemente der ältesten Geschichte sind die Völkerindividuen, die Stämme" (RG. I, 9), und deshalb wird dieser Kampf ums Dasein, wie man es später nannte, der zum Überleben des Lebensfähigsten führt, an dem Kampfe der Völker nachgewiesen. „In dem gewaltigen Wirbel der Weltgeschichte, der alle nicht gleich dem Stahl harten und gleich dem Stahl geschmeidigen Völker unerbittlich zermalmt" (RG. III, 299), gewann das römische Volk, das diese Eigenschaften in hervorragendem

Maße besaß, die Oberhand, allerdings erst allmählich; denn „alle Geschichte geht nicht von der Einigung, sondern von der Zersplitterung der Nation aus" (RG. I, 40), und „die Geschichte einer jeden Nation, der italischen aber vor allen, ist ein großer Synökismos" (RG. I, 82). Der Gegensatz der nationalen Zentralisation und der kantonalen Selbständigkeit ist ein allgemeiner; dem Umstande, dass Rom den „Einheitsgedanken folgerichtiger, ernstlicher und glücklicher festhält, als irgendein anderer italischer Gau", dem System der Zentralisierung hat Rom seine Größe lediglich zu verdanken (RG. I, 101). Zu dieser Zentralisierung gehört nicht nur die straffe Zusammenfassung der staatlichen Befehlsgewalt im *Imperium*, sondern auch die durch die Gleichheit des Rechtes zuerst in der alten Bauerngemeinde, dann in der Verschmelzung der plebeischen Neubürger mit den Altbürgern sich ausdrückende Gemeinsamkeit und Einheitlichkeit der *cives Romani*, sowie „die tiefe sittliche und staatliche Anlage, auf welche alles Gute und Große in der menschlichen Entwicklung sich gründet" (RG. I, 324; vgl. 259). In der römischen Gemeinde war alles, „was gut und groß, das Werk der bürgerlichen Gleichheit" (RG. I, 812). „Die große nationale Entwicklung" war aber „überall eine Tochter der Not", da „den Nationen die Ausgestaltung des Volkstums nur aus schwerem Kampf und wohlbestandener Gefahr erwächst" (R. und A. 123); so wurde der Volksstamm der Kelten „wie der Erbfeind, so auch der unfreiwillige Begründer der italischen Nationalität" (R. und A. 321); denn dass in dem Kampf mit den Kelten „Rom die Führung nahm, das ist der Ausgangspunkt der römischen Hegemonie oder des römischen Reiches oder des gel einigten Italiens" (R. und A. 127). In dem schwersten Kampfe, den Rom zu bestehen hatte, ist sein großer Gegner Hannibal nicht etwa an der Genialität römischer Feldberren, sondern an der Organisation des römisch-italischen Gesamtreiches gescheitert, an dem römischen Bürgersinne und dem Zusammengehörigkeitsgefühl der Bundesgenossen, das von Mommsen dem Vögte- und Plantagensystem der Karthager gegenübergestellt wird (RG. I, 499). Die Umgestaltung der sozialen Verhältnisse, das durch den Gegensatz der antiken Stadtverfassung und der Weltherrschaft bedingte Abweichen von der politischen Grundrichtung, die damit zusammenhängende Entwicklung einerseits der Demagogie und andererseits des übermächtigen Prokonsulates führten zu dem Endresultate des Cäsarismus, den Mommsen nicht idealisiert, aber begriffen hat.

Mit Mommsens evolutionistischer Grundauffassung hängt auch sein historisches Werturteil zusammen. „Die Geschichte, der Kampf der Notwendigkeit und der Freiheit, ist ein sittliches Problem", nicht ein mechanisches (RG, II, 451).[32] Von Kants Freiheitsbegriff und der Auffassung des Gesetzes als sittlicher Notwendigkeit (RG. III, 205) ausgehend, glaubte Mommsen von früher Jugend bis in sein Alter „an den notwendigen endlichen Sieg des Edeln über das Gemeine" (R. und A. 89), welcher sich in dem historischen Prozesse vollzieht. Da „das ethische Fundament schließlich die Entscheidung gibt" (R. und A. 193) und die Ethik ein gesellschaftlicher Begriff ist, der sich im Staate ausdrückt, werden die Menschen nicht in Schlosserscher Art abgekanzelt, sondern in die gesellschaftliche und staatliche Entwicklung hineingestellt und aus ihr heraus begriffen, nach ihrem Verhältnisse zu dieser Entwicklung, beurteilt. Deshalb erscheint Cäsar mit seinen Vorgängern seit Gaius Gracchus als historisch durchaus gerechtfertigt, weil er der

---

32   Vgl. *Gutzkows* Besprechung „Ein gekröntes Geschichtswerk" in seinen „Unterhaltungen am häusl. Herd", N. F. II (1857), S. 398ff.

große „Werkmeister" eines historisch notwendigen Werkes war; weil er, „wo er zerstörend auftrat, nur den ausgefällten Spruch der geschichtlichen Entwicklung vollzogen" hat (RG. Ill, 567); weil „sein mächtiges Ideal: eines freien Gemeinwesens unter einem Herrscher – ihn nie verlassen" hat (RG. III, 211). Aber nicht die persönliche Größe entscheidet für Mommsen das historische Werturteil. Bei dem politischen Gegenpol Cäsars, bei Sulla, „einer von den wunderbarsten, man darf vielleicht sagen einer einzigen Erscheinung in der Geschichte" (RG. II, 366), dem Vertreter der römischen Oligarchie, „über die es kein Urteil gibt, als unerbittliche und rücksichtslose Verdammung", stellt Mommsen ausdrücklich fest: „Das von der Genialität des Bösen bestechene Lob versündigt sich an dem heiligen Geist der Geschichte" (RG. II, 371), wenn er auch rückhaltlos anerkennt, was Sulla trotz allem geleistet hat.

Aus seiner evolutionistischen Auffassung aber ergibt sich für Mommsen, obwohl er von Kant ausgegangen ist, eine Ablehnung jedes absoluten, nicht der Geschichte entnommenen Maßstabes, sowie die Verachtung der sehr weit verbreiteten sozusagen kriminalistischen, formal-juristischen Beurteilung historischer Vorgänge. „Für die Geschichte gibt es keine Hochverratsparagraphen; wer eine Macht im Staat zum Kampf aufruft gegen die andere, der ist gewiß ein Revolutionär, aber vielleicht zugleich ein einsichtiger und preiswürdiger Staatsmann" (RG. II, 93); über nichts ergießt er so bitteren Spott, wie über die Legitimisten aller Art. „Wenn eine Regierung nicht regieren kann, hört sie auf legitim zu sein, und es hat wer die Macht auch das Recht, sie zu stürzen"; in diesem Falle ist die „aus der sittlichen Empörung der Tüchtigen und dem Notstande der vielen" heraufbeschworene Revolution legitim (RG. III, 93). –

Mit Mommsens Gesamtauffassung würde es sich nicht vertragen, wenn er in der Tat – wie wohl mit Hinblick auf seine glänzenden Charakteristiken der Scipionen und Gracchen, des Marius und des Sulla, des Cicero, Gate, Pompeius, wie Cäsars selbst, behauptet wurde – die große Einzelpersönlichkeit als das eigentlich Treibende, Schöpferische angesehen hätte. Zusammenfassend hat sich Mommsen, während er an seiner Römischen Geschichte arbeitete, in seiner Schrift „Die Schweiz in römischer Zeit" über das Problem ausgesprochen: „Die rechte Geschichtschreibung sucht nicht in möglicher Vollständigkeit das Tagebuch der Welt wiederherzustellen, auch nicht den Sittenspiegel zu exemplifizieren; sie sucht die Höhen und die Überblicke, und von glücklichen Punkten in glücklichen Stunden gelingt es ihr herniederzusehen auf die unwandelbaren Gesetze des Notwendigen, die ewig feststehen, wie die Alpen, und auf die mannigfaltigen Leidenschaften der Menschen, die wie die Wolken um sie kreisen, ohne sie zu ändern."[33] Allerdings „das Moment der sittlichen Freiheit waltet in jeder Volksgeschichte" und darf „auch in der römischen nicht ungestraft verkannt" werden (RG. II, 451), wenn auch gerade das römische Volk „das einzige Problem gelöst hat, sich zu beispielloser innerer und äußerer Größe zu erheben, ohne einen einzigen im höchsten Sinne genialen Staatsmann." Aber Mommsen ist auf dem Standpunkte geblieben, den er in seinem Gymnasialaufsatze dargelegt hatte, oder hat sogar dem Milieu in seiner Römischen Geschichte noch größeren Einfluss zugeschrieben, als in seiner Jugend. Er sagt von Sulla: „Der Staatsmann baut nur, was er in dem ihm angewiesenen Kreise bauen kann" (RG. II, 373) und von Cäsar: „Es gehört dies mit zu Cäsars voller Menschlichkeit, dass er im höchsten Grade durch Zeit und Ort bedingt ward;

---

33 „Die Schweiz in römischer Zeit" (Mitteil. d. antiq. Gesellsch. in Zürich, Bd. IX, Abt. 2, Heft 1), zitiert von *Hirschfeld*, Zeitgeist.

denn eine Menschlichkeit an sich gibt es nicht, sondern der lebendige Mensch kann eben nicht anders als in einer gegebenen Volkseigentümlichkeit und in einem bestimmten Kulturzug stehen. Nur dadurch war Cäsar ein voller Mann, „weil er wie kein anderer mitten in die Strömungen seiner Zeit sich gestellt hatte und weil er die kernige Eigentümlichkeit der römischen Nation, die reale bürgerliche Tüchtigkeit vollendet wie kein anderer in sich trug; wie denn auch sein Hellenismus nur der mit der italischen Nationalität längst innig verwachsene war" (RG. III, 468). Mommsens Interesse hängt darum auch eigentlich nicht an dem „besonderen Ereignis, dem individuellen Menschen, wie wunderbar sie auch erscheinen mögen", sondern an der „genetischen Konstruktion" (RG. II, 451), und eine authentische Äußerung, die er während der Niederschrift des III. Bandes getan hat, geht dahin, dass dieser Prozess Cäsar gegen Pompeius, der Prätendentenkampf, wo nicht Nation gegen Nation streitet, unsäglich öde sei. Allerdings ist es aber auch Mommsens Überzeugung, dass der gewöhnliche Mensch zum Dienen bestimmt ist und sich nicht sträubt Werkzeug zu sein, wenn ein Meister ihn lenkt (RG. III, 377). Wenn er deshalb auch die „freie und gemeinschaftliche Bewegung der Massen nach dem als zweckmäßig erkannten Ziel" als das anerkennt, was die Übelstände des Parteilebens vergütet (RG. II, 71), so weist er doch der Intelligenz die Führung zu (RG. II, 94). Deshalb könne „nur der Ängsterling und wer mit der albernen Angst der Menge Geschäfte macht, den Untergang der bürgerlichen Ordnung in Sklavenaufständen oder Proletariatsinsurrektionen" prophezeien (RG. II, 79; vgl. III, 471), wenn auch „die Aufgabe, das Proletariat zu beseitigen, die ganze Macht und Weisheit der Regierung erfordert und zu oft übersteigt"; deshalb sei jede bloß auf das Proletariat gebaute Herrschaft des Staatsoberhaupts unsicher (RG. II, 108; vgl. 204). Auch sonst fehlt es natürlich nicht an politischen Urteilen allgemeiner Art; es ist für Mommsen selbstverständlich, dass „schöpferisch ... unbedingt und ausschließlich die Freiheit" ist (RG. III, 333); dass, wenn „eine absolute Monarchie ein großes Unglück für die Nation" ist, so doch ein „minderes als eine absolute Oligarchie" (RG. II, 115); dass eine gewisse Erblichkeit in dem Wesen der Aristokratie liegt, „insofern staatsmännische Weisheit und staatsmännische Erfahrung von dem tüchtigen Vater auf den tüchtigen Sohn sich vererben und der Anhauch des Geistes hoher Ahnen jeden edeln Funken in der Menschenbrust rascher und herrlicher zur Flamme entfacht" (RG. I, 789); ein gewisser Hohn richtet sich gegen die Männer der materiellen Interessen, gegen das Kapital, das seinen Kampf gegen die Arbeit „natürlich wie immer in strengster Form Rechtens" (RG. II, 74) führt, wenn auch gerade Mommsen nicht verkennt, dass die Tendenzpolitik einem Kampf gegen die materiellen Interessen selten gewachsen ist (RG. III, 170). –

Dass Mommsen, der Pompeius vorwarf, dass er zwar „nicht grausam war, wie man ihm vorwarf, aber, was vielleicht schlimmer ist, kalt und im Guten wie im Bösen ohne Leidenschaft" (RG. III, 11),[34] die Geschichte, die er schrieb, innerlich miterlebte mit aller Leidenschaft, deren er fähig war, ist selbstverständlich; er wäre sonst kein großer Historiker geworden. Er hat es auch – in Entgegnung einer Besprechung von Preller – ausgesprochen, dass es an der Zeit sei, dass diejenigen, welche, wie er, Geschichte miterlebt hatten und miterlebten, jenes törichte *sine ira et studio* beiseite legten und anfingen zu begreifen, dass

---

34 Vgl. die von G. *Lumbroso, T. M., Ricordi (Roma 1903)*, mitgeteilte Äußerung M.s vom November 1893: „*Giolitti non riesce , perchè non ha passione. Un uomo di stato deve averne.*"

Geschichte weder gemacht noch geschrieben wird ohne Hass und Liebe. Und deshalb ist richtig, was Gutzkow[35] in einer Besprechung, die Mommsen als gescheiter als ziemlich alle anderen bezeichnete, schrieb: „Mommsen lebt in seinem Werke"; „Mommsen schwebt nicht, wie der Geist über den Wassern, über dem politischen Treiben; er ist mitten darin – und mit welcher Leidenschaft!" Richtig ist aber auch, was derselbe sagt: Mommsen „berücksichtigt nicht bei seinem Urteil allein die Moral der zehn Gebote und des bürgerlichen Friedens, welche die Heidelberger Historiker als den Zollstab der Größe gebrauchen; er ist ein Staatsmann …" Das soll aber nicht heißen, dass Mommsen seinen Parteistandpunkt, in die Geschichte hineingetragen hätte. Der Parteistandpunkt, für den er sich leidenschaftlich erwärmt, ist vielmehr das, was er mit einem Lieblingsausdruck als den „heiligen Geist" der Geschichte selbst bezeichnet, eine Vorstellung, die allerdings von der Kantischen vernunftgemäßen Freiheit ausgegangen, aber durch das Medium des Entwicklungsgedankens hindurchgegangen ist. –

Das unvergleichliche Buch, das ein nationaler Schatz der Deutschen und durch die zahlreichen Übersetzungen ein Bestandteil der Weltliteratur geworden ist, ist ein in sich abgeschlossenes, auf sich beruhendes Kunstwerk. Deshalb bewahrte auch Mommsen ein richtiges Gefühl davor, es in den späteren Auflagen in irgendwie wesentlicher Weise zu verändern; wenn er auch einzelnes nach den positiven Resultaten neuerer Forschung verbesserte, eingreifend waren diese Änderungen nicht. Man hat wohl mit Recht hervorgehoben, dass seine Darstellung der älteren republikanischen Geschichte noch stärker unter dem Einflusse des Livius steht, als es der Fall gewesen wäre, wenn

---

35   *Gutzkow a. a. O. S. 399.*

er sie nach den Untersuchungen über den Quellenwert Diodors geschrieben hätte; auch sonst hat er ja selbst in den besonders feinen Untersuchungen, die er in den beiden „Römische Forschungen" genannten Sammelbänden zusammenfasste, in den beiden Dezennien von 1858 bis 1878 Ergänzungen und Verbesserungen zu seiner Römischen Geschichte geliefert. Sie waren nicht so einschneidend wie diejenigen, welche sich für die erste Hälfte des ersten Bandes ergeben hätten, wenn er die Entwicklung der Sprachvergleichung in der zweiten Hälfte des neunzehnten Jahrhunderts, der Prähistorie, deren Anfängen er mit wohlberechtigtem Misstrauen gegenüberstand, und wohl auch der wirtschaftsgeschichtlichen Betrachtungsweise nachträglich hätte berücksichtigen wollen. Er hat es absichtlich nicht getan, um die Einheit des literarischen Kunstwerkes nicht durch eine Restaurierung zu gefährden. Der zweite und dritte Band haben auch im engeren wissenschaftlichen Sinne kaum darunter gelitten, dass er nicht an ihnen herumänderte; sie wirken nicht nur mit der gleichen unvergleichlichen Frische, wie vor einem halben Jahrhundert – die Forschung dürfte hier, wo keine wesentlichen neuen Erkenntnisquellen hinzugekommen sind, in wenigen Punkten über seine Gesamtresultate hinausgekommen sein.

Aber auch wo die wissenschaftliche Forschung mit der Zeit mehr ergänzen als berichtigen wird, darf nicht vergessen werden, welche ungeheure, nahezu einzigartige Forschertätigkeit der Römischen Geschichte zugrunde liegt, eine Forschertätigkeit, welche man nur dann voll ermessen kann, wenn man vergleicht, was vor Mommsen für römische Geschichte ausgegeben wurde. Dadurch, dass er erkannte, dass es sich bei der uns vorliegenden Tradition großenteils nicht einmal um Sagen, sondern um späte literarische Fabelei handelte, konnte er entschlossen den ganzen Wust verwerfen und auch von den Niebuhrschen Konstruktionen absehen. Andererseits bot er aber an Stelle einer Aneinanderreihung von nicht nur unrichtigen, sondern sogar künstlichen und zu falschem Pragmatismus verwebten Einzeltatsachen ein Gesamtbild des älteren Rom, das aus der reinen Quelle der staats- und privatrechtlichen Institutionen erwuchs, die, unverfälscht, in ihren Rudimenten die Spuren der älteren Entwicklung in sich trugen. Diese Methode, zwei Dezennien später im „Staatsrecht" zur vollen Entfaltung gebracht, bleibt die Grundlage auch zukünftiger Forschung, auch wenn und gerade weil sie auch auf anderen Gebieten zur Anwendung kommt. –

Schon während der Arbeit am ersten Bande hatte Mommsen es eigentlich aufgegeben, die Kaiserzeit im unmittelbaren Anschlusse an die Geschichte der Republik darzustellen; es musste ihm schon damals klar sein, dass die von ihm erstrebte Sammlung und Verarbeitung des inschriftlichen Materiales der Darstellung vorangehen müsse. Nach dem Abschlusse der drei ersten Bände aber, als er schon mitten in den Corpusarbeiten steckte, äußerte er sich, dass er, wenn ihn nicht ein Menschenfreund pensioniere oder er einmal wieder abgefasst werde, nicht sehe, wie er wieder an dies Buch kommen solle, um es fortzuführen; er meinte, es werde eben, wie jedes andere deutsche Geschichtswerk, ein Stückwerk bleiben. Hirschfeld aber berichtet, dass er es nicht lange vor seinem Tode ausgesprochen hat, dass er dem *Corpus inscriptionum* die Vollendung seiner Römischen Geschichte geopfert habe.[36] Nach seinem sechzigsten Geburtstage versandte er als Dank für die ihm dargebrachte Festschrift zwei Abhandlungen zur römischen Kaisergesehichte, die er scherzhaft als vierten Band der Römischen Geschichte bezeichnete und denen er als

---

36   *Hirschfeld*, Ak. S. 20.

Motto die Worte beisetzte: „Gerne hätt' ich fortgeschrieben – Aber es ist liegen blieben."[37] In seinem Nachlasse aber fanden sich einige Skizzen aus späterer Zeit zu einer Darstellung einzelner Episoden und Probleme der Kaisergeschichte, so über das erste Auftreten des Christentums, über die Beamtenaristokratie, die Ereignisse unmittelbar nach Cäsars Tod, sowie über die Boden- und Geldwirtschaft der römischen Kaiserzeit.[38] Mommsen hat namentlich durch den zweiten Band seines Staatsrechtes, durch die „*Res gestae D. Augusti*" und manche Einzelabhandlungen, in welchen das ganze neue Material verwertet und verbunden wurde, auch für die eigentliche zentrale Kaisergeschichte erst die wissenschaftliche Grundlage geschaffen. Er setzte jedoch mit der Darstellung nicht hier wieder ein, sondern im Jahre 1885 mit einem fünften Bande: „Die Provinzen von Cäsar bis Diokletian", der in der Tat nur von ihm und überhaupt nur geschrieben werden konnte, nachdem durch die Inschriften die römische Welt außerhalb Roms, die durch die Tradition so sehr vernachlässigt ist, bekannt geworden war. Mommsen sagt es in der Vorbemerkung: „Was hier gegeben wird, die Geschichte der einzelnen Landesteile von Cäsar bis auf Diokletian, liegt, wenn ich nicht irre, dem Publikum, an das dieses Werk sich wendet, in zugänglicher Zusammenfassung nirgends vor, und daß dies nicht der Fall ist, scheint mir die Ursache zu sein, weshalb dasselbe die römische Kaiserzeit häufig unrichtig und unbillig beurteilt." Wenn auch diese Aufgabe ganz neuartig gestellt und ganz neuartig gelöst war, wie sie sich eben Mommsen aus der Inschriftenarbeit ergeben hatte, wenn auch einer der kompetentesten Beurteiler

---

37 Z.-J. Nr. 761.

38 *Hirschfeld a. a. O.* S. 19 und Ges. Schr. V (Histor. Schriften II, 1908), 589-617.

nicht ansteht, „diesen Band an wissenschaftlicher Bedeutung und Fülle neuer Resultate noch über seine Vorgänger zu stellen",[39] so ist nichtsdestoweniger wenigstens die erste Hälfte des Satzes richtig, mit dem Mommsen die Einleitung abschließt: „Mit Entsagung ist dies Buch geschrieben und mit Entsagung möchte es gelesen sein." Diese Entsagung legte der Stoff selbst auf, wenn er auch lebendig wird unter der Hand Mommsens, der es versucht, „durch diese oder durch jene zufällig erhaltene Nachrichten, in dem Gewerdenen aufbewahrte Spuren des Werdens, allgemeine Institutionen in ihrer Beziehung auf die einzelnen Landesteile, mit den für jeden derselben durch die Natur des Bodens und der Bewohner gegebenen Bedingungen durch die Phantasie, welche wie aller Poesie so auch aller Historie Mutter ist, nicht zu einem Ganzen, aber zu dem Surrogat eines solchen zusammenzufassen". Die Schilderungen der griechischen Provinzen, Syriens und Judäas sind gewiss Meisterwerke, aber sie sind etwas ganz anderes, als was die drei ersten Bände sind, an die sie eigentlich nur äußerlich angegliedert wurden. Und es ist nicht zu verkennen, dass auch Mommsen in den 30 Jahren ein anderer geworden war. Man konnte nicht mehr behaupten, wie Gutzkow von ihm, wenn auch stark übertreibend, gesagt hatte: „Die Geschichte ist bei Mommsen eine augenblickliche, geistvolle, dämonische Improvisation"; es waren jetzt auch die Worte großenteils vermieden, an denen sich die Pedanten gestoßen hatten; es war gewiss ein noch reiferes, klassischeres Werk als die ersten Bände. Eben deshalb aber, weil es eine Gabe für Feinschmecker war, riss es auch nicht mehr so hin. Mommsen hatte unrecht, von einem *succés d'estime* seines fünften Bandes zu sprechen, aber der Erfolg war in der Tat ein ganz andersartiger, als vor 30 Jahren.

---

[39]   *Hirschfeld a. a. O. S.* 19.

Er war schon an den fünften Band zagend herangetreten, zweifelnd, ob er der darstellend-schöpferischen Arbeit noch fähig sei, und hatte in seiner Bescheidenheit einzelne Abschnitte seinem Schwiegersohne Professor v. Wilamowitz übergeben, um ein offenes fachmännisches und künstlerisches Urteil zu erhalten, von dem er die Publikation abhängig machte. Vollends nach dem fünften Bande, als er ungezählte Male nach dem vierten Bande gefragt wurde und mit ungezählten abwehrenden Bemerkungen antwortete, war seine Grundstimmung die, welcher er einem Kollegen gegenüber Ausdruck gab: „Ich habe nicht mehr die Leidenschaft, Cäsars Tod zu schildern."[40] Wohl ist es richtig, dass auch mancherlei andere Erwägungen dieser Stimmung zu Hilfe kamen – dass er in dem vierten Bande weniger eine wissenschaftliche Notwendigkeit erblickte, weil wenigstens die Geschichte Roms und des Hofes, auch durch seine anderen Arbeiten die Verfassung verhältnismäßig besser bekannt waren, als die Provinzen; dass ihm selbst des Tacitus großartigmanierierte Schilderung, die doch die Grundlage aller Kenntnis der stadtrömischen Dinge im ersten Jahrhundert ist, sehr unsympathisch war; dass ihm schließlich, wenn er auch selbst einige der wichtigsten Punkte, namentlich die Stellung des Staates zu den Christen, zuerst aufgehellt hat, wenn er auch insbesondere in seinen letzten Jahren durch seine spätrömischen Studien in die Kirchengeschichte hineingeführt wurde, zwar keineswegs das Verständnis für die Entstehung und Entwicklung des Christentums fehlte, obwohl er sich selbst einen *„homo minime ecclesiasticus"* nannte, wohl aber die Freude an der Darstellung der Zersetzung und Ersetzung des antiken durch den nazarenischen Geist. Wenn er in den sechziger Jahren an die Fortsetzung der Geschichte

---

40   *Hirschfeld a. a. O.* S. 20.

geschritten wäre, hätte er all diese Hemmnisse überwunden. „Aber es ist liegen blieben." Er hat dem, was er für die erste wissenschaftliche Pflicht ansah, das höchste Opfer, seine besten Jahre dargebracht, indem er das Werk, welches sein größtes Kunstwerk, also sein Individuellstes, war, unvollendet zurückließ. Allerdings konnte er sich sagen, dass die Römische Geschichte auch in ihren drei Bänden sich zu einem Ganzen rundete, und dass er, indem er sich an die Spitze und in den Dienst von großen gemeinschaftlichen Unternehmungen stellte, diesen den Stempel seiner Individualität aufdrückte.

Mommsen als Akademiker und wissenschaftlicher Organisator

Mommsen ist als Akademiker nach Berlin berufen worden. Dass er diesen Ruf wahrlich nicht als Ruf auf einen Ruheposten betrachten konnte, legte er in seiner Antrittsrede am 8. Juli 1858 vor der Versammlung seiner neuen Kollegen dar, mit denen sich im Laufe der Zeit die bedeutendsten Gelehrten Deutschlands zusammenfanden. „Den Platz in Ihrer Mitte, meine Herren, verdanke ich zunächst dem großen wissenschaftlichen Unternehmen, wovon Sie einen wichtigen Teil in meine Hand zu legen für gut befunden haben: und wenn ich in Ihrem Beschlusse mich den Ihrigen zu nennen eine ernste Aufforderung finde, dieser Ehre auch wert zu sein, so ist mir zugleich durch Sie eine bestimmte Aufgabe gestellt worden" ... Nach dem Hinweise auf die notwendigen Vorarbeiten, welche durch die Namen Niebuhr und Savigny gekennzeichnet sind, und auf das griechische *Corpus* als den Vorläufer des Lateinischen legte er dar, in welchem Sinne er die ihm gestellte oder richtiger von ihm erwählte Aufgabe erfasste. „Große Erfolge werden in jeder Wissenschaft nur dem Ernst und dem Geist des einzelnen Arbeiters gelingen und lassen sich nicht durch Akademiebeschlüsse erzielen; wohl aber vermögen sie es dem Talent und selbst dem Genie die Stätte zu bereiten, ihnen die Materialien zurechtzulegen, deren sie bedürftig sind. In diesem Sinne fasse ich meine Aufgabe und hoffe ich sie von Ihnen aufgefaßt zu sehen. Es ist die Grundlegung der historischen Wissenschaft, daß die Archive der Vergangenheit geordnet werden. In der Abteilung, die Sie mir und meinen Mitarbeitern übertragen haben, hoffen wir Ordnung zu stiften und einen guten Katalog herzustellen" (R. u. A. 34ff.). – In diesen Worten, ist aber auch die hohe Aufgabe eingeschlossen, die Mommsen den Akademikern überhaupt zuschrieb. „Abhilfe kann für (die) wie der Wurmfraß an der Wissenschaft haftende Kraftverschwendung nur gefunden werden in der Assoziation; denn dies ist ja die Organisation der Arbeit und die Konzentrierung der individuellen Kräfte" (R. u. A. 46). „Sie allein bietet die Ergänzung zu der durch die Arbeitsteilung bedingten Einengung des Arbeitsgebietes des einzelnen Forschers, das Gegengewicht gegen das Sonderstreben des deutschen Gelehrten, durch das Bewußtsein, das Glied eines großen Ganzen zu sein" (vgl. R. u. A. 67. 116). „Auch die Wissenschaft hat ihr soziales Problem; wie der Großstaat und die Großindustrie, so ist die Großwissenschaft, die nicht von Einem geleistet, aber von Einem geleitet wird, ein notwendiges Element unserer Kulturentwicklung, und deren rechte Träger sind die Akademien oder sollten es sein" (R. u. A. 209). Da aber diese Aufgaben die Kräfte des einzelnen Mannes und der lebensfähigsten privaten Assoziation übersteigen, müsse der Staat die Geldmittel durch sein berufenes Organ, die Akademien, zur Verfügung stellen (R. u. A. 47). Dieser klare Einblick in den Gesamtbetrieb der Wissenschaft fügte sich in Mommsens Gesamtauffassung vom Verhältnisse der Wissenschaft zum Staate und zur Regierung, „die nicht vergessen kann, daß Preußen groß und deutsch geworden ist auf den Wegen und durch die Macht des Geistes". In seinem Anteile an der Gesamtarbeit getröstete er sich für das, was er aufgab. „Die Menschen kommen und gehen; die Wissenschaft bleibt. Wer an akademischer Tätigkeit sich beteiligt hat, der darf der Hoffnung sich getrösten, daß, wenn er die Arbeit nie-

derlegt, ein anderer für ihn eintritt, vielleicht ein Geringe-
rer, vielleicht ein Besserer; immer hat er das Privilegium,
mehr als andere mit seiner Arbeit über seine Spanne Zeit
hinaus zu wirken" (*R. u. A.* 156).

Mommsen aber hatte die Genugtuung, das gewaltige
Werk des *Corpus inscriptionum Latinarum,* das Werk seiner pflichtbewussten Resignation, nach halbhundertjähriger organisatorischer und kritischer Arbeit in der Gestalt
nahezu vollendet zu sehen, die er ihm vorgezeichnet hatte.
Als Zweck des *Corpus inscriptionum Latinanum* hatte er
schon in seiner Denkschrift von 1847 definiert: „die sämtlichen lateinischen Inschriften in eine Sammlung zu vereinigen, sie in bequemer Ordnung zusammenzustellen,
dieselben nach Ausscheidung der falschen Steine in einem
möglichst aus den letzten zugänglichen Quellen genommenen Text mit Angabe erheblicher *varietas lectionis* kritisch genau wiederzugeben und durch genaue *Indices* den
Gebrauch derselben zu erleichtern". Die Hauptarbeit lag,
da „alle Kritik ohne Zurückgehen auf die letzten Quellen
Stückwerk ist", einerseits auf der Autopsie, andererseits
auf der genauen Durchforschung der schier unübersehba-
ren Literatur und namentlich der in den verschiedensten
Bibliotheken zerstreuten epigraphischen Manuskripte. Die
Klarheit, mit welcher Mommsen den Stoff überblickte,
ermöglichte ihm von vornherein, sowohl die musterhafte
Organisation der Arbeit selbst durchzuführen, wie auch
das Werk selbst so anzulegen, wie es für den Gebrauch am
praktischesten war. Sowohl für die Arbeit wie für die spätere Benutzung stellte sich immer deutlicher die geographi-
sche Anordnung als die wünschenswerte heraus, und von
vornherein wurde auch der größte Wert gelegt auf die von
Nichtsachverständigen wenig gewürdigte Herstellung der
Indices, zu welcher tiefgehendes Verständnis notwendig war
und durch welche das Werk erst brauchbar wurde; ebenso

wie in seinen späteren Editionen verzichtete Mommsen im *Corpus inscriptrionum Latinarum* mit Ausnahme des ersten Bandes, der die ältesten Inschriften und daher größtenteils singuläre Stücke enthält, auf ausführliche Kommentare in Boeckhs Art, die für viele einzelne Gruppen außerhalb des Werkes veröffentlicht wurden, und verlegte die Vergleichung und Zusammenstellung des Materiales, welche die Vorbedingung für jede weitere Verarbeitung ist, eben in die *Indices*. Er selbst hat es keineswegs verschmäht, nicht nur die Grundlinien auch für diese festzustellen, sondern einige auch selbst zu bearbeiten. Er war eben im ganzen wie im einzelnen nicht nur Leiter, sondern auch Arbeiter, ebenso wie seine beiden Genossen Henzen, der die Bearbeitung der stadtrömischen Inschriften und die Durcharbeitung der 40 Foliobände des Fälschers Ligorio übernahm, und de Rossi, dessen Hauptaufgabe es war, die epigraphischen Handschriften namentlich der Vaticana auszubeuten.[41] Zu diesen drei gesellten sich dann für die Bearbeitung einzelner Teile u.a. Bormann, Dessau, Domaszewski, Dressel, Hirschfeld, Hübner, Hülsen, Joh. Schmidt, Wilmanns, Zangemeister hinzu. Im Jahre 1863 erschien der erste, die republikanischen Inschriften enthaltende Band, herausgegeben von Mommsen, mit den Konsularfasten von Henzen, 1872 und 1877 in zwei Teilen der 5. Band (*Gallia cisalpina*), 1873 der 3. Band (Orient und Österreich), 1883 der 9. und 10. Band (Süditalien), alle von Mommsen selbst bearbeitet. Aber, so schreibt sein vertrautester Mitarbeiter: „der Anteil Mommsens an dem *Corpus* ist nicht nach den Bänden zu bemessen, die er unter seinem Namen herausgegeben hat, so umfangreich diese auch sind; den Unteritalien gewidmeten Bänden hat er die seinen neapolitanischen Inschriften im Jahre 1852 vorausgeschickte Vorrede

---

41   *Hirschfeld*, Ak. S. 16. 21.

30 Jahre später wieder beigegeben und der Freude über das Gelingen des Werkes, an dem er damals verzweifelt hatte, wie dem Dank an die hingeschiedenen Stützen desselben: Borghesi und an seinen Verleger Wigand, wie an die noch mit ihm tätigen Arbeitsgenossen bewegten Ausdruck gegeben." „Das Steuerruder", sagte er in dieser Vorrede, „das ich durch drei Dezennien in guten und bösen Zeiten geführt habe, lege ich jetzt, wo mein Leben mit diesem Werke zur Neige gegangen ist, nieder." Aber noch mehr als zwanzig Jahre hat er das Schiff geführt und den ihm anvertrauten Schatz fast ganz in dem sicheren Hafen geborgen. Noch im Jahre vor seinem Tode vollendete er die Neubearbeitung der lateinischen Inschriften des Orients, und in den letzten Wochen seines Lebens beschäftigte ihn der Gedanke an den Neudruck der im 1. Bande veröffentlichten Urkunden. Aber mit alledem ist doch seine Tätigkeit an dem Werke kaum zur Hälfte bezeichnet, denn den unverkennbaren Stempel seines Geistes trägt ein jeder Band der Sammlung. Als der Tod einen treuen Genossen mitten in der Arbeit abberief, ist er selbst eingetreten, um den verwaisten Band zu vollenden. Bis an das Ende seiner Tage las er unermüdlich die Korrekturbogen des ganzen Werkes und ließ ihnen seine durch dringende Kritik angedeihen. Er hat seine Hilfe nie aufgedrängt, aber auch nie verweigert, und ein jeder der Mitarbeiter, die im Laufe eines halben Jahrhunderts dem *Corpus* beigetreten sind, ist sein Schüler und sein Schuldner geworden.[42] Die Vortrefflichkeit der Organisation, die Mommsen für das Corpus geschaffen, zeigte sich aber auch in seiner Fürsorge dafür, dass es nicht während des Erscheinens noch auch nach seinem Tode veralten sollte; wenn er ursprünglich in Aussicht genommen hatte, dass das ganze Werk auf einmal erscheinen sollte, so

---

42   *Hirschfeld*, Ak. S. 24f.

stellte sich dies allerdings als unmöglich heraus, wie denn auch Mommsen selbst anfänglich die Zeit, die für die Bearbeitung nötig sein würde, und die Zahl der Inschriften – er meinte, es würden 80.000 sein, während ihrer bis jetzt mehr als die doppelte Zahl gezählt werden – unterschätzte. Durch die Verbindung mit dem Archäologischen Institut in Rom, später auch mit den französischen Gelehrten, welche die so reiche epigraphische Schätze bergende Provinz Afrika verwalten, durch die unzähligen Anknüpfungen mit allen lokalen gelehrten Vereinigungen und Sammelpunkten konnte die Forschung immer auf dem Laufenden gehalten werden. Die zu diesem Zwecke gegründeten Zeitschriften, namentlich die *Ephemeris epigraphica,* die Supplemente und Neuauflagen einzelner Bände erhielten und erhalten das Gesamtunternehmen stets auf dem Stande, der durch die neuen Forschungsergebnisse erreicht ist. So hat das *Corpus inscriptionum Latinarum* auf die Altertumswissenschaft schon bei Mommsens Lebzeiten befruchtend gewirkt, wie kein anderes Werk. Nicht nur Mommsens eigene grundlegende Schriften der Spätzeit wären ohne das *Corpus* unmöglich gewesen; seine „Römische Chronologie bis auf Cäsar" (1. Aufl. 1858; 2. Aufl. 1859), die durch die Polemik mit seinem Bruder August noch besonderes persönliches Interesse hat, ist ihm unmittelbar aus seinen Vorarbeiten für den 1. Band in Verbindung mit seinen früheren Schriften über Cassiodors Chronik und den Chronographen von 354 erwachsen; die römische Prosopographie, die Sorge seiner letzten Jahre, wäre ohne das *Corpus* undenkbar. Vor allem aber die Forschungsmethode und mit ihr die Anschauung vom römischen Staate, namentlich der Kaiserzeit, ist vollständig umgewandelt, und die unzähligen Untersuchungen, die in und außerhalb Deutschlands erschienen sind und größere oder kleinere Teile des römischen Altertums erhellt haben, sind als unmittelbare Ausläufer des *Corpus* zu betrachten. Man kann sogar sagen, dass Mommsen durch das *Corpus* in noch extensiverer Weise auf die gelehrte Produktion eingewirkt hat als durch die Römische Geschichte, welche als individuelles Kunstwerk mehr bewundert als nachgeahmt wurde, und durch sein Römisches Staatsrecht und seine zugehörigen Forschungen, welche infolge der Seltenheit der Vereinigung juristischer und historischer Anlage und Methode von anderen nur in geringerem Maße ergänzt wurden. –

Gewissermaßen eine lokale Ergänzung zum *Corpus* waren Mommsens Bemühungen, die römisch-germanische Altertumsforschung in Deutschland zu organisieren. „Die Gebiete des Römerstaates, welche in unsere Grenzen fallen, sind für die geschichtliche Forschung von sehr viel höherer Bedeutung als im Bereich der Provinzen die meisten übrigen, wenn auch ausgedehnteren; die großen Probleme des Grenzschutzes, der Militärorganisation, der Völkerwanderung finden hier ihre wichtigsten Brennpunkte." – „Sollte es nicht möglich sein, so gut wie wir ein archäologisches Reichsinstitut für Rom und für Athen haben, etwas Ähnliches auch in Deutschland für die römisch-germanischen Altertümer ins Leben zu rufen?" (*R. u. A.* 349f.) Als die nächste und wichtigste Aufgabe der organisierten Lokalforsehung erschien Mommsen die einheitliche Erforschung des Limes, des römischen Grenzwalles gegen die Germanen. Ein erster Versuch scheiterte trotz des Interesses, das Moltke der Aufgabe entgegenbrachte. Mommsen nahm jedoch die Sache wieder auf. Er veranlasste im Dezember 1890 den Zusammentritt der Limeskonferenz in Heidelberg, deren Beschlüsse zu einer einheitlichen Organisation der Arbeit in den verschiedenen deutschen Bundesstaaten und im weiteren Verlaufe zur Begründung des Reichslimesmuseums führten, für dessen Grundstein Mommsen die Urkunde im Jahre 1900 verfasste.

Auch in die Organisation jenes älteren gewaltigen Unternehmens, das die mittelalterliche, wie das *Corpus inscriptionum Latinarum* die römische Forschung auf neue Grundlagen gestellt hat, der *Monumenta Germaniae*, hat Mommsen mitentscheidend eingegriffen, da er nach dem Tode Haupts als Vertreter der Berliner Akademie die Verhandlungen leitete, aus welchen die Umgestaltung der privaten Gesellschaft für ältere deutsche Geschichtskunde in einen von den Akademien geleiteten, auf Arbeitsteilung beruhenden Organismus hervorging.[43] Bei dieser Gelegenheit wurde u.a. der ursprüngliche Plan derart erweitert, dass zu den übrigen Abteilungen unter dem Namen *„Auctores antiquissimi"* eine neue Serie von Ausgaben hinzutrat, welche die Schriftsteller der Übergangszeit vom Altertum zum Mittelalter umfasste. Mommsen übernahm die Leitung dieser Abteilung und hat sie bis zum Jahre 1898 zu Ende geführt. Schon in früheren Jahren war er durch seine Forschungen auf dem Gebiete der römischen Chronologie und der Fasten ebenso wie durch das Studium der Inschriften und der Rechtsbücher der Spätzeit des Römertums nahegetreten, und er beklagte es oft, dass gerade hier, wo die Quellen reichlich fließen, seit dem von ihm sehr bewunderten Gothofredus so wenig wissenschaftlich gearbeitet wurde, während man sich mit Vorliebe jenen alten Zeiten zuwandte, wo häufig die Hypothese an die Stelle der Quellen treten muss. Er hatte sich bald auch hier von der vollständigen Unzulänglichkeit der philologischen Vorarbeit überzeugt und hat dann auch diese große wissenschaftliche Lücke vollständig ausgefüllt. Schon im Jahre 1882 erschien seine Ausgabe des Jordanes, 1891ff. die Ausgabe der *Chronica minora saec. IV. V. VI. VII.*, in welchen eine text- und quellenkritische Arbeit von unerhörter Schwierigkeit durchgeführt

---

43   Neues Archiv I, S. 3 ff

und eine der wichtigsten Quellen der Spätzeit eigentlich erst zugänglich gemacht wurde, 1894 der Cassiodor, dessen Hauptwerk, welches nahezu allein uns die Kenntnis der inneren Struktur des ostgotischen Staates vermittelt, durch die chronologische Scheidung seiner Bestandteile erst für exakte historische Untersuchungen über die Gotenzeit verwendbar wurde. Die Einleitungen dieser Ausgaben sind eingehende für den Schriftsteller grundlegende Untersuchungen, der textkritische Apparat von jener Knappheit und Präzision, die dem Mommsen eigentümlichen praktisch-wissenschaftlichen Blicke und der im *Corpus inscriptionum Latinarium* musterhaft durchgeführten wissenschaftlichen Technik entspricht, mit Abweisung alles Überflüssigen und jeder *ostentatio eruditionis*, die *Indices* ein tief eindringendes Stück gelehrter Arbeit. Eigentliche Kommentare werden auch hier vermieden; aber Mommsen hat in einer großen Reihe von Artikeln im Neuen Archiv, der Zeitschrift der *Monumenta Germaniae*, seine philologische Arbeit zu historischen Resultaten zusammengefasst, so dass z.B. seine ostgotischen Studien, die im Anschlusse an die Bearbeitung Cassiodors im Jahre 1889 erschienen – zugleich mit „Das römische Militärwesen seit Diokletian" – eigentlich als vollgültige Fortsetzung seines Römischen Staatsrechtes erscheinen können, da sie einen Teil des spätrömischen Staatswesens nicht weniger durchdringend beleuchten, wie jenes die Republik und den Prinzipat. Hat doch die Spätzeit sein Interesse in immer erhöhterem Maße in Anspruch genommen, und der Gedanke lag ihm nicht ferne, wenn er noch geglaubt hätte, dass ihm die Arbeitszeit gegönnt gewesen wäre, dem Staatsrechte des Prinzipates ein Verwaltungsrecht des Dominates hinzuzufügen, dessen Hauptlinien in meisterhafter Weise in dem im Jahre 1893 erschienenen „Abriß des römischen Staatsrechts" gezeichnet sind. – Aber er wurde notwendig auf diesem Wege noch weiter geführt, schon frühe zu Studien über Paulus Diaconus, dann, als sich kein passender Bearbeiter für die Papstleben fand, zu seiner Ausgabe des ersten Teiles der *Gesta pontificum* für die *Monumenta Germaniae* und den mit ihr zusammenhängenden verwickelten Fragen der Entstehungsgeschichte dieser wichtigen Quelle der Geschichte der Kirche und Italiens. Er meinte zwar gelegentlich, durch derartige Forschungen die Grenzen seines Arbeitsgebietes zu überschreiten. „Indes habe ich andererseits immer gesagt" – schreibt er in der Abhandlung über „Die Bewirtschaftung der Kirchengüter unter Papst Gregor I." – „und soviel ich vermochte, auch dazu getan, daß die dunkle Scheidezeit zwischen Altertum und Neuzeit von beiden Seiten zu beleuchten ist, und daß die Wissenschaft davor steht wie die Ingenieure vor dem Tunnelbau: man setzt an beiden Seiten an und nimmt sich beiderseits vor, Unzulänglichkeiten einander zu verzeihen und etwaigen Begegnens sich zu erfreuen." Man darf heute wohl sagen, dass Mommsen den Stellen soweit vorgetrieben hat, dass die wesentlichen Schwierigkeiten des Zusammentreffen überwunden sind, und dass er so in den letzten Dezennien seines Lebens chronologisch das Werk beendet hat, das er in den ersten Dezennien seiner wissenschaftlichen Arbeit damit begonnen hatte, dass er die römische Geschichte an jene angrenzenden Forschungsgebiete anknüpfte, welche damals allein die Urzeit Roms erhellen konnten. –

Da Mommsen in seinem Streben nach lückenloser Vollständigkeit kein Quellengebiet unbeachtet ließ, hat er sich seit seiner ersten italienischen Reise auch der Münzkunde zugewandt und die Münzen schon für seine frühen sprachlichen, wie für seine späteren Untersuchungen herangezogen, einzelne Münzgruppen behandelt, seine Studien in den Schriften „Über das römische Münzwesen" und „Über den Verfall des römischen Münzwesens in der Kaiserzeit" und im Jahre 1860 in dem Werke „Geschichte des römischen Münzwesens" niedergelegt. Was dieses Buch ist, hat Mommsen im Vorwort genau bezeichnet: „weder eine Metrologie soll es sein noch eine römische Münzkunde, sondern eine Geschichte des römischen Münzwesens, die freilich wie billig auf Maß- wie auf Münzkunde sich stützt, aber weder diese zu erschöpfen beabsichtigt noch sich auf diese beschränkt." Zum ersten Male hat Mommsen, um ein vollkommenes Bild zu gewinnen, die ebenso wichtige wie schwierige Frage über das Münzrecht als Teil des Staatsrechts, sowie die rechtliche Betrachtung des Geldes überhaupt in seine Untersuchungen hineingezogen – und niemand war dazu so berufen wie er, der Jurist –; um die geschichtliche Entwicklung des *römischen* Münzwesens richtig darzustellen, musste er auch das *italienische* Münzwesen in zusammenfassender Weise erörtern, und hier wiederum hat er weit ausgreifen müssen in das große Gebiet der antiken Münzkunde, indem er den ältesten asiatisch-griechischen Systemen, unter deren Einfluss das älteste italienische Geld sich entwickelt hat, einen ganzen Abschnitt seines Buches gewidmet hat. Auf das ihm nicht kongeniale archäologische Gebiet hat er nicht übergegriffen, wie er denn auch ein Numismatiker im technischen Sinne nicht eigentlich gewesen ist.[44] Doch verdankt ihm die römische Numismatik außer jenen durchgreifenden Arbeiten zum guten Teile die Begründung der von seinem Schüler Sallet geleiteten Zeitschrift für Numismatik und vor allem im Jahre 1886 die Anregung und den Plan zum *Corpus nummorum*, das unter Leitung Imhoofs begonnen werden konnte; eine ihm 1893 zu seinem Doktorjubiläum

---

44 Vgl. hierzu und zum Folgenden *Dressel*, Zeitschr. für Numismatik XXIV (1904), S. 367ff. (mit einem Verzeichnis der numismatischen Schriften Th. M.s). – Dazu *Hirschfeld*, Ak. S. 27ff.

gewidmete Ehrengabe wies Mommsen diesem Zwecke zu; zu dem ersten Halbbande dieses Werkes, das sich dem *Corpus inscriptionum Latinarum* ebenbürtig zur Seite stellen soll, konnte er noch selbst im Namen der Akademie das Vorwort schreiben. –

Nicht minder kräftig hat er aber eingegriffen, als es sich um die Nutzbarmachung der neuesten zugänglichen Quelle der Altertumsforschung, der *Papyri*, handelte, „Mommsen ist wohl der erste gewesen", so schreibt sein Schüler Wilcken, „der klar erkannte, daß diese braunen Fetzen, aus denen das Altertum zum Teil mit Stimmen, die wir noch nicht gehört hatten, zu uns spricht, für die verschiedensten Zweige der Altertumsforschung von größter Bedeutung sind." „Die große Fundgrube für alle Forschungsgebiete", so hat er ... „die ägyptischen *Papyri* genannt". Sein Interesse wurde besonders durch ihre Bedeutung für die Kenntnis der ägyptischen Verwaltung, die so stark auf die römische der Kaiserzeit eingewirkt hat, erregt. Aber zugleich erkannte er, dass es für ihn zu spät war, selbst die ganze große Arbeit, die sich darbot, zu bewältigen, und fand sich mit der ihm eigenen weisen Selbstbeschränkung „in das Zusehen, was nicht ganz leicht ist" – nicht ohne jedoch einzelnes selbst zu bearbeiten und für seine wissenschaftlichen Zwecke heranzuziehen. Umso eifriger betrieb er aber die Organisation auch dieses Studienbereiches zum Nutzen der jüngeren Generation; er stand an der Wiege des Archivs für Papyrusforschung und hat im Ganzen wie im Einzelnen die Einrichtung der Papyruspublikationen des Berliner Museums vorgezeichnet, deren praktische Anlage deutlich seine erfahrene Hand verrät. Als Ziel für viel spätere Zeiten schwebte ihm aber ein allgemeines *Corpus papyrorum* vor.[45] –

---

45 Das Vorhergehende aus *Wilcken*, Archiv für Papyrusforschung III² (1904), S. 147ff. – Dazu *Hirschfeld*, Ak. S. 30f.

Der wissenschaftliche Großbetrieb war unter Mommsens Leitung über die Grenzen der Nation hinausgewachsen und beanspruchte schon größere Kapitalien, als einer einzelnen gelehrten Körperschaft zur Verfügung standen. Schon das *Corpus inscriptionum Latinarum* erforderte die Mitarbeit auch italienischer und französischer Gelehrten. Zu den *Monumenta Germaniae* steuerten mehrere Akademien bei. Das *Corpus nummorum* und, wenn es einmal zustande kommen sollte, das *Corpus papyrorum* erforderte das organisierte Zusammenwirken aller Kulturnationen. Namentlich Mommsens nicht in die Schranken der nationalen Kultur gebanntem Geiste musste es naheliegen, sobald sich Gelegenheit und Möglichkeit bot, die wissenschaftliche Arbeitsteilung auf einer weiteren Basis zu organisieren. Die Veranlassung zu den ersten Schritten auf diesem Wege war das Unternehmen des *Thesaurus linguae Latinae*, dessen Rahmen zu weit für die Kräfte einer einzelnen Akademie gespannt war. Der von M. Hertz angeregte Gedanke einer Kooperation der Akademien von Berlin, München und Wien zu diesem Zwecke wurde von einer Berliner Thesaurus-Kommission, der auch Mommsen als Berichterstatter angehörte, aufgegriffen und von Mommsen sofort erweitert. Er kam im Mai 1892 nach Wien zu dem Zwecke, ein Kartell der Akademien deutscher Zunge und im weiteren Verlaufe eine Vereinigung der gelehrten Körperschaften der Kulturnationen einzuleiten. W. v. Hartel und Ed. Suess wurden hier gewonnen und wussten die Wiener Akademie zu überzeugen und mit ihrer Hilfe die gelehrten Körperschaften von München, Leipzig, Göttingen heranzuziehen. Mommsen entwarf die Statuten, und schon im Januar 1893 traten die Delegierten dieser Körperschaften in Leipzig zusammen. Mommsen und Suess vertraten hier den Statutenentwurf; jedoch war es gerade die Berliner Akademie, die nur auf Vereinbarungen von Fall zu Fall, namentlich aber für den Thesaurus, eingehen zu wollen erklärte und sich ferner dagegen aussprach, dass weitere Einladungen zum Beitritte erfolgten – eine Haltung, die zu Mommsens persönlicher Meinung in Widerspruch stand und ihn wohl auch mit veranlasst haben dürfte, bald darauf das ständige Sekretariat der Berliner Akademie niederzulegen. Indes erwuchs aber in der Tat aus dem Kartell der Deutschen Akademien die internationale Assoziation der Akademien der Kulturnationen. Auf der Göttinger Kartellversammlung vom Jahre 1898 wurde die Erweiterung des Kartells beantragt und auf dem Münchener Kartelltag im Frühjahr 1899 beschlossen. Im Herbste 1899 fand die konstituierende Versammlung der – übrigens vom deutschen Kartelle unabhängigen – internationalen Assoziation in Wiesbaden, im April 1901 deren erste Generalversammlung in Paris statt, an der als Vertreter der Berliner Akademie auch Mommsen teilnahm. „Diese Assoziation hat den Zweck, wissenschaftliche Unternehmungen, welche von der Gesamtheit der vereinigten Körperschaften oder von einer Gruppe derselben oder von einer einzelnen derselben in Angriff genommen oder empfohlen werden, zu unterstützen, und sich über Einrichtungen zur Erleichterung des wissenschaftlichen Verkehrs zu verständigen".[46] – Wenn Mommsen als Mitglied der Akademie sich auch als Nachfolger Leibnizens fühlte (vgl. *R. u. A.* 44. 49), so hat er durch die Anbahnung dieser die wissenschaftlichen Großbetriebe vereinigenden Assoziation in der Tat dessen Programm den geänderten Zeitverhältnissen entsprechend in die Wirklichkeit übersetzt, nachdem er durch eigene Arbeit erst den Inhalt für eine solche Organisation geschaffen hatte.

---

46 Zu dem Vorhergehenden vgl. W. His, Zur Vorgeschichte des deutschen Kartells und der internationalen Assoziation der Akademien (mit Aktenstücken) in: „Berichte über die Verhandl. der königl. sächs. Gesellschaft d. Wissensch. zu Leipzig". Math.-phys. Klasse. 54. Band (1902), Anhang.

Juristische Schriften

Mommsens juristische Schriften können nur äußerlich von seinen übrigen Arbeiten getrennt werden; denn der römische Staat als Ganzes stand immer im Mittelpunkt seiner Forschung, ob er nun den „Katalog" der verschiedenen Quellen und Urkunden des Altertums herstellte, oder das Römertum in seiner Entwicklung darstellte oder die Einrichtungen des Staates als solche ins Auge fasste. Zivilist im Sinne der praktischen Jurisprudenz, welche moderne Verhältnisse mit antiken Denkformen zu bewältigen strebt, ist er deshalb auch nie gewesen, da er die Jurisprudenz vom historischen Gesichtspunkte aus behandelte und auch auf diese Weise „die Fakultätslinie" übersprang. Gerade dadurch hat er aber auch die römischen privatrechtlichen Institutionen von einer ganz anderen Seite anzusehen gelehrt, damit den wesentlichsten Programmpunkt der historischen Schule der Jurisprudenz tatsächlich durchgeführt und vor allem gezeigt, dass und was der Jurist vom Philologen lernen könne, wie er schon in einer These seiner Dissertation behauptet hatte.

Auch auf diesem Gebiete hat er zunächst die quellenmäßige Grundlage hergestellt, durch Sammlung und kritische Behandlung zunächst der inschriftlich erhaltenen Staatsurkunden[47], dann auch der Überreste der römischen Jurisprudenz. So hat er nicht nur die sogenannten *Fragmenta Vati-*

---

47   Jetzt nach M.s Anordnung zusammengestellt in „Juristische Schriften" I (1905).

cana" und die „Mosaicarum et Romanarum legum collatio"
ediert und zu Gaius, zu Ulpian, zu den Notae iuris Beiträge
geliefert, sondern vor allem für das Hauptwerk, aus dem
unsere Kenntnis der römischen Jurisprudenz fließt, für die
Digesten, erst die textkritische Grundlage geliefert, deren –
so unglaublich es klingt – in den vier Jahrhunderten seit
Erfindung der Buchdruckerkunst dies Buch noch entbehrte,
obwohl oder weil es nicht nur zu historischen Forschungen,
sondern täglich von Tausenden von Juristen mittelbar oder
unmittelbar in der Praxis verwendet wurde. Der Text der Flo-
rentina war zwar schon lange als der beste erkannt worden;
aber Mommsen zuerst sorgte für eine genaue Kollation, in
welcher die verschiedenen korrigierenden und bessernden
Hände unterschieden und bestimmt wurden, und konnte
auf diese Weise Verbesserungen nach alten Vorlagen und
willkürliche Veränderungen unterscheiden. Zugleich zog er
die griechische Übersetzung der Basiliken zur Textverbesse-
rung heran, sonderte die brauchbaren alten Fragmente und
Handschriften aus und warf die unbrauchbaren mit Entschiedenheit über Bord, so dass er sichere Kriterien für die
Herstellung des ursprünglichen Textes gewann. Die große
Ausgabe („adsumpto in operis societatem Paulo Kruegero")
erschien in den Jahren 1866–1870, die kleine stereotypierte
Ausgabe, ergänzt durch die Institutionen und den Codex
Iustiniamus von Krüger und durch die Novellen Justinians
von Schoell, seit 1872 in neun Auflagen, die sich heute in
den Händen aller Juristen befinden.[48] – Erst als diese philologische Tätigkeit beendet war, konnte sich an sie der Diges-
ten-Index und das Vocabularium iuris Romani anschließen.[49]

---

[48] Z.-J. Nr. 503. 569. 624. Dazu die Einleitung M.s zur großen Ausgabe, in
      welcher die kritischen Grundlagen dargelegt werden, und Gradenwitz
      a. a. O. S. 22ff.

[49] Gradenwitz a. a. O. S. 25.

Noch als Achtzigjähriger unternahm er, offenbar angeregt durch seine intensive Beschäftigung mit der Verwaltung der nachdiokletianischen Zeit, eine kaum minder umfangreiche Aufgabe, die Edition des *Codex Theodosianus*, im Auftrage der Berliner Akademie. Er hat den Text und die *Prolegomena* noch selbst beendigt, auf jenen und auf die ersten Bogen dieser noch sein *Imprimatur* setzen können, als ihm das Augenlicht schon zu versagen drohte. Für den jungen Mommsen hätte die Ausgabe des *Theodosianus*, wie seine anderen Arbeiten zur spätrömischen Zeit, nur den Beginn neuer zusammenfassender Arbeiten bedeutet. So hat er nur hoffen können, dass hier von Späteren ausgebaut werde, wozu er die Fundamente gelegt hat. –

Das großartigste Beispiel aber, auf welche Weise aus der Zusammenfassung allen Materials der gewaltige Bau des römischen Staates in Gedanken wieder aufgerichtet werden kann, hat er für Königtum, Republik und Prinzipat in seinem Römischen Staatsrecht gegeben. Was E. Mach von der Naturwissenschaft sagt: sie „verläßt das Mosaikbild mit Steinchen und sucht die Grenzen und Formen des Bettes zu erfassen, in dem der lebendige Strom der Erscheinungen fließt. Den sparsamsten, einfachsten begrifflichen Ausdruck der Tatsachen erkennt sie als Ziel" – das gilt auch von Mommsens Römischem Staatsrecht: „Wie in der Behandlung des Privatrechts" – so sagt er selbst in der Einleitung – „der rationelle Fortschritt sich darin darstellt, dass neben und vor den einzelnen Rechtsverhältnissen die Grundbegriffe systematische Darstellung gefunden haben, so wird auch das Staatsrecht sich erst dann einigermaßen ebenbürtig neben das Privatrecht stellen dürfen, wenn, wie dort der Begriff der Obligation als primärer steht über Kauf und Miete, so hier Konsulat und Diktatur erwogen werden als Modifikationen des Grundbegriffes der Magistratur." In diesen Worten ist zugleich der ganze immense Unterschied zwischen den älteren Handbüchern der „Staats*altertümer*" und dem Staats*rechte* niedergelegt. Das Ziel hatte ihm schon von Jugend auf vorgeschwebt, und er hätte den Plan der Ausarbeitung seit der Leipziger Zeit auch dann nicht aus den Augen gelassen, wenn Hirzel nicht auf die Erfüllung der „vor vielen Jahren mit leichterem Sinn, vielleicht auch mit Leichtsinn" gegebenen Zusage gedrängt hätte. Als er aber die Römische Geschichte abgeschlossen hatte und sich darüber klargeworden war, dass er durch parallele Bearbeitung des Zivil- und Kriminalrechts der ältesten Zeit zu manchen neuen Aufschlüssen gelangt war, war es das *Corpus inscriptionum Latinarum,* das in seiner ersten Berliner Zeit seine volle Kraft in Anspruch nahm. Schwerlich wäre aber der Grundriss, der in seinen Jugendschriften schon angedeutet, in seine Römische Geschichte mit festen Linien eingezeichnet ist, so vollständig ausgefüllt worden, wenn nicht die mühsame und arbeitsreiche Katalogisierung des Materials in den fünfziger und sechziger Jahren vorausgegangen wäre. Erst im Jahre 1871 erschien der erste, in den Jahren 1874 und 1875 der zweite Band des Römischen Staatsrechts. Wie die Geschichte den Längsschnitt, so bedeutet das Staatsrecht den Querschnitt durch die römische Entwicklung, und wie die Darstellung der Geschichte durch die Zeitfolge, so wird die des Staatsrechtes durch die sachliche Zusammengehörigkeit bedingt, so dass dieses als die notwendige sachliche Ergänzung jener erscheint. „Es ist der allgemeine Teil der Darstellung des römischen Gemeinwesens, der hier … gegeben wird, der Versuch eine jede Institution darzustellen sowohl als Glied des Ganzen in ihrer Besonderheit wie in ihrer Beziehung zu dem Organismus überhaupt." Wenn Mommsen hinzufügt: „ich wenigstens bin mir bewußt, alle Arbeits- und Denkkraft daran gesetzt zu haben, um jedes brauchbaren Bausteins habhaft zu werden und jeden Gedanken zu Ende zu denken" – so ist damit jene ganz einzige Verbindung von induktiver und deduktiver Forschung oder, um mit Mommsen zu reden, von Philologie und Jurisprudenz angedeutet, aus welcher das Werk erwachsen ist. Das Zuendedenken bezieht sich aber nicht nur auf das Zurückgehen auf die bewusst von den römischen Juristen erfassten staatsrechtlichen Gedanken, obwohl Mommsen nachgewiesen hat, dass die zeitgenössische Theorie auch in staatsrechtlicher Beziehung weiter vorgeschritten war, als man geahnt hat, sondern auch auf die Rekonstruktion und Darstellung derjenigen Begriffe, unter welche die tatsächlichen Funktionen des staatlichen Organismus subsumiert werden können, auch wenn sich die römische Jurisprudenz nicht bis zu ihnen erhoben hat. Es ist die Zusammenfassung aller Äußerungen des römischen Staates unter einheitlichen Gesichtspunkten, eine Aufgabe, die deshalb geboten, aber wohl auch nur deshalb ohne Rest lösbar war, weil sich der römische Staat mehr wie jeder andere unabhängig von äußeren umwälzenden Einflüssen entwickelt hat.

Jede Tätigkeit des römischen Staates drückt sich aus in der Magistratur, und deshalb geht Mommsen von dieser aus. „Es liegt im Wesen der römischen Gemeinde", so hebt das Römische Staatsrecht an, „daß die Darstellung ihrer Rechtsordnung den Ausgang nehmen muß von den Beamten derselben; wie denn auch ihre in Form des Gründungsberichts uns aufbehaltene uralte Selbstschilderung den König älter macht, als die Stadt und das Volk. Die Darstellung des Gemeinderates, sowie die der Gemeindeversammlung können derjenigen der Magistratur schon darum nicht voraufgehen, weil beide nur in Gemeinschaft mit der Magistratur befähigt sind zu handeln und jeder Beschluß des versammelten Rats oder der versammelten Gemeinde zugleich auch ein magistratischer Akt ist." Da aber die ursprüngliche Vollgewalt der Magistratur auf das Königtum zurückweist, fällt auch dieses, den Ausgangspunkt bildend, unter die Darstellung der Magistratur, in welcher der allgemeine Begriff der Beamten und der Amtsgewalt, das *Imperium*, die Kollision der Beamtengewalt, die Kollegialität und die Kompetenz entwickelt wird, sowie daran anschließend die der Magistratur eigentümlichen Vorbedingungen, Ehrenrechte und Beschränkungen. Erst nachdem dieser allgemeine Teil abgehandelt ist, folgt in der ersten Hälfte des zweiten Bandes die Darstellung der einzelnen ordentlichen Beamten vom Könige bis zur niedrigsten Stufe des Vigintisexvirates und bis zu den außerordentlichen Gewalten. Die außerordentlichen konstituierenden Gewalten leiten historisch hinüber zur „Beamtenallgewalt militärischer Färbung", zum Kaisertum, zum Prinzipat, deren Darstellung die zweite Hälfte des zweiten Bandes gewidmet ist, eingeleitet durch den Nachweis, dass auch der Prinzipat Magistratur ist – wodurch das Staatsrecht der Republik und des Prinzipates von dem Staatsrechte der nachdiokletianischen Zeit und des Dominates scharf geschieden ist. Schon durch diesen Nachweis hat eigentlich Mommsen die Aufgabe gelöst, deren Lösung bisher, wie er selbst sagt, noch nicht versucht worden war. Eben deshalb konnte aber auch die kaiserliche Gewalt mit derselben logischen Schärfe aus den gegebenen Voraussetzungen, namentlich aus dem prokonsularischen *Imperium* und der tribunizischen *potestas*, entwickelt werden, wie die übrigen Magistraturen. – Die erste Abteilung des dritten Bandes, die nach längerer Pause im Jahre 1887 erschien, behandelt die römische Bürgerschaft und zwar das einst ausschließliche Bürgerrecht der Geschlechter, aus dem der Patrizierstand erwächst, und sein Korrelat, die Klientel, aus der die *Plebs* hervorgeht, bis Patrizier und Plebejer zu einem einheitlichen Gemeinwesen zusammengefasst werden, und die staatlichen Rechte und Pflichten der einzelnen und deren Organisation in der Volksversammlung; daran schließt sich das zurückgesetzte Bürgerrecht und das bevorzugte der Nobilität und des Ritterstandes, ferner das Verhältnis zum Auslande, zu den Verbündeten, den Untertanen, den Gemeinden im Staate. Man wird vielleicht behaupten können, dass dieser Teil noch tiefer in das Römertum eindringt, als die vorhergehenden, weil, während in diesen das Funktionieren des Staatsorganismus dargelegt wird, hier seine Entstehung, seine Grundlagen bloßgelegt werden; es sind die Kategorien; in denen sich die Römische Geschichte bewegt, scharf und klar umrissen, wie sie nur vor dem Auge dessen stehen konnten, der sie aus der Perspektive einer tausendjährigen Entwicklung erblickte. – Nicht minder schwierig war die Aufgabe der abschließenden zweiten Abteilung des dritten Bandes, die schon im Jahre 1888 folgte. Es handelte sich hier darum, den dritten Faktor der römischen Verfassung – neben Magistratur und Bürgerschaft – den Senat, in allen seinen Funktionen darzustellen. Während sich aber die Organisation des Senates aus der Organisation der patrizischen und der patrizisch-plebejischen Gemeinde ergab, war seine Funktion rechtlich umso schwerer zu fassen, als seine bindende Befugnis, die *auctoritas*, in historischer Zeit jeder Bedeutung bar war, seine beratende Befugnis als *consilium* rechtlich nicht bindend und tatsächlich und historisch von der entscheidendsten Bedeutung war, so dass es sich darum handelte, das tatsächliche senatorische Regiment der späteren Republik darzustellen und doch so darzustellen, dass nicht vergessen wurde, dass formal juristisch die tatsächlich gebundene Magistratur regierte, bis der Senat zum Mitsouverän des *Princeps* wurde und eben in der Dyarchie des Prinzipates seine tatsächliche Bedeutung verlor. Nur ein Jurist, der Historiker war und die juristischen Begriffe nicht als historische Realitäten betrachtete, konnte diese Aufgabe lösen, nur Mommsen ein Römisches Staatsrecht als einheitliches Ganzes zu Ende führen. –

Diese Einheitlichkeit tritt vielleicht noch deutlicher als in dem großen Werke in dem „Abriß des römischen Staatsrechts" hervor, der 1893 erschienen ist. „Hier ist der Versuch gemacht worden, die wesentlichen Momente des öffentlichen Rechts der Römer systematisch zu ordnen unter Weglassung der knapper Zusammenfassung nicht fähigen Belege." Nach Abstreifung des antiquarisch–philologischen Apparates gibt diese „anspruchslose Arbeit", indem sie von der Bürgerschaft ausgeht und dann nach Besprechung der Magistratur zu den von dieser geleiteten Komitien und Senat fortschreitet, in knappster gedanklicher Zusammenfassung und in jenem ökonomischen Stile, der dem alten Mommsen eigentümlich ist, gleichsam die Essenz aus dem ganzen römischen Staatswesen. Wenn Mommsen jetzt, nach 50 Jahren, dessen gedachte, was ihm beim Abschluss seiner Universitätsstudien als Ziel vorgeschwebt hatte, so musste er sich sagen, dass das Ziel erreicht und dass der römische Staat durch seine Arbeit und sein Genie von den römischen Inschriften und der römischen Jurisprudenz das Licht empfangen hatte, das er hatte entbehren müssen, seitdem er von der antiquarischen Forschung in Altertümer, von den Juristen in Rechtsfälle aufgelöst worden war. –

Nun erst konnte er zu dem Gegenstande zurückkehren, von dem er eigentlich ausgegangen war und dessen Bearbeitung er in klarer Einsicht der Erkenntnismöglichkeiten auf die Zeit verschoben hatte, in welcher eine sicher fundierte Anschauung von dem zentralen Begriffe, dem römischen Staate, möglich war, zum römischen Strafrechte. Mommsen schreibt selbst in dem Vorworte zu seinem 1899 erschienenen Römischen Strafrecht: „Ich hätte nicht gewagt, diese Aufgabe zu unternehmen, wenn ich mich nicht dabei auf mein römisches Staatsrecht hätte stützen können, und ich darf diese Arbeit, obwohl sie in der Methode abweicht und nicht mit Diokletian abschließt, sondern mit Justinian, als ergänzende Fortsetzung jenes Werkes bezeichnen." Nicht nur darin lag die Schwierigkeit der Aufgabe, dass eine halbwegs wissenschaftliche Bearbeitung des römischen Strafrechtes bisher nicht existierte, sondern hauptsächlich darin, „daß es ein römisches Strafrecht als Ganzes nicht gibt" (S. 126); „daß überhaupt die Konstruktion eines römischen Strafrechts, welchen Begriff die römische Jurisprudenz selbst nicht aufgestellt hat, ohne eine gewisse Willkür sich nicht durchführen läßt" (S. 525); es handelt sich für Mommsen um „die Ausscheidung des Strafrechts als des ethischen Rechts im eminenten Sinne" aus der gesamten übrigen Rechtsmaterie, eine Ausscheidung, die von den Römern selbst nicht durchgeführt war. Deshalb lässt sich Mommsen in diesem Spätwerke ganz gegen seine sonstige Gewohnheit auch auf philosophische Begründungen ein. „Das Strafrecht ruht auf dem sittlichen Pflichtbegriff, insoweit der Staat dessen Durchführung sich zur Aufgabe gemacht hat. Eine sittliche Pflicht, deren Einhaltung der Staat vorschreibt, ist ein Strafgesetz; die Nichteinhaltung einer solchen Vorschrift ist das Verbrechen; dasjenige Übel, welches der Staat dem die Vorschrift nicht Einhaltenden zufügt, ist die Strafe. Das Verbrechen wird durch die Strafe als aufgehoben betrachtet, die öffentliche Ordnung als damit beglichen." (S. 3f.) „Der Begriff des Verbrechens beruht auf der Sittlichkeit der Menschennatur. Die Verletzung des dem Menschen obliegenden Verhaltens findet ihre Richtschnur zunächst an dem eigenen Pflichtgefühl, dem Gewissen des einzelnen. Unbestimmt in seinen Grenzen und keinem äußeren Zwang unterworfen, erlangt dieser Pflichtbegriff im Staate bestimmten Inhalt und festen Rückhalt; die Strafordnung ist das verstaatlichte

111

Sittengesetz." (S. 65) „Die Umwandlung des Sittengesetzes zum Strafgesetz fordert positive Feststellung des Tatbestandes und diese ist von der Willkür untrennbar. Je mehr die gesellschaftlichen Verhältnisse sich komplizieren und je enger das Strafgesetz dem Sittengesetz sich anzuschließen versucht, desto eingreifender wird diese Willkür." (S. 91) „Aber die durch das Strafrecht dem Gemeinwesen über den einzelnen eingeräumte schwerwiegende Gewalt soll ernstliche Anwendung nur da finden, wo das Gewissen des Handelnden selbst die Handlung mißbilligt oder mißbilligen sollte." (S. 92) Diese in ihrer Absolutheit an Kantsche Ideen anknüpfende Auffassung wird andererseits wiederum ergänzt durch die Ausführung, dass Sitten- und Strafgesetz wandelbar sind. „Die ethische Grundlage des Strafrechts bringt es mit sich, dass wie die menschliche Natur, so auch die menschlichen Verbrechen bei allen Völkern und zu allen Zeiten bis zu einem gewissen Grade sich gleichen … Aber andererseits ist das Strafrecht mehr noch als andere Gebiete abhängig von der Individualität des einzelnen Volkes und von dem die einzelne Epoche beherrschenden Geiste." (S. 530) „Das Sittengesetz ist der Entwicklung der Völker entsprechend ein ewiger Wellenschlag von Steigen und Fallen; das Strafgesetz ist die von äußerlichen Bedingungen abhängige Summe der zurzeit von der Gesamtheit dem einzelnen aufgelegten Sittengebote." (S. 523)

Wie nun Mommsen im Staatsrechte von dem vollen *Imperium*, der eigentlich jede andere Magistratur ausschließenden Königsgewalt ausgehen musste, so geht er im Strafrechte von der Hauszucht, dem Kriegsrecht und namentlich der magistratischen Koerzition aus, die prinzipiell im Gegensatze zum Strafrechte steht, obwohl dieses aus jener hervorgegangen ist (vgl. S. 899) „Das Strafrecht beginnt, wo der Willkür des Trägers der Strafgewalt, des erkennenden Richters, Schranken gesetzt werden durch das Staatsgesetz ... Das römische öffentliche Strafrecht beginnt mit dem valerischen Gesetz, welches das Todesurteil des Magistrats über den römischen Krieger der Bestätigung durch die Bürgerschaft unterwarf, das römische private mit derjenigen Ordnung, welche dem Prätor die definitive Strafentscheidung aus der Hand nahm und bei der bedingten die Erledigung der Bedingung an Geschworene wies. Es gibt in Rom fortan kein Delikt ohne Kriminalgesetz, keinen Strafprozeß ohne Prozeßgesetz, keine Strafe ohne Strafgesetz."(S. 56f.) Der Anfang des öffentlichen Strafrechts ist die Selbsthilfe der Gemeinde gegen die direkte Schädigung des Gemeinwesens, wobei der schädigende Mitbürger sein Bürgerrecht verwirkt und dem Landesfeinde gleichgestellt wird (vgl. S. 59. 900); aber darüber hinaus hat sich das öffentliche Strafrecht schon in vorgeschichtlicher Zeit auf solche Übeltaten erstreckt, welche neben der Schädigung des einzelnen zugleich die öffentliche Sicherheit gefährden und deren Vergeltung daher nicht mehr dem Geschädigten und den Seinen anheimgestellt wird. Ferner entsteht aber das von dem öffentlichen Strafrechte im Rechtsgange wesentlich verschiedene Privatstrafrecht dadurch, dass der Staat den obligatorischen Vergleich an die Stelle der Selbsthilfe oder des freiwilligen Vergleiches, namentlich bei den Eigentumsdelikten, durchsetzt.

Jedes Urteil ist ein magistratischer Spruch (S. 135), und deshalb muss auch im Strafrechte von den Magistraten, den Strafbehörden, ausgegangen werden, da ja nur aus der gesetzlichen Bindung ihrer Koerzition das Strafrecht entstanden und durch sie bedingt ist. Deshalb werden die einzelnen Strafbehörden von der Zeit des komitialen Prozesses bis zum Strafprozess vor dem Senate des Kaiserreiches und vor dem *Princeps* und zum diokletianischen Beamtengericht verfolgt, und daran anschließend die Formen des Strafprozesses, da bei der gleichzeitigen Entstehung und dem Zusammenhange des Deliktes mit dem Rechtsgange Strafrecht und Strafprozess, wie Mommsen schon ein halbes Jahrhundert früher erkannt hatte, nicht voneinander getrennt werden können. Daran schließt sich die Darstellung der einzelnen Delikte, welche im Gegensatze zu Mommsens sonstigem Verfahren nach logischen Kategorien gegliedert sind. „Diese Gliederung, durch die Zufälligkeiten der Rechtsentwicklung und der Rechtsüberlieferung bedingt, erhebt keinen Anspruch auf systematischen Wert und will lediglich für den Rechtsgelehrten wie für den Geschichtsforscher das logisch oder historisch Zusammengehörige nach Möglichkeit zusammenfassen (S. 530) Nach der Erörterung des Begriffes und der Entstehung der Strafe folgt eine Darstellung der einzelnen Strafarten, die ebenfalls erst durch die Strafbehörden, die sie auferlegen und vollstrecken, und durch die Art des Strafprozesses verständlich werden.

Mit dem Strafrechte schließt sich gleichsam der Kreis, den Mommsen in mehr als halbhundertjähriger Arbeit gezogen hatte. Die philologische, juristische, historische Arbeit war lückenlos – mit Ausnahme etwa des 4. Bandes der Römischen Geschichte – getan und der römische Staat von Romulus bis Diokletian wieder aufgebaut, darüber hinaus der folgenden Generation als Vermächtnis die Beleuchtung der diokletianischen Monarchie und der „dunkeln Scheidezeit zwischen Altertum und Neuzeit", die Katalogisierung der Münzen und *Papyri* hinterlassen. Da hat es ihn nun gereizt, den vollendeten Bau einmal mit anderen Staaten zu vergleichen. Wie er das tat, ist charakteristisch für seine Anschauungsweise und seine Selbstbeschränkung. Er richtete an eine Anzahl von Fachmännern Fragen „zum ältesten Strafrecht der Kulturvölker"[50], die er nebst

---

50   Herausgegeben mit einem Vorworte von *Binding* (Leipzig 1905).

den Antworten mit den folgenden Worten einbegleitete: „In meinem römischen Strafrecht habe ich mich alles Vergleiches der römischen Ordnungen mit nicht römischen in strenger Beschränkung enthalten. Die historisch-philosophische Bedeutung solcher Zusammenstellungen für unser Ahnen über die Urzustände des Menschengeschlechts und unser Wissen über seine weitere Entfaltung kann nicht hoch genug angeschlagen werden; aber der Einzelforscher wird durch dieselben nur zu leicht in die Irre geführt, zumal weil er alsdann halb als kompetenter Sachkundiger, halb als von fremder Hand abhängiger Laie zu reden genötigt ist. Im allgemeinen wird zweckmäßig auf jedem wissenschaftlichen Gebiet der Verlockung zum Vergleichen zunächst nicht nachgegeben und erst von höherer Warte aus das Gesamtergebnis entwickelt. Dieser Auffassung bin ich in jenem Werke gefolgt, möchte nun aber weiter die allgemeineren Probleme wenigstens zur Diskussion stellen, nicht durch dilettantisches Übergreifen in andere Forschungskreise, in denen die Beschäftigung mit einem einzelnen Abschnitt niemals Stimme im Kapitel geben kann, sondern indem ich auf Grund persönlicher Beziehungen angesehene Spezialforscher veranlaßte, über die dem Strafrecht zugrunde liegenden allgemeineren Fragen sich zu äußern." Es sind auf vier Druckseiten in ihrer durchdachten Präzision meisterhafte Fragen, die von ihm selbst für das römische Strafrecht in ebenso knapper Form beantwortet sind. –

Die Bibliographie von Mommsens sämtlichen Werken umfasst nicht weniger als 1513 Nummern; allerdings sind in ihr auch die kleinsten Publikationen, die Übersetzungen und Neuauflagen seiner Werke aufgenommen. Aber schon eine aus jener exzerpierte chronologische Zusammenstellung nur der wichtigsten selbständigen Werke und prinzipiell wichtigsten oder umfangreichsten Aufsätze seiner Berliner Zeit lässt die Arbeitskraft des Mannes schier unbegreiflich erscheinen:

1858: Römische Chronologie. – 1860: Römisches Münzwesen. – 1861: Ausgaben der Chronik des Cassiodor und der *Fragmenta Vaticana*. – 1863): *Corpus inscriptionum Latinarum I* und Römische Forschungen I. – 1864: Ausgabe des Solinus. – 1865: *Res gestae divi Augusti*. – 1866–1870: Ausgabe der Digesten. – 1868: Ausgabe des Veroneser Livius-Palimpsestes. – 1870: Index zu den Plinius-Briefen. – 1871 : Römisches Staatsrecht I. – 1872: *C. I. L.* vol. V, p. I. – 1873: *C. I. L.* vol. III, p. I u. II und *Analecta Liviana*. – 1874: Römisches Staatsrecht II¹ – *Lex coloniae Iuliae Genetivae*. – 1875: Römisches Staatsrecht II². – 1877: *C. I. L.* vol. V, p. II. – 1879: Römische Forschungen II und Quellen der Langobardengeschichte des Paulus Diakonus. – 1880: Dekret des Commodus über den *Saltus Burunitanus*. – 1881: *C. I. L.* VIII¹, von *Wilmanns*, fortgeführt von M. – 1882: Ausgabe des Jordanes. – 1883: *C. I. L.* vol. IX u. X. p. I u. II; ferner *Res gestae divi' Augusti*. – 1884: Die Konskriptionsordnung der römischen Kaiserzeit; Die italische Bodenteilung. – 1885: Römische Geschichte, V. Bd.; Die Örtlichkeit der Varusschlacht. – 1887: Römisches Staatsrecht III¹. – 1888: Römisches Staatsrecht III². – 1889–1902: *C. I. L.* vol. III suppl., I–IV. – 1889: Ostgotische Studien; Das römische Militärwesen seit Diokletian. – 1890: *Ausgabe der Fragmenta Vaticana und der Mosaic. et Romanarum legum collatio*; Der Religionsfrevel nach römischem Recht. – 1891: Chronica minora I¹. – 1892: *Commentarius ludorum saecularium quintorum et septimorum*; *Chronica minora* I²; Zum römischen Bodenrecht; *Iudicium legitimum*. – 1893: *Chronica minora* II¹; *C. I. L.* I (Neubearbeitung); Abriß des römischen Staatsrechts; Die Bewirtschaftung der Kirchengüter unter Papst Gregor I. – 1894: Ausgabe von Cassiodors *Variae*; *Chronica minora* II² und III¹. – 1895: *Chronica minora* III²; Ausgabe des Solinus (Neubearbeitung). – 1896: *Chronica minora* III³. – 1898: *Chronica minora* III⁴; Ausgaben der *Gesta pontificum Romanorum und des Eugipius*. – 1899: Römisches Strafrecht. – 1902: *C. I. L.* III suppl. – 1903: Ausgabe des Rufinus. – 1904: Ausgabe des *Codex*

Theodosianus. – Hierbei sind weder berücksichtigt die meisten größeren epigraphischen Arbeiten, die der Erläuterung einzelner Inschriften und Inschriftengruppen dienen, noch auch die meisten der Aufsätze im Hermes, in der Zeitschrift der Savigny–Stiftung usw., die nicht geradezu von prinzipieller Bedeutung sind. –

Mommsen als Politiker

Dass Mommsen trotz des Übermaßes an wissenschaftlicher Beschäftigung, das er sich aufgebürdet hatte, in Berlin über kurz oder lang wieder in den Strudel der Politik hineingezogen wurde, war selbstverständlich. Es war gerade der Beginn der neuen Ära, und noch von Breslau aus hatte er an der Gründung der Preußischen Jahrbücher teilgenommen, welche bald zur hervorragendsten Zeitschrift des preußischen Liberalismus wurden; schon in ihrem zweiten Hefte erschien ein Artikel aus Mommsens Feder, dessen Konfiskation von Reimer befürchtet wurde. Seit dem Jahre 1859 wich der bleierne Druck, der durch ein Dezennium auf Deutschland gelastet hatte, und namentlich in Norddeutschland begannen die liberalen Geister sich wieder zu regen und zu organisieren. Im März 1860 hielt Mommsen beim Festmahl des Ausschusses des Deutschen Nationalvereins eine Tischrede auf die liberalen aus der Majorität der Volksvertretung hervorgegangenen Minister der neuen Ära, wenn er auch ihr Sündenregister nicht verschwieg und namentlich betonte, dass man erwartet habe, es würden den Übergriffen des Pfaffen- und Junkertums stärkere Schranken entgegengesetzt werden.[51] Im Jahre 1861 unterschrieb er den Aufruf des Zentralwahlkomitees der deutschen Fortschrittspartei.[52] Es folgte Bismarcks Konflikt mit dem liberalen preußischen Abgeordnetenhause. Mommsens

---

51 Z.-J. Nr. 296: „National-Zeitung", 13. Jahrgang (1860), Nr. 123.

52 Z.-J. Nr. 309.

Vergangenheit, seine Verbindungen mit den Führern des Liberalismus, seine wissenschaftliche Stellung ließen auch ihm keine Wahl, umso mehr, als die schleswig-holsteinsche Angelegenheit in den Mittelpunkt der Politik rückte. Die Stadt Halle und der Saalkreis wählten ihn, wie er selbst sagt, ohne detaillierte Kenntnis seiner politischen Ansichten, in das Abgeordnetenhaus, wo er sich selbstverständlich der von Twesten geführten liberalen Partei anschloß. Er betrachtete es als sein Mandat, „Herrn von Bismarck und den Seinigen gegenüber die Verfassung zu verteidigen" (*R. u. A.* 373) und hat in den Jahren 1865 und 1866 in die Verhandlungen eingegriffen, einmal um als Universitätslehrer für die Besserung der Stellung der Elementarlehrer wie für die bessere Dotierung und Ausgestaltung der Universität und ihrer Institute, sowie der Akademie einzutreten, indem er warnend ausrief: „Hüten Sie sich, meine Herren, dass aus diesem Staat, der ehemals der Militärstaat und der Staat der Intelligenz zugleich war, die Intelligenz verschwinde und nichts bleibe als der reine Militärstaat!" – das andere Mal, um als Jurist gegenüber dem „Interpretations-Ministerium", welches die Verfassung nicht auf einmal abschaffe, sondern sukzessive durch Interpretation, seine Meinung in betreff der durch Hilfsrichter herbeigeführten Verurteilung Twestens und Frentzels wegen Reden im Parlamente darzulegen.[53] In die schleswig-holsteinsche Frage griff er nach dem dänischen Kriege mit einem Sendschreiben über die Annexion Schleswig-Holsteins (vom 5. April 1865) an seine Wähler ein, in welchem er auseinandersetzte, dass vom Standpunkte Deutschlands als Minimum eine Militär-, Marine- und Zollkonvention mit Preußen gefordert werden müsse. Zugleich aber wendete er sich mit Entschiedenheit gegen den schädlichen Parti-

---

53   Vgl. Sitzung vom 17. März 1865 und vom 9. Februar 1866.

kularismus und gab seinen Landsleuten zu bedenken, ob
es nicht in ihrem eigenen Interesse sei, die ganze Annexion der halben Annexion vorzuziehen. Er gab zu, dass er
sich selbst an dem Abgeordnetentage in Frankfurt und an
den Beschlüssen des Abgeordnetenhauses zugunsten der
Thronfolge des Augustenburgers im Jahre 1863 beteiligt
habe, fand aber, dass sich die Lage durch den Krieg und die
nationale Stellung, in die Preußen gedrängt wurde, vollständig geändert habe. „Es gehört allerdings einige Naivität
dazu", so sagt er, „unter den Umständen, wie sie jetzt nun
einmal sind, einem Deutschen anzusinnen, Preuße zu werden, der es nicht werden muß", und erkennt die mancherlei
Nachteile an, die den Herzogtümern aus einem Anschlusse
an Preußen erwachsen würden. Aber der Rechtsanspruch
des Augustenburgers allein könne kein Gegenargument
gegen die Macht der Verhältnisse und für die Aufrich-
tung eines neuen Kleinstaates sein. „Ich bin nie Legitimist
gewesen ,und habe aus der Geschichte gelernt, daß der
Legitimismus nichts ist als das Gespenst in der Politik,
ein wesenloser Schemen, der, angerufen, verschwindet."
Er werde es ertragen, wenn ihm Inkonsequenz vorgeworfen werde; was er aber nicht zu ertragen vermöchte, wäre,
wenn er sich sagen müsste, um den Schein der Konsequenz
zu retten, an dem einmal gesprochenen Wort wider bes-
seres Wissen und Gewissen festgehalten zu haben. – Die
Dinge entwickelten sich freilich viel rascher, als man erwarten konnte, und das Jahr 1866 brachte noch ganz andere
Dinge, als die Annexion Schleswig-Holsteins, u.a. auch die
Beilegung des Verfassungskonfliktes. Mommsen, der von
1867 bis 1873 nicht mehr im Landtage saß, war trotzdem
bei den Ereignissen von 1870 keineswegs bloß unbeteilig-
ter Zuschauer, als der Zustand, den er schon im Jahre 1865
als politisches Provisorium bezeichnet hatte, durch die
Organisation abgelöst wurde, die ihm seit seiner Jugend

als das Endziel vorgeschwebt hatte, sondern setzte auch seine Persönlichkeit ein, als man seiner bedurfte. Mitte Juli des Jahres 1870 wendete sich die preußische Regierung an ihn mit der Bitte, seine hohe Autorität in Italien zugunsten Deutschlands in die Waagschale zu werfen. Die Folge waren zwei Briefe, welche in den Mailänder Blättern *„La Perseveranza"* und *„Il Secolo"* veröffentlicht wurden, in denen Mommsen Italien vor den Liebeswerbungen Napoleons warnte und ausführte, dass Italiens Platz an der Seite des geeinigten Deutschlands sei. Er tat es nicht leichten Herzens, denn er wusste wohl, was dieser Schritt dem von ihm gepflegten wissenschaftlichen internationalen Zusammenarbeiten der Kulturnationen schaden würde. „Aber was kam im August 1870 auf die Inschriftenarbeit und auf internationale Freundschaft an? ... Wie der einzelne Soldat seinen Schuß abgibt, ohne zu fragen, ob er überflüssig sei, so tut in solchen Zeiten ein jeder, was ihm im Dienst des eigenen Landes zu tun rätlich scheint, ohne nach den weiteren Folgen zu fragen." – Als er vom Jahre 1873 bis 1879 als nationalliberaler Abgeordneter für Kottbus-Spremberg-Kalau wieder dem Landtage angehörte, schien es ihm, wie er sagte, eine Ehre und eine Lebensaufgabe für die besten Männer der Regierung und des Hauses, „nachdem unsere Nation nach außen hin glücklich konsolidiert ist, nun auch die größere, schwierigere, aber auch freudigere Aufgabe zu lösen, sie auch im Innern auszubauen und für Kunst und Wissenschaft dasjenige zu tun, was von oben her dafür geschehen kann" (*R. u. A.* 215). Er ergriff das Wort, wenn es sich um Universitätsfragen handelte, sei es um für die Ausgestaltung des Sprachunterrichts einzutreten oder um gegen die Einwirkung konfessioneller Momente auf Besetzungsfragen zu protestieren; sei es um für die bessere Dotierung und größere Zugänglichkeit der Königlichen Bibliothek in Berlin zu plädieren;

sei es um die Reorganisation der Museen zu befürworten. Er erlebte und förderte den großartigen Aufschwung des wissenschaftlichen Betriebes in Berlin und erkannte trotz mancher Kritik gerne und dankbar an, was nach dem Jahre 1870 in dieser Beziehung geleistet wurde. – Im Jahre 1881 wurde Mommsen vom ersten Koburger Wahlkreise in den Reichstag entsendet und schloss sich der sog. Sezession an, die sich infolge des Umschwunges in der Bismarckschen Wirtschaftspolitik von den Nationalliberalen unter Führung Bambergers, Rickerts u.a. lossagte und in die Opposition ging, die ihn sofort in heftige Fehde mit Bismarck verwickelte.

Die oppositionelle Haltung, die er vor 1866 und von nun an bis an sein Lebensende beibehielt, zunächst kurze Zeit im Reichstage, dann auch außerhalb des Reichstages, war die notwendige Folge seiner historischen, politischen, ethischen Auffassungen, seiner Weltanschauung. Er war am meisten beeinflusst von dem aus der Aufklärung hervorgegangenen Liberalismus, wie ihn Wilhelm von Humboldt repräsentierte, der „es unternommen hat, den Staat nach seiner allgemeinen humanen Seite hin zu begreifen und zu beschränken" und „den Menschen nicht um der Sache, die Kraft nicht um des Resultats willen zu vernachlässigen, den Staat so zu gestalten, daß in ihm dem einzelnen das höchstmögliche Maß der Kraftentwicklung, d.h. der Freiheit und damit des Glückes, verbleibt" (*R. u. A.* 120). Von diesem Standpunkte aus mochte er nichts wissen von den „sogenannten Parteien der materiellen Interessen" und fand nur einen tatsächlichen und ethischen, nicht aber einen prinzipiellen Unterschied zwischen Hebel und dem Grafen Kanitz, von denen der eine den Staat zugunsten der Handarbeiter, der andere zugunsten der Großgrundbesitzer exploitieren wolle. Und da es Mommsen mit seinem Liberalismus ernst war, so wollte er den Nationalliberalen nicht auf ihrem abschüssigen „Weg der Gewissensbe-schwichtigung" folgen (*R. u. A.* 474). Vom gleichen Standpunkte aus vertrat er unbedingte Toleranz und bedauerte, dass ernste Kämpfe durchzufechten waren gegen Mächte, die von seiner Generation in der Jugend verachtet wurden (*R. u. A.* 91), und trat gleich zu Beginn der antisemitischen Bewegung (1880) in einer Erklärung und in einer namentlich gegen Treitschke gerichteten Streitschrift gegen dies retardierende Moment der deutschen Einheitsbestrebungen auf, indem er zugleich den Juden empfahl, möglichst alle Schranken zu beseitigen, die sie von den übrigen Deutschen trennen konnten (*R. u. A.* 410ff.) Nicht nur in dieser Beziehung schienen ihm „die dehumanisierenden Tendenzen" der Zeit unter dem „Proletariat sowohl wie in den sogenannten besseren Kreisen ein neues Barbarentum großzuziehen" (*R. u. A.* 64). Gegen all dies zu Felde zu ziehen schien ihm Pflicht. Aber trotz alledem betonte er immer wieder, dass der Generation, welcher es beschieden war, das große Ziel der nationalen Einheit zu erreichen, das sie vor sich fand, als sie zu denken begann, der Reichstag und die Reichsfahne um keinen Preis zu teuer sein könne, möge da kommen, was da wolle (*R. u. A.* 410).

Allerdings war aber sein nationales Einheitsideal kein rein formales; der deutsche Staat, wie jeder andere, schien ihm des ethischen Fundamentes zu bedürfen und des inneren Ausbaues. Gerade durch die Erfolge, so führte er in seiner Rektoratsrede im Jahre 1874 aus, sei bei allen ernsthaften Männern das Gefühl dessen, was Deutschland noch fehle, zu einer schmerzhaften Deutlichkeit, zu einem peinlichen Druck gesteigert; es ruhe sich schlecht auf Lorbeeren; die Losung der Zukunft aber sei, den gestalteten Staat so auszugestalten, dass deutscher Handel und deutsches Gewerbe, deutsche Kunst und deutsche Wissenschaft, deutsche Gesellschaft und deutsches Leben der Machtstellung der Nation ebenbürtig bleibe oder ebenbürtig werde (*R. u. A.* 6). Er war deshalb auch weit entfernt von jeglichem Chauvinismus. Sein Blick blieb ungeblendet durch die Erfolge der deutschen Politik, und so sehr er sie mit ganzem Herzen begrüßte, blieb er doch den Auffassungen, die er im Jahre 1848 gewonnen, treu. Er betonte es gerne, dass gerade der deutsche Gelehrte den Vorkampf mit Ehren geführt habe und dass „was das vielverhöhnte unpraktische Professorenparlament gewollt hat, das einige Deutschland mit der preußischen Spitze", nicht umsonst von ihm angestrebt worden sei (*R. u. A.* 8). Er hatte 1848 wie 1865 empfohlen, „den Weg, den der Zollverein und in umfassenderer Weise das Frankfurter Parlament gewiesen, einer großen für alle gemeinsamen, nach Möglichkeit die Selbständigkeit der einzelnen Landschaften schonenden, aber wo dies nicht möglich ist, unerbittlich durchgreifenden Generalmediatisierung" und betont, dass ein deutsches Parlament das einzige Mittel zur Überwindung des Partikularismus sei; er ging auch schon im Jahre 1865 so weit zu erklären, dass zur „praktischen Wiederaufnahme des großen Gedankens, der in der Paulskirche waltete, … jedes Mittel, auch das der Gewalt, gerechtfertigt sein" werde; „denn die Notwendigkeit und die Nation reden beide im kategorischen Imperativ, und da der nationale Staat jede Wunde heilen kann, darf er auch jede schlagen" (*R. u. A.* 375. 380f.). Im Jahre 1865 wie 1848 erklärte er, „daß die am mindesten unvollkommene Realisierung des zukünftigen deutschen Staats gegenwärtig der preußische ist" (*R. u. A.* 378). Das in der preußischen Verwaltung verkörperte Pflichtgefühl, die Zentralisierung des preußischen Staates hatten Mommsen dies als historische Notwendigkeit erkennen lassen, nicht minder als die Einigung Italiens unter Rom; er erkannte auch an, dass die schließliche Einigung Deutschlands im Kriege gegen Österreich und Frankreich nicht minder eine „Tochter der Not"

war, wie die der Italiker gegen die Kelten (*R. u. A.* 123. 129).
Deshalb war seine Stellung, solange es sich um die Einigung
handelte, gegeben: „dem rechten Mann liegt das Ideal im
Ziel und nicht in den Wegen" (*R. u. A.* 471).

Wenn er aber auch dies alles anerkannte und sogar,
betont, dass des preußischen Staates „Eigenart von jeher in
scharfer Ausprägung des monarchischen Grundgedankens
bestanden hat" (*R. u. A.* 104), so war er doch weit entfernt
davon, seine liberalen Kulturideale opfern zu wollen, umso
weniger, als es seiner Grundanschauung entsprach, in der
Entwicklung dieser Kulturideale das ethische Fundament
des Staates zu erblicken. Er sah aber aus der Bismarckschen
Saat den Interessenkrieg hervorwachsen und sah in dem
„bellum omnium contra omnes", wie er es nannte, eine Schädigung der Nation (*R. u. A.* 475). Er sah die Intelligenz und
den Liberalismus in seinem Sinne als politischen Faktor
vollständig zurückgedrängt, zum Teile, wie er zugibt, allerdings aus eigener Schuld. Was er als die von Gaius Gracchus herrührende „Taktik der Demagogen und Tyrannen"
bezeichnet hatte: „auf die materiellen Interessen sich stüt-
zend die regierende Aristokratie zu sprengen" (RG. II, 117),
konnte Mommsen, wenn es sich um die Zerreibung des
liberalen Bürgertums handelte, in welchem er den Führer
der Nation erblickte, nicht gerechtfertigt erscheinen. Von
demselben Standpunkte aus, von dem er den aus dem Inte-
ressenkriege geborenen Cäsarismus in Rom als historische
Notwendigkeit erkannte, aber gegenüber jedem auf Selbstbestimmung beruhenden staatlichen Organismus ethisch
verurteilte, verurteilte er die unter der Ägide Bismarcks,
des „größten aller Opportunisten" (*R. u. A.* 472),sich vollziehende Machtsteigerung der Staatsmaschine, welche die
Selbstbestimmung einschränkte, und kämpfte gegen sie an,
weil er sie nicht als historische Notwendigkeit ansah. Es
schien ihm geradezu ein Gebot des gesunden Menschen-

verstandes, ebenso wie ein Gebot der Ethik, sich gegen die Abkehr vom Freihandel und gegen die staatssozialistischen Versicherungsgesetze zu wenden.

Es schien ihm aber auch geboten, dass alle ehrlich liberalen Elemente gemeinsam gegen die drohende Gefahr sich verbänden, und in einer Aufsehen erregenden Rede trat er am 24. September 1881 in einer Charlottenburger Wählerversammlung für die Wahl des Kandidaten der Fortschrittspartei in den Reichstag ein. Er trat auf das schärfste gegen „die Wirtschaftspolitik der neuen Propheten" auf; er verurteilte sie als „gemeinste Interessenpolitik, eine Interessenpolitik, die dadurch um so nichtswürdiger ist, weil die Interessen miteinander eine Koalition schließen, um diejenigen auszubeuten, die sich ihr nicht anschließen wollen", und fuhr fort: „Es ist ferner nicht bloß eine Politik der gemeinsten Interessen, sondern auch – warum soll ich es nicht sagen? – eine Politik des Schwindels." Er erläuterte an dem Beispiele der Konservativen, die „nichts sind als Kornspekulanten und Branntweinbrenner", den Interessenkrieg und warnte ebenso vor dem Ruin der Staatsfinanzen durch die Versicherungsgesetzgebung wie vor dem „System Richelieu", bei welchem „es im ganzen Staate nur einen Diener gibt, der selbständig wirken darf" und außer ihm nur willenlose Gesellen.

In einem Schreiben an die Wähler des neunten schleswig-holsteinschen Wahlkreises erklärte er sich zur Annahme eines Reichstagsmandates bereit trotz des schweren Opfers, das er sich dadurch in seiner „letzten wissenschaftlichen Erntezeit" auferlege, weil er es als Pflicht betrachte, sich zu stellen, da einmal der Ruf: „Zurück auf die Schanzen!" erklungen war. Er erklärte sich keineswegs als prinzipiellen Gegner der Verstaatlichung; könne man doch gerade „an der Geschichte des Postwesens den Fortschritt der neuen Zeit gegen die Kulturperiode des sogenannten Altertums ermessen; die Konzentrierung des großen Eisenbahnverkehrs in der Hand des Staates ist eine Notwendigkeit geworden, welcher sich auch derjenige nicht verschließt, der die damit verbundenen Übelstände wohl erkennt. Aber die gesunde Verstaatlichung beruht entweder darauf, dass die also konzentrierte Tätigkeit billiger und solider geleistet wird, als die individuell aufgelöste, oder darauf, dass, wo die Monopolisierung eines Geschäfts durch das Großkapital droht, es besser ist, oder vielmehr weniger schlimm, von dem Staat abzuhängen, als von einer in sich geschlossenen Kapitalistengesellschaft". Aber bei den neuen Projekten handle es sich Bismarck nicht um volkswirtschaftliche Erwägungen, sondern nur um Machtfragen. Und „alle diese Pläne, welche aus der rechten Tasche des Volkes etwas in die linke stecken, haben, von anderen abgesehen, die Eigentümlichkeit, daß etwas unterwegs anderswohin gerät". Es handle sich Bismarck in Wirklichkeit darum, die liberale Partei zu brechen; die selbständige Gemeinde zu vernichten, sowie die freie Assoziation und das selbständige Beamtentum. Von dem Lassalleschen Programme unterscheide sich das System dadurch, dass „die Staatsomnipotenz in der Form des Ministerabsolutismus sehr wohl durchführbar ist und oft in der Geschichte dagewesen, zuweilen als vorübergehender Eingriff eines allzu mächtigen Geistes, aber auch dauernd als die letzte Phase einer untergehenden Nation. Der Parallelen enthalte ich mich; sie könnten nicht schmeichelhaft sein". Es gehöre zum Verhängnis der deutschen Nation, dass sie ihre Lebensbedingungen „gegen einen Mann, den sie mit Recht ihren Retter, in gewissem Sinne ihren Schöpfer nennt", verteidigen müsse[54]. – Mommsen wurde zwar nicht in seiner

---

[54]   Z.-J. Nr. 866. 867. – „An die liberalen Wähler des Reichswahlbezirks Koburg."

Heimat, aber in Koburg in den Reichstag gewählt. Schon vor seiner Wahl war namentlich die offiziöse „Norddeutsche Allgemeine Zeitung" über ihn hergefallen, die u.a. behauptete, dass „bei Mommsen das Feuer wiederum im Dache sitzt" und dass er „so wenig von seinem eigenen Zustande Kenntnis" habe, „dass er in einem schleswig-holsteinschen Wahlkreise die Leute glauben machen will, dass er noch genügend Fähigkeiten besitze, um sie im Reichstage zu vertreten". Der Minister von Puttkamer aber behauptete im Reichstage unter heftigen Angriffen auf Mommsen am 15. Dezember, jene Rede erinnere mehr an Kleon, als an Perikles. Mommsen replizierte, indem er sich gegen Puttkämers Ausfälle verwahrte, aber zugleich konstatierte, dass nach dem Zusammenhange seiner Rede vom September unter den „neuen Propheten" unmöglich die Minister gemeint sein konnten.

Am 24. Januar 1882 aber polemisierte Bismarck selbst im Reichstage gegen jene Rede Mommsens mit den Worten: „Diese konstitutionelle Hausmeierei, die der Abg. Mommsen mit einer für einen so angesehenen Geschichtschreiber ungewöhnlichen Feindschaft gegen die Wahrheit mir vorwirft – ich kann nur annehmen, daß die Vertiefung in die Zeiten, die 2000 Jahre hinter uns liegen, diesem ausgezeichneten Gelehrten den Blick für die sonnenbeschienene Gegenwart vollständig getrübt hat – sonst hätte er unmöglich in Reden, die er gehalten hat, mir schuld geben können, daß die Reaktivierung des absoluten Regiments' erstrebt werde." Am folgenden Tage erklärte Mommsen, dass er den Ausdruck „konstitutionelle Hausmeierei" niemals gebraucht habe, ihn auch mit der geschuldeten Ehrerbietung gegen den Herrscher nicht für vereinbarlich halte. Er lasse keinen Zweifel gegen seine Königstreue aufkommen, wenn er es auch nicht liebe, sie im Munde zu führen, weil er nicht mit einer Gesellschaft zusammengestellt werden wolle, welche diesen Namen nur zu häufig gebrauche. Übrigens war Mommsen am 14. Juni genötigt, Herrn von Kardorff gegenüber dieselbe Tatsache nochmals festzustellen. – Nichtsdestoweniger ließ Bismarck im Februar gegen Mommsen – wie übrigens damals auch gegen andere freisinnige Abgeordnete – die Ehrenbeleidigungsklage erheben, und am 15. Juni spielte sich vor dem Berliner Landgericht II die aufsehenerregende Verhandlung ab, in welcher der Staatsanwalt eine Geldstrafe von 600 Mark beantragte, weil Mommsen die neue Wirtschaftspolitik eine Politik des Schwindels genannt hatte, ob diese nun von einem hohen oder geringen Manne in die Hand genommen werde. Mommsen verteidigte sich konform seinen Äußerungen im Reichstage dahin, dass es ihm nicht eingefallen sei, den Reichskanzler als Person beleidigen zu wollen, während sein Verteidiger darauf hinwies, dass der Kathedersozialismus gemeint gewesen sei und dass der Kampf der politischen Meinungen vor das Forum des Reichstages und nicht des Gerichtes gehört. Das Gericht schenkte dem Angeklagten natürlich vollen Glauben und sprach ihn nach kurzer Beratung frei. Mommsen ist aber Bismarcks Vorgehen zeitlebens als nicht *gentleman-like* erschienen. –

Wenige Tage nach dem Prozesse sprach Mommsen auf dem sächsischen liberalen Parteitage in Dresden und erhob gegen Bismarck den Vorwurf, er segle nicht mehr mit den vollen Segeln der Geschichte; Einheit und Freiheit seien untrennbar, neben den Dynastien drücke der Reichstag praktisch die deutsche Einheit aus.[55]

Noch im Jahre 1884, als es sich um die Verlängerung des Sozialistengesetzes handelte, trat er als Reichstagsabgeordneter mit einer Zuschrift an ein Koburger Blatt her-

---

55   Bericht der „Neue Freie Presse", 20. Juni 1882, Morgenblatt, Nr. 6398 und „Allgemeine Zeitung", Beilage zum 21. Juni 1882, Nr. 172.

vor: „Über die Schwere der Gefahr, welche unserer ganzen Zivilisation in der sozialistischen Bewegung droht", so schrieb er, „täuscht sich niemand, dem das Vaterland wirklich das Höchste und Letzte ist; mit allen anderen Parteien kann man sich vertragen und unter Umständen paktieren, mit dieser nicht." Nichtsdestoweniger sah er jetzt in dem Gesetz, „ein Erzeugnis eines sehr gerechtfertigten, aber wenig überlegten Volkszorns", da es den Zweck, den es erreichen wolle, geradezu schädige, wie sich schon aus den Reichstagswahlen ergeben habe. Ganz abgesehen von den allgemeinen Bedenken gegen Ausnahmegesetze, fördere nichts die Sozialisten besser, als das Niederhalten der sachlichen Diskussion. Er sei daher für einen Übergangszustand, der zur Aufhebung des Gesetzes führen solle, während der Reichstag die Verantwortung für eine sofortige Aufhebung der Regierung gegenüber nicht tragen könne. Von der Regierung vor die Wahl der Verlängerung oder der völligen Aufhebung gestellt, würde er aber trotz allem für die Verlängerung als das kleinere Übel stimmen. Nur unter der Voraussetzung, dass die Abstimmung über das neue Sozialistengesetz freigegeben werde, schloss er sich von der Fusion der beiden linksliberalen Parteien, als sie schon ein *fait accompli* war, nicht aus, obwohl er ihr mit dem größten Misstrauen entgegenkam. Als ihm dennoch sein Verhalten in jener Frage zum Vorwurf gemacht wurde, war dies einer der Gründe, die ihn bewogen, sich von der offiziellen Politik zurückzuziehen.[56]

In der folgenden Legislaturperiode war Mommsen nicht mehr Mitglied des Reichstages, aber auch nach seinem Austritte aus dem Vertretungskörper blieb Mommsen Politiker. Er selbst hat, als ihm der Wahlverein der Liberalen

---

56   „(Berliner) Volkszeitung" 1884, 16. April, Nr. 90. Vgl. Z.-J. Nr. 993. 994. –
Dazu ein Brief an Dr. Th. Barth vom 23. September 1884.

zu seinem 80. Geburtstage gratulierte, geantwortet: „Zum Volksvertreter hat mich Gott nicht geschaffen und nur die Not gemacht, aber ein guter Bürger denke ich gewesen zu sein und zu bleiben."[57] Die Einzelheiten der Politik waren nicht seine Sache. Und er hat politisch in den letzten zwei Dezennien seines Lebens am intensivsten und auf die weitesten Kreise gewirkt, gerade weil er nicht in Detailfragen, sondern sozusagen nur in deutschen und gesamteuropäischen Lebensfragen das Wort ergriff und sein von der Höhe seines wissenschaftlichen und ethischen Standpunktes aus gesprochenes Wort allüberall vernommen wurde. Namentlich suchte sein historisch geschultes politisches Denken den Zusammenhang der deutschen Entwicklung mit der Weltpolitik zu erfassen. Allerdings war er sich bewusst, „daß die Humanität innerhalb der Politik nur ein einzelner und nur ein sekundärer Faktor" ist.[58] Aber als ein Sohn der Aufklärung und ein Kämpfer von 1848, konnte er niemals vergessen, dass er nicht nur ein Deutscher war, sondern auch im weiteren Sinne ein Bürger jener Gesamtzivilisation, die sich aus dem römischen Reiche herausentwickelt hatte, deren Äußerungen er wie wenige andere zu verfolgen imstande war. Wenn er also auch der Friedenskongresse spottete, welche nur die Zahl der schönen Worte vermehrten, so warnte er doch vor jedem Gedanken, ein Weltreich zu gründen. Der Gedanke schien ihm nicht germanisch, und er warnte vor dem ewigen Frieden, den das Römertum durch sein Weltreich der älteren Kulturwelt gebracht hat dadurch, dass es aus dem Rechte des Stärkeren die letzten Konsequenzen zog; „denn wenn also eine Nation bereichert wird, so vergeht eben die göttliche Welt mit ihrer glänzenden Mannigfaltigkeit und wohl tritt ein Frieden ein,

---

57   Vgl. *Barth* in der „Nation" *a. a. O.*

58   Vgl. „Umschau" IV, Nr. 38 (1900, 15. September).

aber der Frieden des Grabes". Allerdings erschien ihm unter
dem Eindrucke des bewaffneten Friedens die Hoffnung
seiner Jugend, „daß ein friedliches und freundliches Neben-
einanderstehen der großen Nationen unserer Kulturwelt
sich ausbilden und befestigen werde", nahezu eitel; allein er
betrachtete es vor allem als Aufgabe der deutschen Nation,
die letzte Konsequenz, welche zum Erstarren der Kulturwelt führen würde, solange wie möglich hinausschieben
zu helfen, und zu diesem Zwecke schien ihm kein Opfer zu
groß (*R. u. A.* 142. 194f.). Mommsen berichtet vom jüngeren Scipio: „Bis auf seine Zeit hatten die Zensoren bei der
Niederlegung ihres Amtes die Götter angerufen, dem Staat
größere Macht und Herrlichkeit zu verleihen; der Zensor
Scipio betete, daß sie geneigen möchten den Staat zu erhalten. Sein ganzes Glaubensbekenntnis liegt in dem schmerz-
lichen Ausruf" (R. G. II, 84). In diesem Zusammenhang
versteht man die Worte, mit denen Mommsen seine akademische Rede vom 22. März 1875 schloss: „Möge die Kraft
der Nation und ihrer Herrscher das, was sie geschaffen hat,
auch erhalten!" (*R. u. A.* 56.) Auch die Kolonialpläne, die
ihm mitunter mehr auf unverständige Eroberungslust, als
auf zivilisatorische Aufgaben zurückzugehen schienen, wies
er von der Hand, und in Bezug auf Österreich blieb er dem
kleindeutschen Programme, dem er seit 1848 anhing, treu.
Er schrieb noch im Herbste 1902: „Wir sehen wohl ein, was
wir durch die große chirurgische Operation von Königgrätz
verloren haben; aber wir halten sie doch für heilsam und
in ihren Folgen dauernd. Eine organische Verbindung mit
Österreich ... wollen wir vor allem in unserem Interesse
nicht; wohl die engstmögliche geistige Gemeinschaft und
eine Allianz wie der Dreibund in seinen grünen Tagen war,
aber nicht mehr ... Kann Deutsch-Österreich fortbestehen,
so kann es das nur durch sich selbst als ein zweiter deutscher Staat. Daran haben allerdings auch wir ein sehr leb-

haftes Interesse." Aber obwohl er betonte, dass sich gerade die Reichsdeutschen die Frage vorlegen müssten, ob ihr Eintreten für deutsch-österreichische Interessen nicht mehr schadet als nützt, so scheute er sich doch nicht mit aller Kraft seines Temperamentes, seiner Leidenschaft für die Konnationalen in Österreich einzutreten, als sie im Jahre 1897 ihren Verzweiflungskampf gegen Badeni führten.[59]

Wie mit den Deutschen in Österreich das nationale Band, so verbanden ihn mit Italien wissenschaftliche und persönliche Sympathien und all jene köstlichen Erinnerungen seiner italienischen Fahrten; auch schien ihm nach der Begründung des Deutschen Reiches der Staat Italien „wie kein anderer in Europa" mit Deutschland enge verbunden zu sein (R. u. A. 55); aber so sehr er auch selbst in Italien gefeiert wurde, verkannte er nicht, dass alle Italiener, vor allem die enge Verwandtschaft, mit den Franzosen empfanden (R. u. A. 466), und erblickte in dem unstaatlichen Konglomerat, das lateinische Rasse genannt wird, „ein namhaftes Element der politischen Konfusion" (R. u. A. 318) – dies umso mehr, als er, der „in fünfzigjähriger Arbeit den Segen und die Freuden" internationalen Zusammenarbeitens auf wissenschaftlichem Gebiete erfahren hatte, „die schwere Schädigung, welche der deutsch-französische Krieg den wissenschaftlichen Arbeiten zugefügt hat", „das schwere Unglück des dauernden nationalen Konflikts" mit Frankreich schmerzlich empfand und sich über die allmähliche Besserung der Beziehungen wissenschaftlich und menschlich freute (R. u. A. 430f.) Nicht minder wertvoll erschien ihm ein freundschaftliches Verhältnis zwischen Deutschland und England, das ihm in seiner Jugend als Asyl des Fortschrittes, als das Land der politischen und geistigen Freiheit erschienen war, und obwohl er in der „Rechtsfrage

---

59   Z.-J. Nr. 1364 („Neue Freie Presse", Nr. 11923, Wien, 31. Oktober 1897).

zwischen England und der Transvaal-Republik" Englands Vorgehen verurteilte und die Dinge beim rechten Namen nannte, betonte er doch, dass bei der Annexion der Burenrepubliken kein deutsches Interesse im Spiel sei, und tat, was an ihm lag, um durch Aufklärung der öffentlichen Meinung der Verbitterung zwischen den beiden großen Kulturvölkern entgegenzuwirken.[60]

Am energischsten trat er aber auf, wenn es ihm schien, dass die deutsche Kultur selbst in Gefahr sei. Deshalb trat er gegen das Zedlitzsche Schulgesetz und gegen die Lex Heinze in die Schranken und nahm an der Gründung des Goethebundes teil. Der Fall Spahn aber, als ein Hochschullehrer wegen seines Glaubensbekenntnisses, also aus konfessionellen Rücksichten, eine Professur erhielt, veranlasste ihn im November 1901 zu jenem flammenden Protest, der in und außerhalb Deutschlands gehört wurde und überall Widerhall erweckte. „Es geht durch die deutschen Universitätskreise das Gefühl der Degradierung. Unser Lebensnerv ist die voraussetzungslose Forschung, diejenige Forschung, die nicht das findet, was sie nach Zweckerwägungen und Rücksichtnahmen finden soll und finden möchte, was andern außerhalb der Wissenschaft liegenden praktischen Zielen dient, sondern was logisch und historisch dem gewissenhaften Forscher als das Richtige erscheint, in ein Wort zusammengefasst: die Wahrhaftigkeit." „Auf ihr ruht die deutsche Wissenschaft, die das Ihrige beigetragen hat zu der Größe und der Macht des deutschen Volkes" (*R. u. A.* 432ff.) – und deshalb wusste Mommsen, dass er im Gesamtinteresse des deutschen Volkes sprach, und erwartete und fand wenigstens zum Teile den begeisterten Widerhall, den seine geistige Tat verdiente. Die Schwachmütigen allerdings erschraken vor den Worten des Grei-

---

60   Z.-J. Nr. 1417–1420. 1492. Dazu *Barth a. a. O.*

ses, die gerade da trafen, wo man devote Rücksichtnahme gewöhnt war, und die Böswilligen versuchten vergebens sie so misszuverstehen, als hätte er für die eine Konfession gegen die andere Partei ergriffen und Intoleranz gepredigt, obwohl er nur die Lehrfreiheit und die Ehrlichkeit der Forschung verteidigte. – Noch weiter aber rückten die Ängstlichen von ihm ab und noch begeistertere Zustimmung fand er, als er nach der rechtswidrigen Annahme des Kardorff-schen Antrages im Reichstage, durch welche die schutzzöllnerischen Handelsverträge ermöglicht wurden, da er in ihm einen Staatsstreich und den Beginn eines Umsturzes der Reichsverfassung erblickte, seine Stimme erhob (Dezember 1902). Er bot seinem Freunde und politischen Berater Th. Barth einen Artikel für dessen Zeitschrift an, „der die schlimmen Eigenschaften der Sozialdemokratie, daneben aber ihre Tüchtigkeit, ihre Opferwilligkeit, ihre Disziplin den Ostelbiern und den Kaplänen gegenüber auseinandersetzt"; er war der Ansicht, dass „alles um alles" gehe und dass es in solchen Momenten „eines jeden Schuldigkeit ist für die Sache einzutreten".[61] Er führte in diesem seinem politischen Schwanengesange aus, dass nur ein Zusammenschluss aller nicht in die reaktionäre Verschwörung verwickelter Parteien, also mit Ausschluss der Scheinliberalen und mit Einschluss der Sozialdemokraten, noch Rettung bringen könne; dass es ein perfider Köhlerglaube sei, die Nation in Ordnungs- und in Umsturzparteien zu gliedern, da doch in letzter Linie jede Partei auf den Umsturz des Bestehenden hinarbeite; dass sich alles politische Zusammengehen nicht auf die letzten Ziele, sondern auf die nächsten beziehe; und dass gegen den Absolutismus eines Interessenbundes des Junkertums und der Kaplanokratie ein Zusammengehen zwischen dem ehrlichen Freisinn und

---

61   *Barth a. a. O.,* Anhang II.

den durch die Habsucht der Interessencliquen gedrückten und zum Teil erdrückten Arbeitermassen in die Tat umgesetzt werden müsse. Er war freilich nicht Sozialdemokrat geworden, er wollte von einer „Gesinnungsallianz auch nur mit Vollmar und Heine" nichts wissen und warf gerade der Sozialdemokratie ihre Intransigenz vor.[62] Aber er sah doch nur in diesem Zusammengehen, „was uns noch retten kann". Er ist jetzt wie einst nicht vordem Radikalismus der Tat zurückgeschreckt, wenn sie ihm geboten schien, wenn die ihm teuersten Interessen bedroht waren; aber das Programm, das er im Jahre 1848 ausgegeben: „Keine Reaktion, keine Isolierung, keine Anarchie" hat er durch diese letzte Kundgebung ebenso verteidigt, wie seine Verurteilung der Interessenpolitik aufrechterhalten und seinen Satz verfochten, dass die Geschichte keinen Hochverratsparagraphen kennt. Was aber bewundernswert an seiner Entwicklung war, ist, dass er noch in diesem spätesten Alter den realen Tatsachen fest ins Auge geblickt und sich ihnen angepasst hat, dass er, der sich einst für das Sozialistengesetz ausgesprochen hatte, bei voller Wahrung seiner Prinzipien sein ursprüngliches ethisches Urteil über die „staatszerstörende" Sozialdemokratie revidiert hatte. Wie in der Wissenschaft, so gilt in der Politik von ihm, dass er seine Gesamtanschauung festhielt und seine Ziele nicht aus dem Auge verlor, aber sich den Tatsachen nicht verschloss und mit der Kraft des Gedankens und der Tat rücksichtslos auf den Wegen wanderte, die er für die richtigen hielt, unbekümmert um alles andere, als um die Wahrheit. –

---

62   „Nation" XX, 11 (11. Dezember 1902). – Z.-J. Nr. 1463: Anhang II.

Mommsens Leben und Persönlichkeit

Berlin war der natürliche Endpunkt von Mommsens Wanderjahren. Nichtsdestoweniger war auch hier – sogar abgesehen von den politischen Verhältnissen – gar mancherlei, was nicht nach seinem Wunsche war und ihn mitunter tief herabstimmte. Je mehr er sich auf ein Zusammenleben mit seinem Schwiegervater und Freunde und Berater in allen praktischen Dingen des Lebens, Karl Reimer, gefreut hatte, umso schwerer traf ihn der Tod dieses vortrefflichen Mannes wenige Monate nach seiner Übersiedelung. Trotz allen wissenschaftlichen Lebens fühlte er sich in den ersten Jahren unbehaglich, und er selbst schrieb die Schuld teilweise seiner für Berliner Verhältnisse allzu knappen materiellen Stellung, teils dem Umstande zu, dass er genötigt war, infolge seiner Verpflichtungen gegen das *Corpus Inscritionum* in seinen besten Jahren gerade die Arbeiten zurückzustellen, die ihm wissenschaftlich am meisten am Herzen lagen, namentlich wohl das römische Staatsrecht. Im Jahre 1861 dachte er daran, einem Rufe an die Bonner, 1868 an die Göttinger Universität Folge zu leisten; beide Male wusste man ihn in Berlin zurückzuhalten, das erstemal dadurch, dass er, da er auf eine intensive Lehrtätigkeit ungerne verzichtete, in Übereinstimmung mit den Wünschen der Berliner philosophischen Fakultät, zum Professor an dieser ernannt wurde, das zweitemal nach einem Gutachten von Haupt, der namens der Akademie erklärte, dass diese einen Ersatz für Mommsen nicht finden könnte und dass durch Mommsens Abgang die Tätigkeit und das

Ansehen der Akademie geschädigt würden. Aber noch einmal, im Jahre 1874, war Mommsen entschlossen, Berlin zu verlassen und nach Leipzig zurückzukehren, mit dem ihn so liebe Erinnerungen verbanden; da starb Haupt, und die einstimmige Wahl der Akademie, die Mommsen an dessen Stelle zum ständigen Sekretär der philosophischhistorischen Klasse berief, bewog ihn zu bleiben.[63] In demselben Jahre wurde er Rektor der Universität Berlin, mit der sein Name auch durch seine Lehrtätigkeit ewig verbunden bleiben wird.

Man hat wohl gesagt, dass Mommsen kein glänzender Redner war. Doch ist das nur in dem Sinne richtig, dass weder seine äußeren Mittel, seine dünne und hohe Stimme, noch seine kritische Anlage ihn befähigten, in Treitschkes Art rhetorisch-pathetische Wirkungen zu erzielen, und dass er andererseits an die Denkfähigkeit und auch an die Vorbildung seines Auditoriums nicht geringe Anforderungen stellte und nicht für das „Heft" diktierte. Deshalb konnte man wenigstens in den letzten Jahren seiner Lehrtätigkeit beobachten, dass sich z.B. in dem an Präzision unvergleichlichen Kolleg „Römisches Staatsrecht für Juristen", das die Grundlage für den „Abriß des römischen Staatsrechts" wurde, die Reihen der Zuhörer schon lange vor Semesterschluss lichteten. Diejenigen aber, welche bis zum Schlusse folgten, waren fasziniert von der unübertrefflichen Klarheit der Gedankengänge und der lichtvollen Darstellung. Wenn man dem Vortragenden folgte, gab es keine dunkeln Ecken und keine toten Punkte. Er war auch im Einzelnen sehr genau vorbereitet und pflegte bei wichtigen oder strittigen Fragen die entscheidenden Quellenstellen anzuführen oder auch zu besprechen, ohne doch den Aufbau des Vortrages durch Häufung des Unwichtigen zu

---

63 Vgl. *Hirschfeld*, Ak. S. 36f.

stören. Dabei gestaltete er aber nicht aus seinem Kollegi-
enhefte heraus, sondern aus dem Vollen seines Wissens,
in unmittelbarer Intuition, sei es, dass er aus den allgemeinen staatsrechtlichen Begriffen einer Zeit heraus logisch
die historisch gegebenen Einzelinstitutionen entwickelte
oder dass er die handelnden Persönlichkeiten abzeich-
nete, wie sie ihm vor der Seele standen, nicht anders, als
er einen persönlichen Bekannten geschildert hätte. Das
Divinatorische seiner Gestaltungsgabe trat bei solchen
Gelegenheiten am deutlichsten hervor, und wie dem Leser
der Römischen Geschichte die aus vereinzelten zerstreuten Andeutungen in den Quellen lebenswahr und lebens-
notwendig hingestellten Persönlichkeiten eines Marius
oder Sulla, so werden seinen Hörern die Charakteristiken
des Kaisers Constantius, des Legitimisten, und des Kaisers Julian, des Romantikers auf dem Thron der Cäsaren,
unvergesslich bleiben.

Weit größeren Wert als auf die Vorlesungen legte
Mommsen allerdings auf die Übungen; denn „die Elemente der historischen Wissenschaft sind, man möchte
sagen, noch einfacher und noch selbstverständlicher als
die der Sprachwissenschaft und der Mathematik; und
eben darum weder lehrbar noch lehrhaft"; „die Geistes-
fähigkeit, auf der sie beruht, ... kann ohne Zweifel durch
den weiteren Bildungsprozeß wesentlich gesteigert werden, aber eigentlich nicht durch theoretische Lehre, sondern nur durch praktische Übung"; als notwendige Propä-
deusis aber betrachtete er die Kenntnis der Sprache und
die Kenntnis des Rechts der Epoche, Philologie und Jurisprudenz (*R. u. A.* 10ff.). Diese Kenntnisse wurden von
ihm vorausgesetzt, und er konnte sich an Ermahnungen
an historische und philologische Studenten nicht genug
tun, die Fakultätsgrenzen ja nicht zu beachten, sondern
eingehende juristische Studien zu pflegen, ebenso wie er

es besonders gerne sah, wenn Juristen an seinen Übungen teilnahmen; und es fanden sich in der Tat in dieser Pflanzschule der Gelehrten der Altertumswissenschaft junge Männer sehr verschiedener wissenschaftlicher Richtungen zusammen, aus denen sich dann die Hochschullehrer der deutschen Universitäten nicht minder, wie die Mitarbeiter am *Corpus Inscriptionum* und den anderen großen wissenschaftlichen Unternehmungen rekrutierten. Schon im Seminar selbst konnten sich die Arbeiten auf einem verhältnismäßig hohen Niveau halten, und da es bekannt war, dass Mommsen ziemlich ausgebreitete Vorkenntnisse voraussetzte und für die Prüfung nichts zu holen war, war der Kreis der Teilnehmer trotz des Weltrufes, den das Mommsensche Seminar genoss, im allgemeinen ein kleiner. Dies ermöglichte die engere Berührung zwischen Lehrer und Schülern und erhöhte den intimen Reiz dieses Allerheiligsten der Altertumswissenschaft. Schon wenn sich der Jünger nach Überwindung eines ehrfürchtigen Schauers in dem engen Bibliothekszimmer im letzten Stocke des engen Charlottenburger Häuschens meldete, war rasch eine Beziehung zwischen Lehrer und Schüler hergestellt, wenn ihn Mommsen, meistens des Morgens, aber schon nach mehreren Arbeitsstunden, inmitten seiner Bücher im grauen Schlafrocke empfing und ihn mit den wunderbaren durchdringenden Augen, die Lenbach zu malen unternommen hat, musterte, ihn nicht etwa prüfend, sondern tastend nach seinen wissenschaftlichen Bestrebungen und Wünschen ausfragte, ermutigend, aber doch gelegentlich unverständige Bemerkungen mit einer ironischen oder energischen Wendung im Gespräche niederschlagend. An dem ersten Seminarabende pflegte dann Mommsen einige Arbeiten vorzuschlagen, sah es aber gerne, wenn ein Hörer sich selbst ein Thema wählte, das sich ihm aus seinen bisherigen Studien ergeben hatte. Ein jeder musste dann seine

Arbeit schriftlich zu einem bestimmten Termine einem anderen Teilnehmer des Seminars als Referenten überge- ben, und Arbeit und Referat wurden erst dann Mommsen übermittelt, so dass immer mindestens zwei Teilnehmer vollständig über das zu besprechende Thema orientiert waren, während auch die anderen, wenn es anging, sich vorbereiteten. Die Besprechung der Arbeit führte dann Mommsen am nächsten Seminarabende selbst durch, oder vielmehr er behandelte nach einer zusammenfassenden Kritik den Gegenstand selbständig und erläuterte so an einem Beispiele, wie die Untersuchung hätte geführt wer- den sollen, stellte sie in den weiteren Zusammenhang der römischen Entwicklung und zeigte, bis zu welchen Gren- zen sie mit dem vorhandenen Materiale vordringen könne. Nicht nur die einzelnen oder gehäuften Fragezeichen und Verweisungen, die der Schüler in seiner Arbeit fand, und die Kritik, die er klopfenden Herzens anhörte und die milde und anerkennend war, wenn Mommsen den Ein- druck hatte, dass einer sein Bestes getan, aber scharf und vernichtend, wenn er auf wissenschaftliche Unehrlichkeit stieß, sondern vor allem der Aufbau der Forschung, den Mommsen vor seinen Augen vollzog, die Darlegung, wie ein wissenschaftliches Resultat gewonnen werden kann, war für den Hörer belehrend und für den, der folgen konnte, geradezu ein ästhetischer Genuss. –

Nachdem Mommsen nahezu ein Vierteljahrhundert gelehrt und intensiv wie wenige gewirkt hatte, ließ er, um die Hauptlast der Lehrtätigkeit auf jüngere Schultern abzuwälzen, im Frühjahr 1885 seinen Schüler, Freund und Mitarbeiter am *Corpus* Otto Hirschfeld von Wien nach Berlin berufen, der ihm seither seine wesentlichste wissenschaftliche Stütze wurde, während er selbst nur noch durch wenige Semester, zuletzt im Jahre 1887 Vor- lesung und Übungen abhielt, obwohl er sich nach wie vor an den Sitzungen der philosophischen Fakultät beteiligte. Auch jetzt bis in die letzte Zeit pflegte er des Morgens, so wie ihn die Statuette von Pracht darstellt, in seinen Pelz gehüllt, die Tasche unter dem Arme, von seiner Wohnung in Charlottenburg zur Tramway zu gehen, im Wagen eifrig zu lesen, während der Schaffner den Fremden bedeutungsvoll belehrte, dass dieser kleine in sich versunkene Mann der große Mommsen sei, den jedes Kind in Berlin kannte, und den Vormittag über auf seinem Stammplatze in der Königlichen Bibliothek eifrig zu kollationieren oder sonst zu arbeiten. Aber er pflegte auch den gesellschaftlichen Umgang mit den Kollegen weiter. So standen ihm außer Hirschfeld und einigen anderen engeren Fachgenossen, namentlich Scherer und in späterer Zeit Harnack nahe, und in der „Graeca" traf er mit seinen näheren Freunden regelmäßig zusammen. Durch seine politische Stellung war er in Beziehungen zu L. Bamberger gekommen, aus welchen eine warme Freundschaft erwuchs, und allwöchentlich einmal kehrte er in Berlin, meist zusammen mit H. von Sybel, bei seinem alten Freunde Ad. Delbrück ein, dessen Familie er auch in Heringsdorf wiederholt besuchte. Dabei verschmähte er es nicht, an der großen Geselligkeit Berlins teilzunehmen, was ihm nur durch sein unglaublich geringes Schlafbedürfnis ermöglicht wurde, ebenso wie er sich daheim an der Jugend, die ihn umgab, erfreute. Sein kleines, durch die fürsorgende Hausfrau wohlgeordnetes Haus war nahezu zu enge für seine elf Kinder,[64] denen er mit zärtlicher Liebe anhing; sein tiefinnerliches Verhältnis zu seiner Gattin spiegelte sich in der hohen Achtung wieder, die er vor der Frau und ihrem häuslichen Berufe hegte; bei festlichen Gelegenheiten freute er sich, auch die, wel-

---

64   Er hatte im ganzen 16 Kinder, von denen ihn 6 Söhne und 6 Töchter überlebten. Die älteste Tochter ist seit 1878 mit U. v. Wilamowitz verheiratet.

che schon flügge geworden waren, um sich zu versammeln, und zu Silvester fehlte es für keinen aus seiner Umgebung an einer kleinen, mit einem Scherzworte begleiteten Gabe, bei keiner Hochzeitsfeier seiner näheren Umgebung an einem Hochzeitskarmen, wie er auch aus der Ferne, von der Reise. aus seinen Töchtern manchen neckischen Vers zusendete, der deutlich zeigte, wie der Vater stets der Seinen gedachte.

Doch waren ihm die Reisen – nach Italien, aber auch nach Frankreich, nach Süddeutschland – meist durch das *Corpus Inscriptionum* veranlasst, nicht nur eine Gelegenheit zur Arbeit, sondern auch eine Veranlassung, Land und Leute kennen zu lernen und zu genießen. Er war auch da in Arbeit und Geselligkeit unermüdlich, und manche schnurrige Anekdote weiß von seiner Fröhlichkeit namentlich in Rom zu erzählen. Noch im letzten Dezennium seines Lebens, als ihn regelmäßig eine seiner Töchter begleitete, war es nicht immer die Tochter, die zuletzt ermüdete.

Sein 60., sein 70., sein 80. Geburtstag wurden von der ganzen wissenschaftlichen Welt gefeiert, und er wurde mit all den Ehren überhäuft, die wissenschaftliche Körperschaften verleihen können; von den staatlichen sogenannten Ehrungen wusste er sich fernzuhalten, soweit es ohne Aufsehen anging. Aber auch jene waren ihm, soweit sie offiziell und nicht persönlich waren, eher eine Last. Sie haben ihn wohl nicht einen Tag seines Lebens mit seinem Willen vom der Arbeit abgehalten. Wirkliche Freude empfand er über die Verleihung des Nobelpreises im Jahre 1902, weil sie ihn mancher materieller Erwägungen für die Zukunft überhob; er hat übrigens sogleich eine nicht unbeträchtliche Summe einem gemeinnützigen Zwecke, der Volksbibliothek in Charlottenburg, gewidmet.

Aber wenn er, der das seltene Schicksal hatte, seinen Ruhm zu erleben und ihn trotz seines hohen Alters nicht zu überleben, dem Schaffenskraft auch Schaffensfreude bedeutete und der feurig, wie in der Jugend, fortarbeitete, bis ihn der kalte Tod anrührte, doch den Leiden des Alters nicht entging, so war dies die Folge seiner unerbittlichen Wahrhaftigkeit gegen sich selbst. Allerdings hat er es in der wunderbar weisen Rede über das Alter ausgesprochen, dass es „unter natürlichen Bedingungen für den Menschen wünschenswert ist, den Becher des Daseins bis zum letzten Tropfen leeren zu dürfen ... Und uns Forschern vor allem sagt ja die eigene Erfahrung, daß die große wissenschaftliche Leistung nicht anders völlig gelingen kann, als in vieljähriger rastlos fortgesetzter Arbeit. Es ist vielleicht richtig, daß Männern wie Gauß und wie Böckh die großen Apercus, durch die sie die Erkenntnis der Welt gefördert haben, sämtlich in ihren Jugendjahren aufgegangen sind; aber die Saat ist nur die eine Hälfte der wissenschaftlichen Tätigkeit, und die Zeit der Ernte nicht minder unentbehrlich, wenn ein bedeutender Forscher seine Bestimmung erfüllen soll". Und er führt aus: „Die gewohnte Tätigkeit versagt auch dem Greise nicht; die in früheren Jahren gezogenen Umrisse füllen in liebevoller Nacharbeit allmählich sich aus und das Werk des Lebens wächst auch unter den schwächer werdenden und ermüdenden Händen dennoch Strich für Strich, bis endlich der Tod es fertig erklärt" (*R. u. A.* 52ff.). Er hat sich selbst genauer gekannt, als die ihn beobachteten, und sich schon frühzeitig nicht über das allgemeine Los der Menschen, dass sie altern, hinweggetäuscht und seine Aufgaben danach gewählt. Er hat auch dies mit der ihm eigenen Energie durchgeführt und so in allem Wesentlichen sein Werk vollendet und im spätesten Alter noch geleistet, was kein Jüngerer ihm gleich tun konnte. Aber eine niedergeschlagene Stimmung drang immer häufiger durch, wenn ihm das Schicksal irgendeinen Schmerz zufügte. Im Frühjahr 1869 raffte ihm der Tod plötzlich einen hoffnungsvollen Knaben weg, an dem er mit zärtlicher Liebe hing, im Jahre 1880 eine 16jährige Tochter. Am 12. Juli desselben Jahres zerstörte ein durch Unvorsichtigkeit entstandener Brand einen Teil seiner Bibliothek und seine Notizen[65] und einige entlehnte Manuskripte, die unersetzlich waren; und obwohl die Bibliotheksverwaltungen in keiner Weise rekriminierten und seine Freunde das Verlorene zu ersetzen suchten, vergaß er doch nie des „unglückseligen" Brandes. Dann kamen die politischen Ärgernisse, die ihn mit manchem seiner Freunde entzweiten, und der Bismarck-Prozess. Dann lichtete der Tod die Reihen seiner Altersgenossen und der Jüngeren; namentlich Scherers Tod (1886) traf ihn tief; 1890 starb A. Delbrück; niemand wird es vergessen, wie er am Sarge Bambergers, nachdem er ihm ergreifende Worte nachgerufen hatte, in sich zusammensank (1899); wenige Jahre darauf entriss ihm der Tod seinen Bruder Tycho, mit dem ihn trotz mancher Verschiedenheit des Charakters gerade die liebevolle Fürsorge des Bedeutenderen und Anerkannten gegenüber dem weniger Begünstigten verband. Im Jahre 1895 legte er das ständige Sekretariat der Akademie, einige Jahre darauf alle seine Ehrenämter nieder. Immer häufiger blickten die Augen starr, wie nach innen gewendet, immer tiefer legten sich die Falten zwischen Mund und Wangen. Und vielleicht noch mehr, als die schweren persönlichen Verluste, bedrückte seinen auf das Ganze gerichteten Sinn die Lage des Staates; er sprach gelegentlich von „unserer sehr stark überschätzten jüngsten Vergangenheit"; die von den Interessenkämpfen durchwühlte Gegenwart befriedigte ihn nicht und die Zukunft musste er schwarz sehen,

---

65   Darunter *nicht*, wie die Sage ging, ein Manuskript des IV. Bandes der Römischen Geschichte. – Wohl aber sollen *Corpus*-Manuskripte beschädigt worden sein.

weil namentlich in Norddeutschland die Klasse der Intelligenz, der nach seiner Ansicht die Führerschaft gebührte, indem sie sich von den liberalen Idealen abkehrte, nicht diejenige Energie in der Verteidigung höchster Güter entwickelte, die er sein ganzes Leben betätigt hatte, und die aufstrebende Arbeiterklasse ihm unfähig erschien, die historische Führung zu übernehmen. In Zeiten der Depression gewann nicht selten eine Stimmung der Verbitterung Gewalt über ihn, so dass er z.B. schon im Jahre 1894 in einem Briefe an Th. Barth, den Herausgeber der „Nation", eine Äußerung tat wie die folgende: „Ich wollte wohl, ich könnte Ihnen mehr sein; aber mir fehlt die Freude an solchem Schreiben für das Gesindel, unter dem man leben muß." Das, wie ihm wohl schien, gerade mit der Politik der Interessen zusammenhängende „ruere in servitium" hat in ihm einen taciteisch strengen Beurteiler gefunden. „Quacksalberkuren" in öffentlichen Dingen und jede Art von Byzantinismus schmerzten ihn persönlich. Es hat ihn besonders tief verstimmt, dass der Sammelruf, den er im Herbste 1901 in seinen Artikeln über „Universitätsunterricht und Konfession" an die Verteidiger der voraussetzungslosen Wahrheitsforschung ergehen ließ, gerade an norddeutschen Universitäten keine einstimmige Zustimmung und gerade in den Kreisen, auf die er bauen wollte, sogar teilweise Opposition fand. Seine Stimmung drückte sich auch ein Jahr später nach der Annahme des Kardorffschen Antrages in den Worten aus, mit denen er den Applaus beantwortete, als er auf dem freisinnigen Parteitage erschien: „Klatschen Sie nicht, meine Herren, es ist jetzt keine Zeit zum Beifallklatschen."[66]

Bald darauf, kurz nach Neujahr 1903 traf ihn der letzte, härteste Schlag, als seine liebe Frau aufs Krankenbett

---

66   Vgl. *Barth a. a. O.*

geworfen, der Sprache beraubt wurde. Und als er sich aufraffte, um seinen Schmerz durch neuerliche energische Arbeit zu übertäuben, merkte er immer deutlicher, dass sein Augenlicht bedenklich abnahm und dass er vor der Erblindung stand. Davor hat ihn aber ein gütiger Gott bewahrt. Trotz allem unbezwungen, hat sein Geist und sein Körper ausgeharrt, bis er, mit den letzten abschließenden Arbeiten seines letzten großen Werkes, des *Codex Theodosianus*, beschäftigt, vom Schlag getroffen niedersank und, ohne das Bewusstsein wiedererlangt zu haben, nach drei Tagen am 1. November 1903 seinen letzten Atemzug tat. –

Die wissenschaftlichen und persönlichen Taten eines Mannes wie Mommsen sind seine beste Charakteristik, und wenn man es versucht, die Lebensäußerungen einer so starken und reichen Persönlichkeit unter *einem* Gesichtspunkte zusammenzufassen, so läuft man Gefahr, sie einseitig aufzufassen, weil die Abstraktion, nur ein mattes Spiegelbild des Lebens, nicht das Leben selbst wiedergeben kann. Vollends verzerrt aber wird das Bild, wenn man es im Kranz der Anekdoten betrachtet, den Tradition und Legende schon darum gewunden haben, der Anekdoten, die bestenfalls eine Augenblicksstimmung illustrieren wollen. Und auch die „sogenannten charakteristischen Züge, welche ja doch nichts anderes sind als Abweichungen von der naturgemäßen menschlichen Entwicklung", heben das Bild aus der Umgebung heraus, die es erst verständlich macht. Man darf nicht vergessen, dass auch Mommsen „im höchsten Grade durch Zeit und Ort bedingt ward", dass er als Gelehrter mitten in der Entwicklung der Wissenschaft, als Mensch mitten in der Entwicklung der deutschen Kultur steht und ein Stück dieser Entwicklung ist. Die Aufgaben waren durch den Platz, auf welchen er gestellt war, vorgezeichnet, und die Frage kann nur sein, was gerade seine Persönlichkeit befähigte, unter den gegebenen Voraussetzungen, einen so großen Teil der Kulturaufgabe zu bewältigen.

Allerdings wird die Energie des Mannes in Denken und Handeln, die schier unermessliche Arbeitsmasse, die er bewältigt, erst verständlich durch eine Vorbedingung, durch die stählerne Härte seines Körpers, der die größten Strapazen ertrug, ohne zu ermüden oder ermüden zu dürfen, der nur eines Minimums von Schlaf bedurfte und der immer wieder, wenn er zeitweise im letzten Dezennium zu erlahmen gedreht hatte, zu konzentriertester Arbeit angefeuert wurde, bis er endlich auch diesem stählernen Willen den Dienst für immer versagte.

Aber keinem Beobachter, der das Glück hatte, Mommsen in seiner geistigen Werkstatt zu belauschen, ja keinem Hörer, der seine Vorlesungen besuchen konnte, keinem, der mit ihm sprach, wird es entgangen sein, dass er das weite Gebiet, mit dem er sich beschäftigte, mit souveräner Sicherheit und Raschheit beherrschte. Es schien kein latentes Wissen zu geben, sondern jede Tatsache in jedem Momente zur Verfügung zu stehen. Die Tatsachen schienen sich wie von selbst in ihren logischen und genetischen Zusammenhang einzuordnen; deshalb erschien auch keine neue wissenschaftliche Erfahrung überraschend; denn sie musste sich von selbst in die klare Ordnung dieses Geistes einfügen. In dieser Schnelligkeit und Fülle der Assoziation äußerte sich das Funktionieren eines außergewöhnlich organisierten Gehirns, dessen Assoziationfasern übernormal ausgebildet waren, dessen Nervenbahnen übernormal schnell funktionierten.[67] Auch Mommsens außergewöhn-

---

67   Diese Zeilen waren schon im „Biographischen Jahrbuch" gedruckt und veröffentlicht, als. sie durch die Untersuchung von Mommsens Gehirn eine unerwartete Bestätigung erhielten. Diese Untersuchung ist niedergelegt in der Schrift von D. v. *Hansemann*, Über die Gehirne von Th. Momm-

liches Gedächtnis, das ihm gestattete, bei der Ausführung der ausgedehntesten Arbeiten gewisse sonst übliche Hilfsmittel und Vorarbeiten vollständig zu verschmähen, war nur eine Folge dieser Anlage.

Aus ihr folgte aber auch vor allem jene Zentraleigenschaft, unter die man alle übrigen subsumieren kann, Mommsens absolute intellektuelle und ethische Wahrhaftigkeit. Denn bei der klaren Anordnung, bei dem Zusammenhange aller wissenschaftlichen und menschlichen Erfahrungen, die er in sich aufgenommen, musste jede Vorstellung, welche mit den anderen nicht übereinstimmte, störend wirken, und der Denkprozess konnte erst dann zum Abschluss gebracht werden, wenn alle Vorstellungen neu revidiert, berichtigt und miteinander in Übereinstimmung gebracht waren. In diesem Sinne verstand er die „im Großen wie im Kleinen vor keiner Mühe scheu-

---

sen, R. W. Bunsen und Ad. v. Menzel, Stuttgart 1907. Die Resultate dieser Schrift sind von S. *Exner* in „Neue Freie Presse", Nr. 15 286 (Morgenblatt vom 12. März 1907) in folgenden Sätzen zusammengefasst: „M.s Gehirn wog 1425 gr, hatte also annäherungsweise das Durchschnittsgewicht des Gehirns eines erwachsenen Mannes ... Es ist (aus der senilen Atrophie) zu schließen, daß M., ehe er ins Greisenalter eintrat, ein schwereres Gehirn gehabt hat, als dem Durchschnitte entspricht ... Beim Gehirn M.s fällt an beiden Hemisphären ein besonderer Windungsreichtum im Stirnhirn auf, was als Ausdruck bedeutender Assoziationstätigkeit, bzw. Kombinationsfähigkeit aufgefaßt werden kann. Die sog. Zentralwindungen, das Gebiet für die Abgabe der bewußten Bewegungsimpulse der Extremitäten, sind beiderseits einfach gestaltet, was mit den Angaben übereinstimmt, nach denen M. keinerlei besondere manuelle Geschicklichkeiten besaß. Auch das dem Gehöre dienende Gebiet im Schläfelappen beider Seiten zeigt eine auffallende Einfachheit der Faltung und Gliederung, ein Umstand, der mit dem geringen musikalischen Sinn M.s in Beziehung gebracht werden kann." Vgl. auch *Hansemann a. a. O.* S. 16f.

ende, keinem Zweifel ausbiegende, keine Lücke der Überlieferung oder des eigenen Wissens übertünchende, immer
sich selbst und andern Rechenschaft legende Wahrheitsforschung" (*R. u. A.* 459); in diesem Sinne betrachtete er
auch als seinen „Lebensnerv" die Wahrhaftigkeit, als „erste
Bedingung für den echten Erfolg" „den Mut der Wahrhaftigkeit" und jede Abweichung als unverzeihliche „Sünde
wider den Heiligen Geist" (*R. u. A.* 432ff.). Forschung
und Betätigung des als richtig Erkannten fielen daher auch
notwendig für ihn zusammen; er äußerte sich einmal, dass
er sich nie, auch nur durch Stillschweigen, an dem mitschuldig machen werde, was er aus Überzeugung missbillige, und dass man eben ein Licht nicht hindern könne zu
leuchten. Ihm war es dank seiner Anlage und seinem Temperament ernst mit dem kategorischen Imperativ, und deshalb war ihm eine Trennung zwischen geistiger Arbeit und
praktischer Betätigung, zwischen Wissenschaft und Praxis,
zwischen Geschichte und Politik einfach unverständlich.

Aus diesem Drange nach Wahrhaftigkeit entsprangen
aber auch die beiden Seiten seiner wissenschaftlichen
Tätigkeit, die Kritik und die zusammenfassende Rekonstruktion – in gegenseitiger Ergänzung und in charakteris-
tischem Widerstreit. Was er von O. Jahn schrieb, gilt von
ihm in gesteigertem Maße: „Wahrhaftigkeit war der Kern
und Grund seines Wesens. Auf die Forschung bezogen
entsprang daraus jener besondere Sinn für das Sicherstel-
len des Positiven und Faktischen, jenes Bestreben, zuerst
und vor allem die Überlieferung rein und klar und vollständig zu ermitteln und darzulegen" (*R. u. A.* 458). Er konnte
nicht ruhen, bevor dies so vollständig wie möglich geschehen und jedes Hilfsmittel der Kritik angewendet war, um
so weit möglich die wahren Tatsachen und diese allein aus
dem Wuste der widerspruchsvollen Überlieferung heraus-
zuschälen. Andererseits konnten ihm diese übriggeblie-

benen Bruchstücke nicht genügen, und er verlangte nach dem Ganzen, nach der ganzen Wahrheit. Die Römische Geschichte nicht minder wie das Römische Staatsrecht zeugen von dieser synthetischen, rekonstruierenden, produktiven Arbeit, welche ein mögliches oder das einzig mögliche widerspruchslose Gesamtbild wiederherstellte und die verlorenen Teile nach den gegebenen Anhaltspunkten oder auch mit schöpferischer Phantasie ergänzte, ob es sich nun um einen Text oder um eine Persönlichkeit oder um eine politische Entwicklung handelte. Er hat niemals die Herstellung der Bausteine für den Endzweck gehalten, niemals „über die Mittel den Zweck vergessen", und mit seinem Sinne für das Wesentliche die Hyperakribie verachtet, die ihre Hauptaufgabe in der Anhäufung gleichgültiger Noten und Zitate erblickt, aber auch niemals geglaubt, ein Gebäude ohne Bausteine aufrichten zu können. Aber wenn auch Kritik und Synthese derselben Wurzel, dem Drange nach einheitlichem, widerspruchslosem Erkennen entsprangen, so war er sich doch des durch die Unvollkommenheit der menschlichen Erkenntnismittel bedingten Widerstreites zwischen beiden bewusst. Pflicht und Anlage führten ihn zur rücksichtslosen Kritik, und doch sagte er sich schon als Jüngling, dass sie häufig zur „Erkältung des Herzens" führe. Pflicht und Temperament führten ihn zur gewaltigen kühnen Synthese. Während die Kritik die Freude an der eigenen Arbeit rauben konnte, führte die Begeisterung trotz der Möglichkeit des Irrtums zur Originalität, Lebendigkeit, zur Schaffensfreude. In Mommsens Leben überwog bald jene, bald diese. Diese machte ihn in seinen besten Jahren zum gewaltigsten Geschichtschreiber, jene zum einschneidendsten Forscher. Aber wenn Zeiten der Depression periodisch seit seiner Jugendzeit und häufiger mit zunehmendem Alter wiederkehrten, so waren es die Zeiten, da die Kritik überwog und seine Produktion hemmte, als er, mitunter infolge von Überarbeitung oder Nachlassen der körperlichen und geistigen Spannkraft, nicht imstande war, zu schaffen. Aus demselben Drängen nach vollständiger Erkenntnis erklärt sich auch die merkwürdige Erscheinung, dass die Umrisse des gewaltigen wissenschaftlichen Lebenswerkes, welches erst der Greis abschloss, schon dem Jüngling feststanden, jene geniale Intuition, mit welcher er in seinen ersten Schriften Resultate vorwegnahm, die er eigentlich erst in seinen letzten erwiesen hat, jene Kühnheit, mit welcher in der „Römischen Geschichte" z.B. Resultate des „Staatsrechtes" vorweggenommen sind. Was er in einem Jugendaufsatze ausgesprochen hat, dass der Darsteller vor der Ordnung des Materiales über die Ansicht seines Gegenstandes mit sich aufs Reine gekommen sein müsse, und sich nicht etwa erst während des Schreibens seine Ansicht bilden dürfe, gilt auch für seine gesamte Lebensarbeit, deren Plan schon verlag, als er auf die Wanderschaft ging, so dass er dann die Umrisse ausfüllte, indem er allerdings alle Quellen heranzuziehen strebte, wie er es als ernsteste Verpflichtung der Wahrheitsforschung empfand, und im Fortschreiten des Baues auch an den Umrissen änderte, wo es das Material verlangte. Geradezu charakteristisch ist es auch in dieser Beziehung, dass er von den allgemeinen Begriffen der Jurisprudenz und dem Zentralbegriff „Staat" ausging, aber durch seine unermüdliche philologische Arbeit erst das tiefere Verständnis des römischen Staates begründet hat.

Derselbe Drang nach Wahrheit, der ihn die Lücken des Wissens immer wieder empfinden ließ und in der eigenen Arbeit nur die selbstverständliche Pflichterfüllung sah, hielt ihn ferne von jeder Überhebung und Eitelkeit und nährte in ihm die innere Bescheidenheit des wirklich großen Mannes, die insbesondere in seinen letzten Jahren sich geradezu zu einer Überbescheidenheit steigerte, namentlich dann, wenn er das Gefühl hatte, dass seine Arbeitskraft erlahmte, und andererseits neue Fragen in Theorie und Praxis der Lösung harrten. Gerade dass er, wie kein anderer, sich bis ins höchste Alter die Fähigkeit bewahrte, auch was neu war, richtig abzuschätzen, statt es in der bequemen Art des Alters einfach abzulehnen, steigerte in ihm das Bewusstsein der relativen Unzulänglichkeit des Einzelnen dem ewigen Flusse der Erscheinungen gegenüber, wenn er auch natürlich wusste und wissen musste, was seine Leistung für die Geschichte der Wissenschaft bedeutete. Aber es ist bezeichnend für ihn, dass er in seiner Vorlesung zu sagen pflegte, Gibbon sei das bedeutendste Werk, das je über römische Geschichte geschrieben wurde, obwohl es in gelehrter Beziehung nicht überschätzt werden dürfe. So erkannte er stets freudig fremde Arbeit an, wie die Hunderte bezeugen, die er gerne und fast väterlich gefördert hat, deren menschliches und wissenschaftliches Schicksal er wachsam und gütig verfolgte; ja er duldete sogar in seinem Seminar, wo ihm Anfänger gegenübersaßen, gerne Widerspruch, wenn dieser ihm begründet erschien oder aus ehrlicher wissenschaftlicher Forschung und Überzeugung hervorging. Dagegen war er in der Tat überall unerbittlich gegen Unehrlichkeit in der Forschung, ob sie nun auf Phantasterei oder Schwäche zurückging, und gegen aufgeblasenen Dilettantismus. An Kaiser Wilhelm I. schätzte er, dass er „war, was ein rechter Mann sein soll, ein Fachmann" (als Militär) (R. u. A. 165). Damit war natürlich nicht gemeint, dass ein Mann und Gelehrter seinen Interessenkreis möglichst einschränken solle, wohl aber, dass jeder die Pflicht habe, das selbst abgesteckte Gebiet so intensiv zu bebauen, wie irgend möglich, und dagegen sich seiner Unzulänglichkeit auf jedem anderen Gebiete bewusst zu bleiben. Er selbst suchte die Bildung seiner Zeit mit seinem Geiste zu umfassen und bedauerte es lebhaft, dass er infolge seiner Erziehung den modernen Naturwissenschaften fremd gegenüberstand.[68] Dagegen beherrschte er seit seiner Jugend die modernen Kultursprachen und tat sich etwas darauf zugute, sich in jeder, dank seinem feinen Sprachgefühle, mit ausgesuchter Eleganz ausdrücken zu können, wie er denn auch auf das formale Sprachstudium den größten Wert legte. Er verfolgte und schätzte auch bis in sein Alter die Produkte der fremden Literaturen; nicht leicht war ihm ein französischer Roman zu schlecht, um ihn zu durchfliegen. Allgemeine Kultur war ihm selbstverständliche Vorbedingung. Mit leiser Ironie hat er das einmal für den Geschichtschreiber ausgeführt: „Dichten ist ein Übermut, sagt der Poet. Geschichtschreiber spielen ist es noch viel mehr; denn von Rechts wegen müßte der Historiker alles wissen und die eigentliche Kunst desselben besteht darin, daß er sich das Gegenteil nicht merken läßt." Aber in Wirklichkeit ging Mommsen so weit, dass er sich trotz seiner Beherrschung der griechischen Sprache, seiner Kenntnis der griechischen Literatur und Geschichte, nicht leicht wissenschaftlich auf das an das seinige grenzende Gebiet der griechischen Altertumskunde vorwagte.[69] Dass er aber von diesem seinem festen Standpunkte aus gelegentlich die Leichtsinnigen und Unehrlichen aus dem Tempel der Wissenschaft davonjagte, hat nicht minder dazu beigetragen, ihm den unbegründeten Vorwurf der Intoleranz zuzuziehen, wie seine Geringschätzung der Schwächlinge in der Wissenschaft, die übernommene Pflichten nicht erfüllten, der *„paulo-post-facturi"*, die

---

68 Vgl. *Dove a. a. O.* S. 202.

69 Man vgl. übrigens die 13. These seiner Doktordissertation: *„Illud Graeca non leguntur cum verum esse tum probandum, cum res Graecae philologorum sint, Latinae iurisconsultom."*

keine „Fertigmacher" waren. Denn wie er sich selbst jede scheinbar unbedeutendste Arbeit zumutete, wenn er sie für notwendig hielt, und häufig genug auf sich nahm, was kleinere zu tun verschmäht oder vernachlässigt hatten, so verlangte er ein gleiches auch von allen Mitarbeitern. „Alle Wissenschaft", so führte er aus, „beruht auf dem Ineinandergreifen der verschiedenen arbeitenden Kräfte, und ihre sittliche Bedingung ist die gegenseitige Anerkennung der Arbeitenden" (R. u. A. 66). Aus dieser Anerkennung heraus haben sich Mommsens schönste und herzlichste Freundschaftebündnisse entwickelt, die mit seiner Arbeit zusammen mit den schönsten Teil seines Lebens bildeten, so das mit Henzen und mit de Rossi. Sein Bewusstsein, ein Teil des Ganzen zu sein, hat ihn nicht nur zum wissenschaftlichen Organisator, sondern auch zum geselligen Menschen gemacht, und Geselligkeit war ihm von den Studentenjahren an bis in sein spätes Alter Bedürfnis. Er verstand es in gleicher Weise, den Gelehrten und den Politiker und den Geschäftsmann in zwangloser Weise durch seine Konversation, Witz und Humor zu bezwingen, wie die gefeierte Weltdame in Rom, Paris oder Berlin und das schüchterne junge Mädchen, dem es vor dem berühmten Manne graute, zu bezaubern, und mit den Studenten in der Rheinweinkneipe zu trinken und zu plaudern, dass sie sich schier verwunderten, wie der strenge Gelehrte zu ihnen herabzusteigen verstand, und jeder doch ein meist scherzweise ausgestreutes belehrendes und pointiertes Wort mit sich nach Hause nahm, das mehr Lebensweisheit als Schulweisheit enthielt. – Er gab sich eben wie in der Wissenschaft, so in der Geselligkeit ganz und ohne Rückhalt, und hier trat natürlich sein Temperament und seine mitunter ätzende Kritik noch stärker hervor. Auch hier war er immer vollständig bei der Sache, und dass er jeden Inzidenzpunkt gleich in allen seinen Zusammenhängen sah, machte ihn zum schlagfertigsten Causeur, der stets das Wesentliche traf; dass er aber auch keine Schwäche übersah, verlieh ihm eine souveräne Ironie, die, auch wenn sie sich humorvoll äußerte, manche steifleinene Größe verletzt hat, besonders da sowohl falsches Pathos als auch in konventioneller Weise zur Schau getragene Verehrung vor dem berühmten Manne ihn, der jeden falschen Aufputz verschmähte, innerlich verletzte.

Seiner intellektuellen entsprach seine ethische Wahrhaftigkeit, die ihn auch nicht den geringsten Widerspruch zwischen Denken und Handeln ertragen ließ. Der kategorische Imperativ war ihm derart in Fleisch und Blut übergegangen, dass die Äußerung einer klaren Erkenntnis für ihn geradezu ein Zwang war, und da sich seine Gedanken in wissenschaftlicher Beziehung auf dem Gebiete der Staatswissenschaften bewegten, so war die Politik nur die ethische Seite seiner intellektuellen Betätigung. Es entsprach seiner Ansicht von der Bedeutung der intellektuellen Stände im Staate, wenn er ausrief : „Die Zeiten sind glücklicherweise vorüber, wo die sogenannte gelehrte Welt in dem Wahne stand, sich von der realen Gegenwart emanzipieren zu dürfen, ja zu sollen" (R. u. A. 92), und wenn er für die gebildeten Kreise „den patriotischen Schwung, die selbstlose Opferwilligkeit" reklamierte, „welche das höchste Privilegium der vollen sittlichen Bildung ist und für welche die niederen Kreise wohl die Empfänglichkeit, aber nur in geringem Maße die Initiative besitzen" (R. u. A. 25). Man kann auf ihn anwenden, was er von Leibniz sagte: „Er konnte nicht anders leben und empfinden als im Ganzen der menschlichen Entwicklung, d.h. im Staate; und stets hat er als Gelehrter wie als Mensch sich als Staatsbürger empfunden" (R. u. A. 41). Daher verschwand bei ihm das persönliche Interesse vollständig, und wo er es für notwendig oder nützlich hielt, sich in einer öffentlichen Angelegenheit zu äußern, tat er es ohne jegliche Berechnung mit dem vollen Einsatze seiner Person und mit der ganzen Wucht seines Temperaments. Deshalb haben die Manifeste, die von dem Alten in Charlottenburg ausgingen, stets ihre volle Wirkung geübt, nicht nur wegen der hohen wissenschaftlichen Autorität, von der sie ausgingen, nicht etwa weil die Worte auf die Goldwaage gelegt gewesen wären, sondern weil ein jeder es spürte, dass der Hauch einer großen Seele von ihnen ausging; und man bewunderte mit Recht seine ewige Jugend, weil ihm wie dem Jüngsten die Hemmungen fremd waren, die aus Opportunismus und Bedenklichkeitsfanatismus hervorzugehen pflegen. Aber trotz seiner Verachtung gegenüber aller Konvention und allen falschen Werten, ertrug er sie, wo er meinte, dass es weniger Schaden anrichte, sie nicht zu beachten oder zu ertragen, als gegen sie anzukämpfen; so ist er nie in die Gefahr geraten, gegen Windmühlen zu kämpfen, und behielt stets das Wesentliche fest im Auge. Aber in dieser Synthese des real Gegebenen mit dem Idealen, die sein Leben durchzieht, liegt allerdings derselbe Widerstreit, wie zwischen Kritik und Konstruktion. Er sieht die hemmenden Momente, beklagt die Dehumanisierung und die moralischen Seuchen, die sich gleichsam epidemisch verbreiten, die „Rebarbarisierung" tief und beobachtet mit steigendem Missfallen „die durch den Interessenkrieg herbeigeführte Schädigung", die neue Parteibildung auf Grund der Interessengegensätze und betrauert, dass „für die unparteiische Abwägung der Rechte überhaupt und der kollidierenden Interessen kein Träger mehr gefunden wird" (vgl. *R. u. A.* 64. 91. 411. 475); aber mag ihn dies alles auch zeitweise niederdrücken, so hält er es doch umso mehr als Pflicht, „das heilige Feuer des selbstlosen Patriotismus" zu wahren, mit seiner ganzen Person einzutreten, wo es Not tut, und zu erinnern an „den notwendigen endlichen Sieg des Edeln über das Gemeine" – eine „Erinnerung, deren wir freilich bedürfen!"

Anhang

I. Artikel der „Schleswig-Holsteinischen Zeitung"
vom Jahre 1848

(nach dem in der Königlichen Bibliothek in Berlin befindlichen Handexemplar Mommsens)

Anmerkung. Bei der Auswahl der Artikel waren folgende Gesichtspunkte maßgebend. Aufgenommen wurden in der Regel nur diejenigen Artikel, welche allgemeine Fragen behandeln und außerdem durch die Signierung im Drucke (zuerst M, dann ?, dann T) oder durch eine Bleistiftnotiz von Mommsens Hand als von Mommsen herrührend beglaubigt sind. Nicht aufgenommen wurde daher, abgesehen von dem in den *R. u. A.* abgedruckten Berichte über die Schlacht bei Schleswig, alles, was rein referierend und von nur lokalem Interesse oder in keiner Weise signiert ist. Zur ersteren Gruppe gehören die Berichte „Versammlung der Centralwahlcommittee in Neumünster" (Nr. 11, April 27); „Die Agitation in Lauenburg" (Nr. 16. 17, Mai 3. 4); „Die dritte Wiener Revolution" (Nr. 46. 47, Juni 6. 7); „Födrelandet und das dänische Ministerium" (Nr. 54, Juni 16); „Die Finanzvorlage der provisorischen Regierung" (Nr. 58, Juni 21); „Die lombardische und schleswig'sche Frage" (Nr. 121, Sept. 2); „Oesterreichische Verhältnisse" (Nr. 122. 124, Sept. 3. 6); „Die Vertagung" (Nr. 133, Sept. 16); „Geschichte des Waffenstillstandes" (Nr. 134. 135. 137, Sept. 17. 19. 21). Von den nicht signierten Artikeln verraten viele den Mommsenschen Stil, so der Leitartikel „Die Hoffnungslosen" (Nr. 24, Mai 12; vgl. das Zitat auf. S. 40); „Zu dem Ausschußbericht über das Wahlgesetz" (Nr. 66, Juni 30 – ein energisches Plädoyer für das allgemeine Wahlrecht); ein Artikel (Nr. 123, Sept. 5), datiert „Rendsburg, vom 4. August" (sic! Druckfehler für „Sept.") gegen die Waffenstillstandskonvention (in dem es u.a. heißt: „Unserer Zeit ist die Aufgabe geworden, der Lüge, in welcher Gestalt sie auch auftritt, ein Ende zu machen; euere Aufgabe ist es, die Hand zu bieten, daß dieses Ziel auf geordnetem friedlichem Wege erreicht wird. Verkennt eure Aufgabe nicht, das verhängnißvolle ‚Zu spät!' könnte euch sonst noch einmal furchtbar aus eurem Siegestaumel aufrütteln"); eine flammend leidenschaftliche, ironische und drohende Apostrophe „An den Herrn Grafen Carl Moltke" (Nr. 124, Sept. 6) u.a. –

NR. 8 (24. APRIL 1848)
Unsere Wahlen zum Nationalparlament

Am ersten Mai, jedenfalls aber (bei Verlust des Rechts das National-Parlament zu beschicken) vor dem 10ten desselben Monats sollen in Schleswig-Holstein 11 Männer gewählt sein, welche fähig sind die Zukunft Deutschlands mit zu regeln und die Bahnen zu fixiren, in denen seine politische Entwickelung sich bewegen wird. In 20 Tagen sollen die Candidaten designirt, ihre politische Meinung und Fähigkeit geprüft, jeder Mann in Schleswig-Holstein darüber befragt sein. Gestern hat man uns politisch mündig erklärt, heute schon im Getümmel des Kriegs, am Vorabend eines Entscheidungskampfes sollen wir unser wichtigstes Recht üben. Die Parteien, das wesentliche Element der freien Verfassung, sind noch nicht constituirt, centrale und locale Wahlvereine fehlen, die Männer, welche in politischen Dingen das allgemeine Vertrauen des Landes genießen, werden fast alle durch unsere bedrängte Lage hier im Lande zurückgehalten; dennoch muß gewählt werden, und zwar sofort. Es ist eine große Zeit, das Unmögliche ist jetzt möglich. Mag Schleswig-Holstein im ersten deutschen Parlament auch keine glänzende parlamentarische Sterne zählen, an 11 Männern, die da wissen, was sie wollen und was Deutschland Noth thut, und die darüber abzustimmen vermögen, wird es uns nicht fehlen. Obgleich durch die Kürze der Frist auch die Initiative der Presse in dieser wichtigen Frage beinahe abgeschnitten ist, wollen wir doch in möglichster Kürze erläutern, was für jetzt Noth that. Und zwar müssen wir erstlich wissen, was wir wollen, und zweitens wen wir wollen. Wir müssen uns erstens klar darüber werden, welches politische Resultat mit der frankfurter Versammlung bezweckt wird, und in welchem Sinne ein Jeder will, daß sein Abgeordneter stimme; zweitens müssen wir uns umsehen nach Persönlichkeiten, welche die von uns gebilligte politische Ansicht in einer so grossartigen Versammlung zu vertreten fähig und würdig sind.

Also zuerst *was wollen wir*?

Vor allen Dingen einen Vertreter Deutschlands, und nicht einen Vertreter irgend welcher provinzialen oder anderer Sonderinteressen. Das sagen wir den Grunbesitzern und allen andern Ständen, aber euch vor allen, ihr. Altonaer. Laßt euch nicht verleiten durch das Beispiel eurer hamburger Nachbaren, welche meinen, daß tüchtige politische Köpfe ohnehin genug nach Frankfurt kommen würden, und man zunächst für die speciellen kaufmännischen Interessen Sorge tragen müsse. Wer so spricht, für den existirt kein einiges Deutschland. Es ist das constituirende Nationalparlament keineswegs ein Friedenscongreß sämmtlicher particulairer Interessen, wo die Kaufleute und die Fabrikanten, die Bauern und die Gutsbesitzer eine Ausgleichung ihrer streitenden Wünsche durch gegenseitige Concessionen versuchen, wo man den concurrirenden Egoismus, den ewigen Krieg Aller gegen Alle zu mildern versucht. Diese Aufgabe ist den Provinzialständeversammlungen vorbehalten, welchen die Entscheidung zusteht über materielle Interessen jeder Art; es kann daher auch nicht gemißbilligt werden, wenn in diesen Versammlungen ein jeder Stand eine verhältnißmäßige Vertretung zu erlangen sucht. Die dem Nationalparlament, das Deutschlands bisher ideale Einheit zu realisiren bestimmt ist, vorliegenden Fragen sind dagegen rein politischer Natur; ob Deutschland einen Erbkaiser, oder ein auf Zeit gewähltes Bundeshaupt haben, welche Stellung den bisher souverainen Fürsten gegeben werden solle, darüber haben wir alle wohl eine Meinung, aber nicht als Fabrikant oder Arbeiter, als Gelehrter oder Kaufmann, sondern als Bürger. Darum hat es auch keinen Sinn, wenn bei der Wahl der Fabrikant vorzugsweise den Fabrikanten, der Kaufmann den Kaufmann wählt; vielmehr muß hier der Bürger den Bürger wählen. Freilich ist es wahr, daß die Entscheidung jener allgemeinen politischen Fragen indirekt zurückwirken wird auf unsere materiellen Interessen; es wird in Frankfurt zu bestimmen sein, in wie weit die künftigen deutschen Parlamente auch über die materiellen Fragen des Handels, der Administration, der Finanzen eine Oberaufsicht zu üben haben. Als Bürger seid ihr hauptsächlich und direkt, als Fabrikanten, Kaufleute u.s.w. zufällig und indirekt betheiligt; wer fühlt, daß er ein Bürger ist, der wird bei den Wahlen nur die politische Bedeutung ins Auge fassen; wer aber ein Spießbürger ist und bleiben will, der wird zunächst den privaten Nachtheil bedenken. Wählet, ihr Altonaer! Soll man es euch nachsagen, daß ihr eine Capacität, welche eure freiheitliche Ueberzeugung ausdrücken konnte, zurückwieset und eine Nullität wähltet, die nur den Vorzug hatte, gegen den deutschen Zollverein zustimmen?

Wir wollen also wählen einen Vertreter Deutschlands, einen Mitbegründer seiner Verfassung. Welche Verfassung aber soll dies sein? welche politische Confession fordern wir von unserm Vertreter? Es hat hoffentlich ein jeder Wähler seine individuelle, die ihm natürlich heilig ist. Daß er ihr folge, ist seine Pflicht und sein Recht, wofern nur seine Confession zulässig ist in einem deutschen Parlamente. Dies schließt weder die Republikaner aus noch die monarchisch Gesinnten, aber wohl schließt es drei Klassen aus: die Anhänger der provinzialen Souverainität, die der unbeschränkten Monarchie und die Anarchisten. Alle drei kann das Nationalparlament nicht brauchen, und sie nicht das Nationalparlament, welches den ersten als ungerechte Beherrschung der einzelnen Provinzen durch das ganze Deutschland, den zweiten als unbefugter Eingriff in die souveraine Allmacht, den dritten als umzustürzendes Hinderniß erscheint. Die Männer aller drei Parteien, wenn sie es ehrlich meinen, werden nicht wählen zum Nationalparlament noch in demselben einen Sitz annehmen, da sie alle dasselbe nicht anerkennen. Wir Wähler sind daher berechtigt, von jedem Candidaten ohne Ausnahme folgende Erklärung zu fordern:

1) daß er dazu mitwirken werde, den bisherigen Bundesstaaten alle diplomatische und militairische Wirksamkeit zu entziehen und diese auf die Centralgewalt in Deutschland zu übertragen. Keiner der deutschen Fürsten darf künftig einen Soldaten mehr marschiren lassen, keiner mit den auswärtigen Staaten Beziehungen unterhalten. Damit ist die provinziale Selbstständigkeit nach außen hin gebrochen; wie weit sie in innerer Frage zu beschränken sei, ist eine offene Frage.

2) daß er dazu mitwirken werde, bei der Constituirung der künftigen Centralverwaltung den Schwerpunkt in das N.-P. zu legen und das künftige Bundeshaupt mit wahrhaft constitutionellen Garantieen zu umgeben.

3) daß er in jeder Beziehung sich dem Ausspruch der Majoritaet unterwerfe, mag diese nun für Monarchie oder für Republik entscheiden. Jeder Monarchist, der in die Versammlung tritt, muß bereit sein, sich zur Republik zu bequemen, wenn die Majorität dafür sein sollte; und umgekehrt. Wir wollen weder coblenzer Emigranten noch Hecker'sche Freischärler, sondern parlamentarische Männer.

Keine Isolirung, keine Reaction, keine Anarchie!

Innerhalb dieser Grenzen müssen sich alle Candidaten zum Nationalparlament halten. Allerdings treten innerhalb derselben noch die verschiedensten Systeme auf, vom reinen Republikaner bis zum Anhänger des Zweikammersystems mit Erbmonarchie und königl. Prärogativen; es kann indeß hier, wo das ganze Wahlwesen erörtert wird, natürlich kein bestimmtes System verfechten werden. Leider sind die Parteien bei uns noch wenig abgegrenzt, die Persönlichkeiten nicht scharf hervorgetreten, keine Parteicandidaten präsentirt; erst allmählig können jene, alle Gleichgesinnten umflechtenden und zum geineinsamen Wirken verkettenden Fäden gezogen werden, an denen in freien Ländern die Politik hängt. So viel scheint klar, daß die reine Republik so wie die dreiste Mediatisirung sämmtlicher deutscher Fürsten wenig Chance bei uns und wohl auch überhaupt hat. Die Form der Monarchie so wie die Theilung Deutschlands in die jetztbestehenden Staaten (künftig Provinzen) wird wohl bestehen bleiben; welches größere oder geringere Maaß von Demokratie und Centralisirung daneben das Resultat der Constituante sein wird, vermag niemand genau vorherzusagen. Wähle denn jeder nach seiner politischen Ueberzeugung. Aber bei den zahllosen Nuancen der politischen Meinungen, wie sie die natürliche Folge sind des maßlosen Systematisirens und der mangelnden Parteitaktik, wird eine Bemerkung zweckmäßig sein: daß nicht jede Nüance ihre Candidaten aufstelle, sondern mit den nächstangrenzenden zusammentrete. Wenig Candidaten, wo möglich nur zwei, wie meistens in England, müssen sein, damit die Stimmen zusammengehalten werden; der Stimmende bedenke stets, ob seine Stimme auch Erfolg haben kann und suche nicht eine Demonstration zu machen, sondern den nach den Umständen besten Candidaten durchzubringen. – Und dann lege man nicht zu viel Gewicht auf die Schlagfrage: Republik oder Monarchie? Die Erfahrung hat gezeigt, daß damit meistens nur end- und nutzlose Discussionen hervorgerufen werden. Diese Worte haben keine feste Bedeutung, man glaubt zu disputiren und mißversteht sich nur. Frage man die Candidaten vielmehr nach speciellen Dingen, namentlich ob der Candidat für allgemeines actives Wahlrecht sei oder nicht? wie weit er in Handel, Justizwesen usw. die Centralisation erstreckefi

Was wir wollen, was wir Alle wollen, ist hiermit ausgesprochen. Wir fragen zweitens: *wen wir wollen, und wen wir nicht wollen?*

Die Prüfung der einzelnen Persönlichkeiten ist nothwendig; wir müssen wissen, wen wir absenden, damit alle verdächtige Charaktere, alle Feilen und Lauen, alle Schwankenden und Phantasten, alle Volks- und Fürstenschmeichler von Frankfurt fern bleiben. Damit wir aber dies wissen können, muß jeder Candidat bereit sein, über sich und seine Handlungen die vollständigste Rechenschaft zu geben. Wir müssen uns der Spießbürgerei entschlagen, die das Licht der Offentlichkeit scheut; wie dem Römer auf dem Forum, dem Engländer auf dem Hustings

stets unerbittlich jeder politische Fehler, jedes die Man-
nesehre beeinträchtigende Vergehen vorgeworfen ward,
so müssen auch unsre Candidaten auf Gleiches gefaßt sein,
und gefaßt sein auch Verleumdung und Kleinkrämerei, die
nicht ausbleiben werden, zu ertragen. Es ist Bürgerpflicht,
über zweideutige Handlungen derselben Aufschluß zu
verlangen, ihre politischen oder moralischen Verbrechen
den Wählern zu denunciren, damit nur durchaus unbe-
scholtene Männer von hier nach Frankfurt gehen. – Also
die speciellste Prüfung gehe der Wahl vorher! Als leitende
Gesichtspunkte treten folgende hervor.

Wir treten in eine neue Zeit, in neue staatliche Institutionen, in den Anfang unberechenbarer Consequenzen.
Staat und Kirche, Heer- und Beamtenwesen gehen einer
gänzlichen Umwandlung entgegen. Die in die alte Staatsmaschine eingepreßten Geister, die Schreibmaschinen
der Bureaus, die devoten Pfründner der Staatskirche, die
unbedingt gehorsamen Lieutenants und Majore, die ihres
beschränkten Unterthanenverstandes sich bescheidenden
Spießbürger, die Männer der Hundetreue allesammt sind
der Vergangenheit und der Vergessenheit zu übergeben.
Die neue Zeit braucht neue Menschen. Hüten wir uns vor
den Anhängern des alten bureaukratischen Polizeistaats;
nur Männer der ungeheuersten Geisteskraft konnten dieser
systematischen Abtödtung des Geistes widerstehen und
einen freien frischen Muth sich bewahren. Freilich stimmt
jetzt mancher von ihnen theils durch äußere Nothwendigkeit, theils durch einen Rest des in ihm verkümmerten
Freiheitsdranges gezwungen, in die neuen Schlagwörter
mit ein, aber wenn ihn auch die Zeit mit fortreißt, bei gege-
bener Gelegenheit wird er wider seinen Willen in das alte
ausgetretene Gleis zurückkehren und nimmermehr einem
etwaigen Reactionsversuch sich mit Nachdruck opponiren. Bedauern wir diese Männer; aber wir können ihnen

ihre Jugend nicht wiedergeben, wir können nicht ihre in den Bureaus verschlossenen Seelen verjüngen. Also wählen wir keine vernutzten Persönlichkeiten, wo möglich keine Conferenz- und Justiz- und sonstige Räthe; lieber einen, der gar nichts ist, einen simplen Herrn So und so. Allerdings wünschen wir, daß Männer von gereifter Erfahrung und durch lange Praxis erprobter politischer Festigkeit unsre Vertreter seien; wo möglich solche Männer, die seit Jahrzehnten das Evangelium predigten, das jetzt erfüllt wird. Fehlt es aber an solchen – und wir haben deren nicht viele – so ist es immer besser man sendet einen jüngeren Mann, der noch impressionabel ist, der noch lernen und verlernen kann, als einen unverbesserlichen, wenn auch sonst noch so verständigen und achtungswerthen Anhänger des alten Systems. Die politische Unreife einiger Deputirten kann nicht viel Unheil stiften in einer Versammlung, deren Zügel Dahlmann, Jordan, Bassermann halten werden; viel gefährlicher ist die Tendenz dem Fortschritt zu opponiren. Die Gefahr einer Reaction im Schooße des deutschen Parlamentes selbst ist nicht so chimärisch, wie man nach dem Auftreten des Vorparlamentes und der Funfziger glauben möchte; vergessen wir nicht, daß im Vorparlament eigentlich nur die Partei des Fortschritts vertreten war, daß aber für das Nationalparlament auch Oestreich, auch Pommern Deputirte senden wird.

Daß auch die Reste des alten feudalen Staats fern zu halten sind, ist so klar, daß es keiner Worte darüber braucht. Wir brauchen ritterliche und junge Herren, aber keine Junker und keine Ritterschaftliche.

Und wenn dies für alle gilt, so sei es noch erlaubt, ein paar Bemerkungen speciell für unser Land hinzuzufügen.

Wir haben selbst viel zu thun im Lande, eine Provinzial-Ständeversammlung steht bevor, die die wichtigsten Dinge, vielleicht unsere definitive Auseinandersetzung mit Dänemark, die Frage über die Person unsers künftigen Regenten zu regeln haben. Unsere bedeutendsten Staatsmänner, unsere Beseler und Olshausen, können wir nicht entbehren; ebenso wenig unsere Specialitäten, die genauen Kenner der Verhältnisse unseres Landes, unsere Statistiker, unsere einflußreichsten Administrativbeamten, wie z.B. Professor Ravit, Etatsrath Lüders, Etatsrath Francke. Diese Männer übergehe man; Deutschland braucht sie nicht nothwendig, wohl aber Schleswig-Holstein. Wir werden nicht glänzen in Frankfurt; zum Glück fehlt es dort nicht an leuchtenden parlamentarischen Sternen. Unter 650 Männern müssen viele bloße Votanten sein und andere werden wir, etwa mit Ausnahme von Claussen und Gülich, schwerlich absenden.

Wir wünschen, daß man Schleswig-Holsteiner wähle, wahrlich nicht aus engherzigem Particularismus, sondern aus besseren Gründen. Die wenigen Staatsmänner von allgemeinem deutschem Ruhm, die aus unserm Volke, wenigstens den Städtern, so bekannt sind, dass man ihre Wahl durchsetzen könnte, wie z.B. Jordan und *unser* Dahlmann, sind am Bundestage beschäftigt, oder doch sonst ihrer Wahl zum Nationalparlament völlig gewiß. Andere Nicht-Schleswig-Holsteiner bei unserm überwiegend zahlreichen Landvolke durchzubringen, ist fast unmöglich. Wäre es möglich, so beraubten wir uns durch die Wahl von andern Deutschen eines wichtigen Vortheils. Mag unserm Volke schmeicheln, wer da will; wir sagen es laut und offen, daß das Volk politisch noch nicht reif ist und daß ,die große Majorität sehr unklare Begriffe davon hat, in wiefern sie auf dem deutschen Nationalparlament vertreten wird, daß die Meisten ihren Blick nicht höher erhoben haben als bis zur Vertretung auf dem Provinziallandtage. Damit nun aber das Nationalparlament auch bei uns Wurzel fasse, damit es nicht ein unwirksames Rad in Schleswig-Holsteins politischem

Getriebe sei, ist es höchst wünschenswert, daß einige der Männer in unsere Mitte zurücktreten, die in Frankfurt mitgetagt haben und nun die neuen Ideen, die gemeindeutsche Begeisterung ihren Mitbrüdern mittheilen. Sie sollen die Leiter sein des electrischen Stromes, welcher von Frankfurt aus die entferntesten Grenzen Deutschlands erreichen wird. Aus diesem Grunde wäre es für Altona zu wünschen, daß Theodor Reincke, der mehr als viele über dem Kaufmann den Bürger nicht vergessen hat, dort gewählt würde; auch ist es deßhalb zu empfehlen, daß wenigstens ein Bauer gewählt würde, nicht um bäuerliche Interessen zu vertreten, wo es nur deutsche giebt, sondern damit die Bauern sehen, was sie sonst trotz aller schönen Reden nicht glauben werden, daß es sich auch um sie handelt in Frankfurt, und damit der Bauer den Bauern das Nationalparlament näher bringe. Der jüngere Rohwer in Holtorf würde, bei seiner tüchtigen Gesinnung, sich hiezu qualificiren. Redner würden beide nicht sein; aber es schadet nicht. Im Gegentheil können wir nicht dringend genug vor einer gewissen Klasse von Rednern warnen. Die herrliche Gabe der herzenerschütternden Beredsamkeit ist der schönste Schmuck eines Volksdeputirten; aber wir müssen Beredsamkeit und Redefähigkeit nicht verwechseln. Es kommt vor allem an auf politische und moralische Tüchtigkeit; ob der Deputirte sich fließend oder nicht, mit oratorischen Gesten oder im Conversationston ausdrückt, ist ziemlich gleichgültig. Es ist ein Zeichen der mangelnden politischen Bildung bei uns, daß man weniger nach dem Inhalt der Rede, als nach dem Vortrag hört, daß man die Volubilität und die laute Stimme des gewandten Redners bewundert, und in der Regel den als Redner nimmt, der dreist genug ist sich dafür zu geben und den bekannten oratorischen Ton zu adoptiren. Laßt euch das gesagt sein, liebe Landsleute, und fragt nicht gleich: *„wird er gut reden?"* sondern zuerst: *„wird er gut stimmen?"*

Wir schließen mit einigen practischen Vorschlägen über die Art die Wahlen in so kurzer Zeit möglichst richtig zu leiten. Das größte Uebel was uns dreht, ist die Stimmenversplitterung. Um diese abzuwenden, ist es zuvörderst nothwendig, die Zahl der Candidaten möglichst zu verringern. Wer doch keine Aussicht hat gewählt zu werden, dessen Bürgerpflicht ist es zur rechten Zeit zurückzutreten und zu verhindern, dass einzelne Stimmen auf ihn fallen und somit verloren gehen, – die kleinliche Eitelkeit, mit auf der Stimmliste zu stehen, muß dem Interesse des Ganzen zum Opfer gebracht werden. Die Candidaturen müssen möglichst bald dem betreffenden Wahldirektor angezeigt und von ihm in eine Liste eingetragen werden. Diese Liste lege der Wahldirektor seiner wo möglich aus Männern von allen Orten des Districts und von allen Parteien bestehenden Wahlcommission vor; es werde hier debattirt, welche drei Candidaten am meisten Aussicht haben gewählt zu werden. Das Ergebniß dieser Debatte werde vor dem Wahltage sämmtlichen Bezirkswahlcornmissären mitgetheilt und diese angewiesen den Stimmenden zu eröffnen, daß die Wahl nach der in angegebener Weise geschehenen Vorprüfung wahrscheinlich auf einen der genannten drei Candidaten fallen werde; daß es ihnen zwar durchaus freistehe auch für einen andern Mann aus der Candidatenliste oder sonst für jeden beliebigen zu stimmen, daß aber in diesem Falle ihre Stimmen vermuthlich verloren gehen würden. Allerdings würde in gewöhnlichen Umständen hierin ein unbilliger und gefährlicher Einfluß des Wahldirectors und seiner Commission erkannt werden; allein die ungeheure Dringlichkeit der Sache macht es unvermeidlich, daß irgend Jemand eine derartige Vorprüfung übernehme. Sonst wird in jedem Dorfe ein Anderer gewählt und das Resultat der Wahl ist rein dern Zufalle überlassen.

Ferner ist es nothwendig, daß in jedem Wahlbezirk sofort die einflußreichsten Wähler zusammentreten, sich über einen oder, wenn die politischen (will's Gott nicht die persönlichen) Parteien sich scharf gegenüberstehen, über zwei Candidaten vereinigen und sich gegenseitig das Wort geben diese designirten Candidaten aus allen Kräften zu unterstützen. Dies wird zuerst in den Städten geschehen. Sehr zweckmäßig wäre es, wenn jeder Wahlbezirk, der sich geeinigt hat, einen Wahlmann ernennte und ihn beauftragte, sich mit den übrigen Bezirken desselben Wahldistricts in Verbindung zu setzen, respective Vorversammlungen zur Designation der Candidaten und zur Wahl von Wahlmännern zu veranlassen. Eine Versammlung sämmtlicher Wahlmänner eines Districts müsse den Wahlen unmittelbar vorgehen; hier würden die Parteien sich sondern, und diejenigen Candidaten, welche keine Chance haben zurückgezogen werden können.

Centralcommitteen für das ganze Land sind schon vielfach versucht werden; ob sie vielen Nutzen stiften, ist zweifelhafter. Es gehört mehr Zeit dazu als wir haben um die Partei zu organisiren und durch sie auf das ganze Land zurückzuwirken. Es ist nichts leichter als eilf Wahlcandidaten zusammenzustellen, aber nichts schwieriger als ihre Wahl zu bewirken; wenn auch selbst zwei oder drei einflußreiche Männer aus jedem District anwesend sind, so sind diese doch kaum genügend, um in einem Wahldistrict von circa 80,000 Seelen die Majorität zu bestimmen. Jedenfalls ist es unumgänglich nothwendig, daß eine solche Centralcommittee nicht bloß Candidaten bezeichne, sondern auch Commissarien in jedem District abordne, die, auf die Autorität der Committee und ihre eigene gestützt, dort auf die Wahlen zu wirken im Stande sind.

M.

Nr. 38, Beilage (29. Mai 1848)
Die schleswig-holsteinischen Stände in Beziehung zur constituirenden Nationalversammlung
I.

Jetzt wo unsere vereinigten Stände wahrscheinlich sehr bald zusammentreten werden, ist es wohl an der Zeit, an den Wunsch zu erinnern, den der Funfziger-Ausschuß in seiner Sitzung vom 25. April einstimmig an den Bund zu richten beschloß:

„Es erscheine wünschenswerth, daß während der Dauer der constituirenden Nationalversammlung die Landtage der einzelnen Staaten wo möglich ausgesetzt und nicht ohne die dringendsten Gründe einberufen werden."

Der Wunsch war adressirt an den Bund, aber gerichtet an das deutsche Volk, und er war wohl erwogen und wohl begründet. Es ist nicht blos, daß die gleichzeitige Wirksamkeit der deutschen National- und der Provinzialständeversammlungen die Theilnahme zerstreuen, den erwachenden deutschen Geiste durch stetes Aufregen des particularen und localen Patriotismus Abbruch thun, die tüchtigsten parlamentarischen Kräfte, an denen Deutschland ohnehin Mängel hat, entweder der deutschen oder der provinzialen Fortentwicklung entziehen muß. Der wahre, alle Zweckmäßigkeitsgründe überwiegende Rechtsgrund für diese Aufforderung war der, daß Deutschlands Rechtszustand sich geändert hat. Bisher bestand Deutschland aus einer Anzahl souveräner Staaten, in denen, so weit sie constitutionell waren, den Landständen ein Theil der Souveränität zustand. Diese Souveränität hat aber aufgehört durch das Zusammentreten einer deutschen Nationalversammlung, ausdrücklich berufen zu dem Zwecke und eröffnet mit der Erklärung, daß dieselbe das deutsche Volk repräsentiren und dessen Verfassung constituiren solle. Es liegt hierin offenbar mehr als die Befugniß den 37 deutschen Staaten jedem einzeln einen Vorschlag zu machen zu einer deutschen Staatsverfassung; die Nationalversammlung ist nicht bloß eine vorberathende Committee für die sämmtlichen Cabinette und Provinzialständeversammlungen, sie ist die constituirende Versammlung für Deutschland, d.h. sie ist souverän, und zwar in doppelter Hinsicht. Einmal den deutschen Fürsten in ihrer Gesammtheit gegenüber, wie wir dies neulich auseinandersetzten; doch ist hier ihre Souveränität und die Folge davon, daß die Fürsten als Gesammtheit nicht existiren. Wenn statt der 37 Regierungen eine einheitlich beschließende Regierungsgewalt der Nationalversammlung gegenübertritt, so würden beide zusammen die Souveränität der deutschen Nation repräsentiren und ausüben. Damit ist gesagt, daß die Souveränität der Nationalversammlung der fürstlichen Gewalt gegenüber vorübergehend ist und jedenfalls aufhört, so wie die deutsche Constitution und damit (wiefern diese also lautet) die einheitliche deutsche Fürstengewalt ins Leben tritt. – Zweitens ist die Nationalversammlung souverän den einzelnen bisherigen Staaten gegenüber, und zwar nicht bloß wie in dem ersten Fall durch die gebieterische Macht der Nothwendigkeit, sondern durch den freien Verzicht der sämmtlichen bisher souveränen Staaten. Indem diese nämlich die Wahlen zu einer Versammlung, die ihnen als souveräne und constituirende angekündigt war, auf verfassungsmäßigem Wege vornehmen, unterwarfen sie sich derselben und verzichteten ihr gegenüber auf die particulare Souveränität. Dies ist so klar, daß in einzelnen Fällen – z.B. in dem durch die unseligen Folgen der Personalunion trotz der rechtlich allein gültigen Verbindung mit Deutschland factisch an Holland gefesselten und von Amsterdam aus regierten Luxemburg – die Wahlen unter der Klausel vorgenommen wurden, daß man sich das freie Recht vorbehalte, die Beschlüsse der constituirenden Versammlung anzunehmen oder zu verwerfen. Wir andern Deutschen, oder vielmehr wir, die wir wirklich Deutsche sind, wir wußten wohl was wir thaten, als wir unbedingt und unbeschränkt *alle ohne Ausnahme* für Frankfurt unsere Stimme abgaben: wir verzichten dadurch, ein Jeder für sich und seine Provinz, auf die dieser zuständige Souveränität und unterwerfen uns unbedingt, den Beschlüssen der frankfurter Versammlung. Diese ist also jetzt die alleinige Inhaberin der deutschen Staatsgewalt; wer ihren Beschlüssen den Gehorsam weigert, der ist ein Rebell, und die Behauptung, daß ein Beschluß der Nationalversammlung nicht bloß insinuirt, sondern acceptirt werden muß, ist Hochverrath gegen Deutschland. – Wir haben also Recht zu sagen, daß Deutschlands Rechtszustand sich geändert hat, und daß in dem speciellen Falle, wovon wir ausgingen, die Fürsten und die Landstände mit der Aufhebung der Souveränität der einzelnen deutschen Staaten auch ihren Rechtsboden eingebüßt haben. Es folgt daraus, daß jene wie diese in ihren bisherigen Functionen sich wesentlich anders verhalten müssen. Natürlich kann das Regiment der Provinzen nicht aufhören, bis man in Frankfurt mit der Ordnung des Staates fertig ist; vielmehr müssen Justiz und Administration und überhaupt sämmtliche Staatsinstitutionen ganz in der bisherigen Weise fortgeführt werden. Aber möglichst muß jede Aenderung vermieden, nichts Altes abgeschafft, nichts Neues eingerichtet werden, so lange bis den bestehenden Gewalten, Fürsten wie Landständen, ein neuer Rechtsboden verschafft ist durch die Constituirung der Provinzialgewalten im Einklang mit der Centralgewalt. Da nun zur Fortführung des bisherigen Regiments mehr die fürstliche, zur Schaffung neuer Institutionen aber die Mitwirkung der ständischen Gewalt erfordert wird, so war die Bitte wohl motivirt, möglichst die Berufung der Landstände während der Dauer der Nationalversammlung zu vermeiden. Man hätte hinzufügen können, daß da, wo den Fürsten noch eine constituirende Gewalt zustand und es keine Stände gebe, auch, der Fürst sich der Begründung neuer Institutionen während dieser Uebergangszeit enthalten möge.

Es ist natürlich, daß dieser Wunsch der Funfziger, gestützt wie er war auf eine rechtliche Nothwendigkeit und vielfältige Zweckmäßigkeit, doch nicht hat eingehalten werden können. Es stand nicht blos das im Wege, daß mehrfach schon für die bloße Fortführung der laufenden Geschäfte, namentlich für die Bewilligung der Steuern, das Zusammentreten der Landstände nothwendig wäre, sondern in den meisten größern Staaten Deutschlands waren zum Theil durch die Uebelstände der bisherigen Verwaltung zum Theil durch das drängende Vorwärtsstreben der gegenwärtigen Zeit und durch die Nothwendigkeit auf jede mögliche Weise, durch jedes angebotene Organ dasselbe zu behändigen, die Berufungen der Landstände unvermeidlich. Es ist dies auch bei uns der Fall gewesen. Wir werden später erörtern, in welcher Weise die deutsche und die landständischen Versammlungen neben einander wirken können und welchen Kreis von Reformen, welches Maß von Gewalt dieser und jener die natürlichen Verhältnisse vorzeichnen.[70]

Nr. 40 (31. Mai 1848)
Die Einheit Deutschlands practisch angewandt

Wir haben uns oft in diesen Tagen gefragt, wie es denn stehe mit Deutschlands Einheit. Manchen bedenklichen

---

70   Handschriftlich „M." gezeichnet.

Zweifel beseitigten wir, manche trübe Ahnung bekämpften wir mit dem Hinblick auf die Lage Schleswig-Holsteins. In unserer Sache wenigstens waren die Fürsten und die Völker einig; in, ihr war die Einheit Deutschlands, die unsere Zeit zu schaffen berufen schien, schon wirklich vorhanden, zum Schaden der Widersacher, zum Aerger der Neidischen, zum Troste der deutschen Nation. Zum ersten Male seit dem Sturz der alten deutschen Reichsmaschine erklärte wieder Deutschland den Krieg, zum ersten Male wehten die deutschen Farben gegen den Feind und siegend überschritten die deutschen Heere die Grenzen des erweiterten deutschen Reiches. Wahrlich, unsere Freude hier war besser und höher, als sie der bloße Provinzialpatriotismus hervorruft; minder noch über die (wie wir guten Leute glaubten) ewige und völlige Vertreibung des verhaßten und verachteten dänischen Erbfeindes freuten wir uns, als über die thatsächlich gegründete und bei Schleswig zuerst ins kraftvolle Leben getretene Einheit des deutschen Reiches.

Wir haben uns sehr geirrt. Die Idee eines einigen und starken Deutschlands hat in der Praxis einen Commentar erhalten, der geeignet ist, die ruhige Vernunft zum Wahnsinn und die Thorheit zur Ehre zu bringen.

Das einige Deutschland ist ein solches, wo jeder deutsche Regent im militairischen und politischen Verhalten zum Ausland seinen eigenen Willen hat, wo Preußen gar nicht zu wollen braucht, was Hannover will und umgekehrt. Das einige Deutschland schließt nicht aus, daß ein deutscher Fürst sich weigert sein Contingent zu stellen. Das einige Deutschland schließt nicht aus, dass ein deutsches Land einen Separatfrieden schließt. Das einige Deutschland kann viel vertragen, unbeschadet seiner Einheit, gerade wie das heilige römische Reich, trotz Neutralitätserklärungen und baseler Friedensschlüsse, das heil.

römische Reich blieb. Das einige Deutschland ist eine Coalition mehrerer Fürsten, mit einer Phrase dazu. Das einige Deutschland ist ein periodisch wiederkehrender Traum des deutschen Michel, der in Versen vortrefflich, in Prosa schlecht und in der Praxis nirgends an seinem Platze ist. Das einige Deutschland ist ein Hohn der Dänen, die Schadenfreude Englands. Aus Versehen ist Deutschland einig gewesen vier Wochen lang; aber umsonst erschraken die Nachbaren, dass es nun Ernst werden möchte. Schon lenken wir ein in das alte zerfahrene Geleise des ewigen Zwiespaltes und das *erste* Opfer ist Schleswig-Holstein.

So erläutert die Praxis den Begriff des einigen Deutschlands. Das starke Deutschland, fährt sie fort, ist ein Land von 40 Millionen Menschen, das mit Mühe und Zaudern 30,000 Mann Truppen mobil macht; das aber durch diese Kraftanstrengung so erschöpft ist, daß aus Mangel an nachrückenden Reserven nicht blos das Vorrücken unterbleibt, nicht blos das feindliche Land geräumt wird, sondern ein Theil des deutschen Landes dem Feinde bloßgegeben wird. Das starke Deutschland ist ein Land, welches zur Entschädigung für die geraubten Schiffe eine dänische Provinz besetzt und ihr eine Kriegssteuer von 4 Mill. Bkthlr. auflegt, und das, ohne die Schiffe zurückerhalten zu haben, ohne einen einzigen jener Thaler gesehen zu haben, ohne vom Feinde angegriffen zu sein, die Proclamation über Ausschreibung der Kriegssteuer wieder einsteckt und eiligst weitab ins deutsche Land entweicht. Das starke Deutschland ist ein Land, welches im Kampf mit einer zwanzigfach kleineren Nation diese weder vom Festlande ganz zu vertreiben, noch die Anlegung von Brückenköpfen auf diesem, zu beliebigen Ausfällen, zu verhindern vermag; das von jener Handvoll Menschen in seinem eigenen Lande blokirt gehalten wird, wie in einer belagerten Festung; das endlich nach langer thatenloser

Ruhe von dem Feinde geschlagen und weit zurückgetrieben wird. Das starke Deutschland ist ein Land, welches, des, lieben Friedens wegen, so genau es nicht nimmt mit seinen Rechten, und lieber ein paar deutsche Seelen und ein paar Quadratmeilen deutschen Gebietes weggiebt, als länger mit dem zwanzigfach schwächeren Feinde den Kampf erträgt. Hört ihr es, ihr Deutschen? Das ist das starke Deutschland!

O der Schmach und der ewigen Schande! Unserer Väter Schmach, von den Franzosen geschlagen werden zu sein, ist Ruhm gegen unsere Schande, die wir nicht einmal den Dänen die Spitze zu bieten vermögen. Was wir jenen vorwerfen, daß sie nach dem Siege über die Franzosen sich begnügten mit einem Theile des guten Rechtes Deutschlands, dass sie Landau und Saarlouis dem Feinde nach dem Sieg zum Geschenke machten, das machen wir gerade ebenso, nur daß man mit Ehren den Franzosen, aber mit Schimpf den Dänen nachgiebt. Und meint man denn wirklich, daß die Dänen jetzt sich einlassen werden auf solche Bedingungen? daß sie jetzt einen Zoll breit des schleswigschen Bodens aufgeben werden? Wir sehen es ja, wie sie die Waffenstillstandsanträge beantworten: sie rücken hinüber aufs Festland! Ist es denn nicht klar, daß, wenn wir auf halb Schleswig verzichten, die Dänen darum nicht Frieden schließen, sondern die andere Hälfte nachfordern werden? Ist es nicht klar, daß der Verzicht auf das halbe Schleswig ein Verzicht ist auf Deutschlands Recht und auf Deutschlands Ehre? Ich will nicht wiederholen, was die Presse so laut und so oft gesagt hat: entweder haben wir gar kein Recht auf Schleswig, oder auch ein Recht auf Nordschleswig; dieses abtreten, ja auch nur die Bewohner darüber abstimmen lassen, heißt die Integrität des Herzogthums Schleswig vernichten, und die Frage hervorrufen: ob nun nicht mit demselben Rechte auch Posen und Saarlouis um seinen

Willen bei Preußen zu bleiben gefragt werden muß. Seit unser Recht von Deutschland anerkannt ist, daß die Herzogthümer zusammen bleiben sollen *ungetheilt*, ist es eine Ungerechtigkeit Deutschlands gegen Schleswig-Holstein, ihm nicht zu seinem ganzen Rechte zu verhelfen; und wie mag es mit der deutschen Ehre bestehen, sich dies Unrecht von dem dänischen Kleinstaat gefallen zu lassen? Einen schnellen Frieden wünschen wir Alle; aber es giebt hoffentlich noch Deutsche, die den Frieden wollen, aber nicht den Frieden um jeden Preis; die es begreifen, dass man *jetzt* den Frieden nur schließen kann mit vollständiger Befriedigung der dänischen Impertinenz; die nur einen solchen Frieden wollen, worin dieser Impertinenz weder volle noch halbe Genüge gethan wird. Deutschland hat den Handschuh aufgenommen für SchleswigHolstein; für Schleswigs Besitz ist Deutschlands Ehre verpfändet. Wenn die Fürsten sie nicht einlösen, löset ihr sie ein, deutsche Brüder!

Landsleute! Wo ist die Hülfe in dieser Noth? Es giebt nur eine, die des deutschen Volkes! Wendet euch nicht mit Bitten und Wünschen nach Rendsburg; unsere Regierung ist nur so stark wie das Land es ist, und kann auch nichts weiter thun als bitten in Frankfurt. Das hat sie gethan, wie ihr wisset. Wendet auch ihr euch nach Frankfurt! Vieles Bitten um Eines nützt mehr als vieles Bitten des Einen. Petitionen und Adressen bereitet überall vor, schnell, denn die Zeit drängt. Es schicke wo möglich jede Commüne einige Männer hin, die Petition persönlich zu überreichen; jeder von euch Abgeordnete überzeugt vielleicht einen oder den andern der deutschen Abgeordneten. Appelliert von den deutschen Fürsten, deren viele sind und uneinige, an das deutsche Volk, das eine und Gott geb' es einige; erklärt ihnen, daß ihr keinen schandbaren Frieden, sondern lieber alle Gräuel des Krieges aber und abermals ertragen wollt. Erklärt ihnen, dass ein solcher erbettelter Friede doch für euch nichts sein würde als ein kurzer Waffenstillstand, daß ihr nur warten werdet, bis eure Mannschaft gerüstet, euer Land wehrhaft ist, um aufs neue den verhaßten Dänen zu bekämpfen. Fragt die erwählten Männer des deutschen Volkes, ob sie kein Herz haben für die deutsche Schande, keine Erbitterung über den dänischen Jubel. Fragt sie, ob sie nicht eben dazu berufen seien, um zu verhindern, daß Deutschlands Uneinigkeit abermals ein neues Stück von Deutschland abreiße, fragt sie, ob auch sie so gleichgültig einige Aemter und Städte weggeben, an denen freilich nicht Deutschlands Größe hängt, aber Deutschlands Ehre. Und wenn uns die Flüchtlinge kommen aus Apenrade und Hadersleben und Tondern, wie sie schon gekommen sind, so werden wir sie auffordern, alle auch nach Frankfurt zu gehen, und dort das Elend ihres Exils den Deputirten vor die Augen zu bringen. Kein Engländer irrt herum ohne Heimath, kein Franzose außer einigen Durchlauchten und deren Suite; denn beide haben ein großes freies Vaterland. Müssen wir es erleben, daß zu den armen Polenflüchtlingen nun auch die heimathlosen Deutschen aus Nordschleswig kommen, elender als jene, denn die Polen sind nur gewaltsam unterworfen, aber diese Deutschen läßt ihr Vaterland im Stich, das große, freie, einige Deutschland! Wir werden sie nach Frankfurt senden anzufragen bei den Vertretern des Vaterlandes, ob sie noch ein Vaterland haben, oder keines mehr.

Und dann noch Eines! Ihr bittet um Waffenhülfe; vergeßt nicht, daß, um diese erbitten zu dürfen, ihr selbst unter Waffen stehen müßt. Bei der Sicherheit, mit der ihr auf Deutschland vertrautet, ward unsere Wehrverfassung sehr vernachlässigt; holt es nach! Es ist leichter sich helfen zu lassen, wenn man sich wenigstens zum Theil selber hilft. Wartet nicht auf Befehle von oben, sondern zeigt, daß ein freies Volk keines Befehles bedarf, wo die Pflicht so

laut befiehlt. Wenn der Kampf des deutschen Volkes gegen
Dänemark beginnen soll, so müssen die Bewohner Schleswig-Holsteins den Anfang machen mit dem Volkskrieg.[71]

Nr. 42 (2. Juni 1848)

(Im Anschlusse an den Artikel „eines deutschen Officiers"
[hds. Gerstorff] „über die Bewaffnung SchleswigHolsteins")

Dies sind die Vorschläge eines deutschen Officiers zur
Wehrhaftmachung Schleswig-Holsteins. Möge die Regierung den Organismus bieten, den sie angeben, das Volk
wartet nur auf einen solchen Ruf, um seine Kraft in einem
geregelten Strom zu ergießen. Gewiß wird sie Niemand
lesen, ohne ergriffen zu werden von dem Gefühle, daß
die Volksfreiheit erst zur Wahrheit wird durch eine solche Wehrverfassung, welche die Schlagfertigkeit der Linie
mit dem volksthümlichen Geiste der Landwehr vereinigt,
welche das Problem löst, den Officier auch zum Bürger zu
machen, indem sie ihn den Winter über aus der Caserne
ins bürgerliche Leben sendet, welche eine Truppe schafft
ohne den Kastengeist des stehenden Heeres und ohne die
Indisciplin der Freicorps. Sie sind allerdings nicht augenblicklich zu verwirklichen; allein wir werden doch wohl
thun, ein solches Endziel vor Augen zu haben, um demselben unsere transitorischen Maßnahmen möglichst zu
accomodiren, und noch besser thun, ähnliche Bestimmungen gleich gesetzlich festzustellen, damit unser Volk und
ganz Deutschland es begreife, daß es uns Ernst ist ein Volk
von freien Bürgern und freien Kriegern zu bilden. Was für
jetzt geschehen muß, um die militairische Kraft des Landes möglichst schnell mit den vorhandenen Mitteln auf

---

71   Handschriftlich von Mommsen mit „M." gezeichnet.

einen respectablen Fuß zu bringen, darüber sind natürlich hier nur allgemeine Andeutungen möglich.

Es muß vor allem ein deutscher höherer Officier gewonnen werden, der fähig ist die Organisation unseres Heeres zu leiten. Ohne einen solchen kommt hier nichts zu Stande, da unsere wenigen Officiere im Felde unentbehrlich sind, selbst wenn sich derartige seltene Talente unter ihnen befinden sollten. Ein Mann, der fähig ist, dies auszuführen, wird sich in Deutschland schon finden, und es ist die Pflicht der Regierung ihn zu suchen unter den militairischen Capacitäten Deutschlands.

Dürften wir an den General Bonin denken! Es ist im Interesse Deutschlands, daß die militairischen Hülfsmittel unseres Landes und die anerkannte Bravour unserer Soldaten nutzbar gemacht werden. Sollte dies auch für den gegenwärtigen Krieg nicht mehr wirksam sein, so wird es doch an baldiger Gelegenheit nicht fehlen, wo die schleswig-holsteinischen Regimenter in Deutschland willkommen sein werden.

Wir brauchen ferner Waffen, Officiere und Mannschaft – Waffen können wir haben so viel wir bezahlen können, und wir sollten hierin nicht sparen. Wo so viel Deutsche für uns ihr Blut hingehen, dürfen wir die Thaler nicht schonen. Noch ist keine Kriegssteuer ausgeschrieben; der Landmann ist gefaßt darauf, und wird sie bei den jetzigen guten Zeiten ohne große Beschwerde tragen können.

Wir brauchen Officiere und Unterofficiere. So zweckmäßig der Vorschlag ist, eine Militairschule zu gründen, die wo möglich für beide zugleich dienen sollte, so kann doch für den Augenblick nur die Herbeiziehung auswärtiger Officiere und Unterofficiere uns helfen. Ganz in derselben Weise hat Belgien sein Militair mit Hülfe französischer Bildungskraft organisirt, und welche achtunggebietende Stellung behauptet Belgien jetzt auch in militairischer Hinsicht in Europa! Es wird trotz aller Fürsorge der deutschen Regierungen noch schwer fallen, solche aus Deutschland herbeizuziehen, zumal da sie nicht kommen sollen um zu kämpfen, sondern zunächst um Rekruten zu exerciren, aber der Kampf steht in Aussicht, wobei sie die Früchte ihrer eigenen Saat ernten werden.

Wir brauchen ferner Mannschaft. Die einberufenen Rekruten genügen nicht; wird die allgemeine Wehrpflicht mit rückwirkender Kraft auf einige Jahrgänge festgesetzt, so wird dadurch genug Mannschaft mobil, um wenigstens einen Anfang zu machen. Warum man noch zögert die allgemeine Wehrpflicht sofort einzuführen, begreifen wir nicht; zumal da mancherorts schon die Bauern sich weigern zu dienen, wenn die Städter nicht dasselbe thun, und umgekehrt einzelne Städte in Begriff sind, freiwillig auf das Privilegium der Feigheit zu verzichten. Man sollte doch denken, daß die Einführung allgemeiner Wehrpflicht sich im Jahre 1848 eben so von selbst versteht wie die Aufhebung der karlsbader Beschlüsse.

Wir helfen zu Gott, daß endlich mit den Rüstungen ein ernsthafter Anfang gemacht werde, wäre es auch nur, damit uns nicht die Scham den Mund verschließe, wenn wir in Frankfurt oder Berlin um Hülfe bitten. Es ist sehr möglich, daß diese unsre Rüstungen für den Kampf im eigenen Lande zu spät kommen; aber es ist einestheils doch immer möglich, daß der Kampf sich noch lange hinauszieht; anderntheils so gut wie gewiß, daß der erste Friede mit Dänemark kein aufrichtiger Friede, sondern ein Waffenstillstand sein wird. Vor allem aber erfordert es unsre Ehre das Mögliche aufzubieten, damit wir uns nicht bloß helfen lassen; und ebenso erfordert es unsere Ehre, daß bei dem nächsten Kampfe Deutschlands die Schleswig-Holsteiner zuerst auf dem Kampfplatze erscheinen, während sie, wenn es in der bisherigen Weise fortgeht, leicht die Letzten sein könnten. Es wird nicht lange die Gelegenheit fehlen, wo wir Deutschland das Anlehen von Offizieren, das wir jetzt erbitten, mit Bataillonen zurückzahlen können. Damit aber das geschehen könne, muß bald etwas gethan werden; wir schulden Rechenschaft und Verantwortung für jeden Tag, den wir mehr verlieren. Wir haben nun genug gesungen vom meerumschlungenen Schleswig-Holstein; es thut jetzt ein Anderes noth, die That. Das Jodeln der Tiroler klingt recht schön, aber besser klingen die tiroler Stutzer. Der Regierung gebührt die Initiative; möge es ihr bald gelingen, die orga-nisirenden Talente zu finden! Bis dahin können aber noch immer die Commünen, welche Waffen besitzen oder sich welche verschaffen können, Einiges thun; Schießübungen vor allem sind nie verloren. Zweckmäßig möchte es sein, da wo leidliche Führer, namentlich Offiziere der früheren Frei-corps sich finden, eine mobile Wehrmannschaft, theils aus der Bürgerwehr, theils aus eigends angenommenen und aus der Commünekasse besoldeten Leuten zu bilden, welche vorläufig den Dienst der Bürgerwehr mit übernähme, aber sich verpflichtete erforderlichen Falls auch außer der Stadt zu dienen. Bei fleißiger Uebung im Schießen könnten sich hiedurch Scharfschützenabtheilungen bilden, welche nicht so schnell sich schaffen lassen, wie Linieninfanterie, und die doch den Truppenführern immer willkommen sind, auch wenn sie besser schießen als marschiren.[72]

NR. 49 (9. JUNI 1848)
Die schleswig-holsteinischen Provinzialstände

Wenn unsere Stände zusammenkommen am 14. Juni, wahrlich sie werden berathen und beschließen wie der

---

72   Handschriftlich mit „M." gezeichnet

hamburger Senat in der brennenden Stadt. Kriegesnoth und Diplomatenschlingen, Erwerblosigkeit und Handelssperre, Tagelöhnerhunger und Aristocratenverstocktheit – sie sollen allem auf einmal Wandel schaffen, denn es brennt an allen Ecken. Mögen sie anders handeln als jener Senat, uns lieber erschrecken durch ihren Uebermuth als erbittern durch ihren Kleinmuth, lieber Straßen in die Luft sprengen als fein säuberlich die Actenbündel zusammenpacken, lieber an den lebendigen Gott, des ewigen Rechts als an den todten Götzen des Buchstabens appelliren, lieber mit der Vergangenheit brechen als mit der Zukunft. Die Geschichte fragt schon: was that Schleswig-Holstein seit dem Tage, den es als den Tag seiner Befreiung bezeichnet, bis jetzt? Vom Tage des 14. Juni an wird des Landes laute Stimme an die Ständedeputirten diese Frage richten und wehe ihm und ihnen, wenn die Antwort ausbleibt! Was sie thun sollen? darüber einige eilige Worte, denn die Zeit geht schnell und während alles eilt und löscht und rettet, ist kaum Zeit zu flüchtigen Worten und fliegenden Blättern.

Allerdings sind unsere Stände nur die Vertreter einer Provinz des deutschen Staates. Der Staat Schleswig-Holstein hat sein Ende erreicht mit dem Tage, wo durch den von allen Regierungen und Ständen der deutschen Staaten genehmigten Zusammentritt des deutschen Reichstags das deutsche Reich ins Leben trat; wir sind seitdem eine Provinz geworden und in allen politischen Fragen abhängig von dem frankfurter Parlament. Nur dort kann unser Friede geschlossen werden, über den uns nur das Recht der Bitte und des Rathschlags zukommt: und schon hat der Reichstag sich hiefür competent erklärt. Wir hoffen der gegentheiligen particularistischen Ansicht, die zum Hochverrath gegen Deutschland führen kann, in Schleswig-Holstein nicht zu begegnen, wo man zu laut auf das Recht der deutschen Einheit provocirt hat, um nicht auch die Pflichten derselben sich gefallen zu lassen. Wir hoffen, daß unsere Ständeversammlnng ihren jetzigen Wirkungskreis begreifen und keinen Beschluß fassen wird, der nach dem bekannten Ausspruch des Reichstages mit dessen Beschlüssen collidiren und also nichtig sein würde; wir hoffen, daß sie sich beschränken werde, auf die augenblicklich nothwendigen Maßregeln und auf die Begründung der Gemeindefreiheit, die ihre wesentliche Aufgabe ist.

Gemeindefreiheit! Daß sie nothwendig ist, wer möchte das noch beweisen? Dafür schreiben wir eben 1848, daß sich dies von selbst versteht. Sie ist die Basis aller Freiheit, ohne sie selbst die freieste Verfassung nur eine andre Art der Despotie. Aber sie ist schwer zu erreichen; leichter ist es den einen absoluten Monarchen zu stürzen als die zahllosen Landvögte und Bürgermeister und wie sie sonst heißen, ihrer diminutiven Herrschaft zu entkleiden und sie aus Bedienten der Durchlauchtigten, wozu jeder gut genug ist, zu Dienern eines freien Volkes zu machen, wozu nur die besten taugen. Haben wir eine democratische Regierung, d.h. eine Regierung, die die Freiheit schafft, so wird sie die Formen bilden, in die der edle Geist eines freien Volkes sich allmählig ergießen und der kommenden Generation die Freiheit zur Mitgift bringen wird.

Aber die Gemeindefreiheit ist doppelter Art: einmal die der städtischen und ländlichen Commünen, alsdann die der ganzen Provinz Schleswig-Holstein, welche auch eben, seit sie kein Staat mehr ist, nicht ist als eine große Commüne – also erstlich ist noth eine neue Communalordnung, zweitens eine neue Provinzialverfassung. Jene ist mehr localer Natur und kann nicht wohl von der Ständeversammlung ausgehen, am wenigsten jetzt in dieser drängenden Zeit. Möge daher hiefür nichts weiter geschehen, als daß die Regierung von den Ständen beauftragt werde, in allen städtischen und ländlichen Commünen nach

Vernehmung der Eingesessenen eine volksthümliche, die Wahl der Communalbeamten den Commünen überweisende Verfassung zu entwerfen und provisorisch einzuführen. Sollte dieser Auftrag auch nicht in solchem Umfange ausführbar sein, so ist damit doch das Princip festgestellt und der Regierung die Macht gegeben, auf die Vorschläge der einzelnen Commünen einzugehen.

Einer verjüngten Provinzialverfassung bedürfen wir sowohl in administrativer als in constitutiver Hinsicht. Für Beides können die Stände für jetzt nur die Grundlagen anbahnen. Die Administration krankt vor allem an unserer heillosen Districtszersplitterung, durch die die Regierungsmaschine an jeder ebenmäßigen Bewegung gehemmt wird. Auch hier werde die Regierung bevollmächtigt neue Verwaltungs- und Gerichtsbezirke abzugrenzen und provisorisch festzustellen, wobei natürlich dem verjährten Mißbrauch der adlichen Jurisdiction in den feudalen Fetzen ein Ende gemacht werden muß. Der gesunde Menschenverstand wird es nie als ein wohlerworbenes Privatrecht ansehen, daß irgend ein Bürger die Strafmacht der Staatsgewalt ausübt. – Unsre Constitution endlich bedarf einer ganz neuen Feststellung, die anerkanntermaßen nur stattfinden kann durch eine Versammlung, die das Volk repräsentirt und nicht blos, wie die gegenwärtige, die reicheren Grundeigenthümer. Diese ist darauf beschränkt, die Wahlen zur constituirenden Versammlung anzuordnen und den Wahlmodus zu bestimmen; möge sie bei dessen Festsetzung das Land nicht daran erinnern, wie wenig die Zusammensetzung der Versammlung geeignet ist Vertrauen auf sie zu erwecken, sondern vielmehr beweisen, daß in dieser großen Zeit auch die bisher bevorrechteten Stände der Provinz den Muth und die Klugheit haben die politische Freiheit und Gleichheit aller Staatsbürger zu proklamiren. Allerdings handelt es sich zunächst blos um die constituirende Versammlung, die selbst erst den später gültigen Wahlmodus zu bestimmen haben wird; aber es kann nicht verkannt werden, daß factisch die Zusammensetzung jener vom größten Einfluß auf diesen sein und die von der constituirenden Versammlung etwa ausgeschlossenen oder in ihr unvollkommen vertretenen Klassen der Bevölkerung viel weniger Aussicht haben in der Constitution berücksichtigt zu werden. Darum einige Worte darüber, wie zu der constituirenden Versammlung die Wahlen anzuordnen sein werden.

Es kann keinem Zweifel unterworfen sein, daß der erste Grundsatz sein muß der der allgemeinen Volksvertretung. Konnte in der letzten Sitzung der vereinigten Stände noch im Ständesaal – nicht im Volke – vielfältiges Bedenken dagegen sich erheben, so ist die Frage doch jetzt präjudicirt durch die frankfurter Wahlen, und unsere Stände werden nicht die gefährliche Thorheit begehen, die communalen Rechte enger zu normiren, als die politischen; sie würden dadurch nicht das allgemeine Wahlrecht, sondern sich selbst unmöglich machen.– Dagegen verdient sorgfältige Erwägung die Frage, ob die Vertretung bloß nach gewissen, nach Zahlen bestimmten numerischen Complexen, oder mit Berücksichtigung der Classen und Stände angeordnet werden soll. Unsere politischen Doctrinairs, für die die Freiheit nichts ist, als die Despotie einer Centralversammlung, und die Gleichheit nichts, als das Nivelliren aller natürlichsten und lebendigen Unterschiede, werden freilich nur die Provinzialverfassung eine freie und gleiche nennen, welche für je 10,000 oder je 5000 der Einwohner einen Vertreter bestimmt. Aber die wahre Politik wird dahin streben, daß innerhalb der natürlichen und nothwendigen Kreise sich die Freiheit entwickle, und der Hausvater durch die Commune, die Provinz und den Staat, die Commünen durch die Provinz und den Staat, die Provinz durch den Staat wohl beschränkt, aber nicht unfrei gemacht werde. In allen Fragen, die den Staat als solchen betreffen, kommen Bürger und Bauern, Geistliche und Officiere, alle nur als Staatsbürger in Betracht und sollten durchaus dieselben Interessen haben; wer sich hier durch sein Standesinteresse bestimmen läßt, verletzt seine Pflicht als Staatsbürger. Darum war es ganz richtig, wenn man in politischer Beziehung die völligste Gleichheit proclamirte und z.B. für die frankfurter Versammlung Allen und Jeden stimmen ließ und Stadt und Land zusammenwarf. – Unsere Provinzialstände dagegen sind wesentlich nichts anderes, als eine große Communalvertretung der Provinz Schleswig-Holstein. Ihr wichtigstes Geschäft, ja man kann sagen das Geschäft, auf das am Ende ihre ganze Wirksamkeit hinausläuft, ist es, festzustellen, wie viele Thaler von Schleswig-Holstein jährlich gezahlt werden sollen und wer jeden einzelnen zu zahlen hat; sie sollen theils den auf Schleswig-Holstein von der Reichsversammlung in Bausch und Bogen angewiesenen Beitrag zu den deutschen Staatsausgaben auf das Land umlegen, theils das hinzukommende schleswig–holsteinische Provinzialbudget feststellen und in billiger Weise repartiren. Es versteht sich, daß sie auch andere wichtige Bestimmungen zu treffen haben und ihnen keineswegs alle politische Wirksamkeit genommen werden kann und soll; aber jeder Practische und Aufrichtige wird es zugeben, daß die Hauptaufgabe der Provinzialstände die möglichste Ausgleichung der streitenden materiellen Interessen in Betreff der jährlich wachsenden und schwer drückenden Staatskosten ist. Um dies in möglichst billiger Weise zu erreichen, muß dafür gesorgt werden, daß alle materiellen und localen Interessen in der Versammlung vertreten seien. Wie wenig dies aber erreicht wird, wenn man ohne Unterschied von Stadt und Land, von großen und kleinen Grundbesitzern eben nur in banal democratischer Weise von z.B. je 10,000 Einwohnern einen Deputirten wählen läßt, ist evident. Die großen Gutsbesitzer werden in diesem Falle, sobald die kleineren ihrer Vortheile sich bewußt werden, auch nicht Einen Vertreter mehr im Ständesaale zählen; ebenso werden, wenn man combinirte städtisch-ländliche Districte anordnet, bei den Städten über 5000 Einwohner die dazu geschlagenen Landleute, bei den kleineren Städten die Bürger derselben factisch unvertreten sein, und nur ein durchaus illusorisches Wahlrecht haben. Wohin dies führen kann in einem Land, das eine überwiegend ländliche Bevölkerung und gar keine großen Städte hat, und wo z.B. im Gewerbewesen und so vielen andern Dingen die Interessen von Stadt und Land sich so schroff gegenüberstehen, ist nicht leicht vorherzusagen. Allerdings ist es wahrscheinlich, daß bei der politisch weiter fortgeschrittenen und in Folge ihrer engeren Zusammendrängung leichter zu organisirenden städtischen Bevölkerung in den ersten Jahren das ganze Uebergewicht des Landvolkes noch nicht hervortreten wird; aber es wird die Zeit kommen, wo unsere städtische Bevölkerung, die zu der ländlichen sich verhält wie 1 : 3, in die Provinzialstände nicht den achten Theil der Abgeordneten sendet. Wir halten dies Verhältniß für sehr nachtheilig und wünschen darum eine andere Nomirung, wodurch der städtischen Bevölkerung eine ihrer Zahl angemessene Vertretung gesichert wird. Dem Landvolk, das die große Majorität des Landes ausmacht, bleibt natürlich immer die Majorität gesichert und damit die volle Macht, der Entscheidung; wir haben nichts dagegen, aber wir verlangen, daß die Minorität nicht statt überstimmt zu werden ganz oder fast ganz von der Vertretung ausgeschlossen werde, und daß sie Gelegenheit habe durch freie Darlegung ihrer Rechts- und Billigkeitsgründe an die Unparteilichkeit der Majorität zu appelliren.

Der sowohl begrifflich als practisch zweckmäßige Wahlmodus für unsere künftigen Provinzialstände scheint mir
ein solcher zu sein, wobei die Commünen zu Grunde
gelegt werden. Unsre neue Verfassung muß, wie schon
gesagt, wesentlich eine Communalverfassung sein, nicht
des Staates, sondern der Provinz d.h. der Commüne Schleswig-Holstein; die Elemente dieser Provinz sind aber die
einzelnen städtischen und ländlichen Commünen, und
aus deren Deputirten bilde man also unsere Landstände.
Die neue ländliche Districtseintheilung, die ohnehin stattfinden muß, möge man auch den ländlichen Wahlen zu
Grunde legen und jedem Amte einen oder mehrere Vertreter im Verhältniß seiner Volkszahl zuweisen, so daß für
je 10,000 Einwohner ein Deputirter ernannt wird. Für die
Städte und größeren Flecken wäre es wünschenswerth,
wenn jeder Ort seinen eigenen Vertreter hätte, da jede
Stadt ihre eigenen materiellen Interessen hat und in der
Regel grade mit der ihr benachbarten darüber im Streite
liegt, so daß in einem combinirten städtischen Wahldistrict
factisch die weniger bevölkerte Stadt unvertreten ist; was
nicht, wenigstens nicht in dem Maße, von den ländlichen
Districten gilt, indem, wenn erst die bisherigen Privilegien
beseitigt sein werden, das Interesse der verschiedenen zu
einem Amt vereinigten Dorfschaften im Ganzen dasselbe
sein wird. Es möchte daher zweckmäßig sein, wo zwei oder
mehrere Städte combinirt werden müssen, ihnen die Wahl
freizustellen, sich entweder über denselben Vertreter zu
einigen, oder jede einen besondern Vertreter zu commit-
tiren, der alsdann natürlich nur einen verhältnißmäßigen
Theil der Gesammtstimme führen würde. Besser ist es, daß
unsre Theoretiker lächeln über diesen Vorschlag halber
Stimmen, wie sie in der schweizer Tagsatzung hergebracht
sind, als daß unsre practischen Männer die systematische
Unterdrückung der kleineren Städte durch die etwas größe-

ren Nachbaren beklagen. – Eben so nothwendig erscheint es uns, daß man den größeren Gutsbesitzern einige Vertreter bewillige. Es mag sein, daß dies theoretisch sich nicht stringent rechtfertigen läßt; aber wenn es sich handelt um eine redliche Vertretung aller materiellen Interessen, so kann Niemand verkennen, daß die der Gutsherren durchaus eigenthümliche sind, und die Erwiderung wie Spott klingen würde: sie seien ja in den ländlichen Districten mit vertreten. Ebenso wie es ungerecht sein würde, zur Conservirung der grundherrlichen Aristocratie eine erste Kammer zu gründen, so unbillig wäre es auch, ihr alle Fürsprache in den Ständen abzuschneiden; denn kein materielles Interesse ist der Allgemeinheit gegenüber berechtigt zu einem Veto, aber jedes hat das Recht sich zu vertheidigen, d.h. das Recht auf Vertretung. Wir fordern für unsere Gutsbesitzer nichts als die Zulassung ihrer Organe, die Möglichkeit an die Gerechtigkeit und Billigkeit des Volkes zu appelliren. Dies allgemeine Vertheidigungsrecht möchten wir überhaupt auf alle Sonderinteressen ausgedehnt wissen, die bedeutend genug sind, um allgemein berücksichtigt zu werden und die Gefahr laufen, durch den festgesetzten Wahlmodus ohne Vertreter zu bleiben. Wir halten es darum für sehr zweckmäßig, wenn das Corps der Officiere, die Geistlichen, die academischen und Gymnasiallehrer und ebenso, ja noch mehr die Stadt- und Landschullehrer nebst den Seminarlehrern aus ihrer Mitte einige Deputirte ernennen. Das Einzige, was man mit Grund dagegen erinnern kann, ist das, daß bei allgemeinem passivem Wahlrecht aus den meisten dieser Stände ohnehin Deputirte nicht fehlen werden; in wie weit dies zu erwarten ist, ist eine factische Frage, mit deren Untersuchung die nächste Ständeversammlung sich beschäftigen wird. Damit es ihr hiezu nicht an Veranlassung fehle, wäre es zweckmäßig, durch Petitionen der Betreffenden die Frage zur Anregung zu bringen.

Wir wünschen also, daß unsre bald zusammentretende Ständeversammlung für die Wahlen zur constituirenden einen Modus feststelle, welcher als Grundsatz ausspricht, daß jeder zur Wahl für Frankfurt Berechtigte auch zu den Provinzialständen zu wählen befugt sei. Von je 10,000 Einwohnern werde ein Deputirter gewählt, so daß ein Ueberschuß von über 5000 Einwohnern in dem einzelnen Wahldistrict diesen zur Wahl eines Deputirten mehr berechtigt, also z.B. ein District von 26,000 Einwohnern 3 Deputirte sendet. Dadurch wird die Versammlung etwa 80 volle Stimmen zählen, was ungefähr der Zahl der jetzigen vereinigten Ständedeputirten (45 für Holstein, 41 für Schleswig) entspricht und hinreichend sein wird. Geringer darf die Zahl aber nicht sein, damit es der Versammlung weder an Arbeitskraft noch an Intelligenz und Autorität fehle. Die Städte über 10,000 Einwohner wählen nach Maßgabe ihrer Volkszahl; die kleineren, so wie die factisch den Städten gleichstehenden Flecken Heide, Meldorf, Neumünster u.s.f. vereinige man zu Districten von etwa 10,000 Einwohnern und überlasse es den combinirten Commünen, entweder einen Vertreter der Gesammtstimme oder mehrere der Partialstimmen zu ernennen, je nachdem die Rücksicht auf Sparsamkeit oder die auf vollständige Vertretung überwiegt. In den ländlichen Districten lasse man, wofern die Regierung eine neue Districtseinteilung noch nicht vorzulegen im Stande ist, vorläufig die alten Ständewahldistricte gelten und jeden nach Maßgabe seiner Bevölkerung wählen. Endlich treffe man die Maßregeln, wodurch die in der allgemeinen ländlichen und städtischen Vertretung nicht mit vertretenen Sonderinteressen, namentlich die der großen Gutsbesitzer, der Akademie, der Geistlichkeit und der Schullehrer angemessene und specielle Organe erhalten, um dem ganzen Lande ihre Sonderwünsche vorzulegen. Einer also zusammengesetzten constituirenden

Versammlung werden die vereinigten Herzogthümer mit Vertrauen ihre Zukunft in die Hände geben. Beschließen die jetzt neuberufenen Stände in solcher Weise, beschließen sie vor allem das Nothwendige schnell, gehen sie daneben ohne Kleinkrämerei und legale Mäkelei auf die allgemeine Wehrpflicht und die Kriegssteuer ein, deren Nothwendigkeit hoffentlich den Räthen und Advokaten eben so einleuchten wird, wie unsern bereitwillig contribuirenden und freiwillig zu den Sessionen sich drängenden Bauern: so werden sie das Ihrige dazu beitragen, daß das Resultat unserer Vergangenheit, das ungetheilte Schleswig-Holstein gesichert und die Hoffnung der Zukunft, ein freies Volksleben und eine würdige Selbstregierung, begründet werde, alsdann wird das, hoffentlich nicht allzu voluminöse, Heft der Ständeverhandlungen von 1848 in würdiger Weise die weitschichtigen Akten der berathenden Provinzialstände abschließen; die Gegenwart wird es anerkennen und die Geschichte es wiederholen, daß unsre Stände ihre Pflicht gethan haben und die große Zeit in Schleswig-Holstein Männer vorgefunden hat, die ihr gewachsen sind.[73]

Nr. 50 (10. Juni 1848)
Die provisorische Centralgewalt und die „Deutsche Zeitung"

Bisher ist die noch ungelöste Verfassungsfrage, welche Staatsform Deutschland annehmen solle, mehr von einem theoretischen als praktischen Gesichtspunkt betrachtet worden. Nach gewissen Theorien discutirte man über diese Frage. Man suchte aus dem Wesen der verschiedenen Staatsformen, die in Vorschlag gebracht werden, ihre Annahme als nothwendig darzustellen, indem man sich

---

73   Handschriftlich „M." gezeichnet.

der Wendung bediente, die in Vorschlag gebrachte sei für unsere gegenwärtigen Zustände die angemessenste. Nicht ganz aufrichtig verfährt man in diesen Verhandlungen. Die frühere Fragstellung in diesem Dinge, welche Staatsform die beste sei, wollte man als eine jetzt veraltete und als eine unrichtig erkannte nicht wiederholen, machte aber in anderer Wendung doch nur diese Frage. Dies gilt namentlich von den Monarchisten. Die Monarchie oder die s. g. constitutionelle Monarchie war in dem Entwurf der Vertrauensmänner als die einzig annehmbare Staatsform für Deutschland vorgeschlagen werden und die „D. Z." suchte alsdann nachzuweisen, daß nur ein erbliches Kaiserthum Deutschland eine Einheit geben könnte, wie sie verlangt werde und daß nur diese Staatsform unseren Zuständen angemessen sei.

Die Vertrauensmänner und die „D. Z." sind überzeugt, das erbliche Kaiserthum sei die unseren Zuständen allein angemessenste Staatsform. Dieselben beriefen sich namentlich darauf, daß in den Theilen des Bundesstaats diese Staatsform eingeführt sei oder werde, daß das erbliche Fürstenthum derselben ein erbliches Kaiserthum erheische. Wir würden auch daher nicht eher zu einem deutschen Staate wahrhaft gelangen, als bis ein deutscher Kaiser erwählt sei. Die Beurtheilung, ob dieses erbliche Kaiserthum unseren Zuständen wirklich angemessen ist und durch dieselben gefordert werde, wenn Deutschland ein Bundesstaat werden soll, läßt sich jedoch nicht daraus allein gewinnen, daß in diesem Bundesstaate sich mehr Monarchien als Republiken befinden. Dieser Schluß scheint selbst durch die That nicht bewährt zu werden. Die deutschen Fürsten selbst scheinen so wenig wie die Völker damit übereinzustimmen. Nur Preußen zeigt sich dem Vorschlage nicht abgeneigt. Warum sollen wir nun diesen Männern so ohne weiteren Grund es glauben, daß das Fürstenthum der einzelnen Bundesstaaten das erbliche Kaiserthum als Oberhaupt des Bundes erheische? Unsere Dynastien und Zustände zeigen vielmehr gar nicht darauf hin. Deshalb ist dieser Grund auch nur ein scheinbarer. Der einzige Grund, warum das Kaiserthum empfohlen wird, ist nur der, den man freilich in dieser Fassung nicht gern eingestehen will, daß man die Monarchie für die beste Staatsform hält. Sie ist für unsere Zustände die angemessenste, weil sie die beste ist. Dies ist der wahre Grund, warum man sie empfiehlt.

Es mag sein, daß das erbliche Fürstenthum die beste Staatsform für einen einfachen Staat ist, daß sie es aber deshalb auch für einen Bundesstaat sei, dies gestehen wir, nicht ,begreifen zu können. Vielleicht aber hat man auf jener Seite auch nicht einen Bundesstaat, sondern nur ein deutsches Kaiserreich gründen wollen. Wenn das der Fall wäre, so würde bei jener ersten Voraussetzung allerdings die zweite Behauptung nur eine bloße Wiederholung der ersten sein. Allein, ob dieser Vorschlag durch unsere Zustände indicirt sei, dies erscheint nur noch zweifelhafter, zumal wir nicht sagen dürfen, man denke auf dieser Seite die Gründung des deutschen Kaiserthums mit der Absetzung der deutschen Fürsten anzufangen.

Unsere Zustände zeigen vielmehr auf die Einführung dieser Staatsform überall nicht hin. Mit der Natur eines Bundesstaates will sich das erbliche Kaiserthum nicht verbinden lassen. Der Bundesstaat fordert nicht nur eine Centralgewalt, sondern auch eine Vertretung der einzelnen Staaten, die im Bunde sind. Die Einführung des erblichen Kaiserthums kann aber, ohne den letzteren zunahe zu treten, nicht bewerkstelligt werden. Man wird genöthigt, einem Bundesstaate die Hegemonie zu ertheilen, worin die andern Staaten eine Beeinträchtigung sehen, falls man nicht andererseits zu der Aushülfe schreiten wil, das

Gebiet desjenigen Staates, dessen Fürstenhaus mit dem erblichen Kaiserthum gekrönt wird, für Reichsgebiet zu erklären und diesem Hause daher auf der einen Seite nehmen, was man ihm auf der andern zu geben beabsichtigt, eine starke Macht. Auf der einen Seite muß man einem Bundesstaate eine doppelte Stellung im Bunde geben und verringert dadurch auf der andern Seite die Stellung der anderen Glieder des Bundesstaates. Will man den Bundesstaat, kann man das erbliche Kaiserthum nicht zugleich wollen, am wenigsten aber beweisen, daß dasselbe die unsern Zuständen angemessenste Staatsform sei. Diese ist vielmehr nur ein Bundesstaat, wodurch die Ansprüche der Stämme und ihrer Regierungen befriedigt werden können. Durch ein deutsches Kaiserthum legt man nur „den Samen der Zwietracht, des Kampfes, der Unmöglichkeiten und des Todes von vorneherein in den Boden". Weil ein deutsches Kaiserthum gar nicht herzustellen ist, ohne daß ein deutscher Staat auf Kosten der andern bevorzugt wird, daß eine Particularität über die anderen gesetzt wird und auf der anderen Seite eben deßhalb die anderen noch um einen Grad mehr herabgesetzt werden, kann man nicht sagen, daß in dieser Staatsform die gerechten Ansprüche der einzelnen Bundesstaaten befriedigt würden.

Aus den gegenwärtigen Zuständen heraus ist dieser Vorschlag nicht entsprungen; derselbe aber angenommen und in der Wirklichkeit durchgeführt, wenn dies ohne Revolution möglich wäre, geht auf nichts andres, als die Glieder des Bundesstaates zu Provinzen des Kaiserreiches zu machen. Nur aus der Theorie, daß die Monarchie die beste Staatsform ist, ist dieser Vorschlag entsprungen. Der Doctrinismus der Erfinder und Vertheidiger derselben liegt zu klar vor, als daß man noch länger daran zweifeln sollte ihr erbliches Kaiserthum sei bloß eine schöne Doctrin, welche unsere Zustände unberücksichtigt läßt. Man kann es nur

Kurzsichtigkeit nennen, daß auf jener Seite geglaubt werde, unsere Zustände erheischen das erbliche Kaiserthum, oder durch die Einführung desselben werde Deutschland was es werden will, ein Bundesstaat.

Mit diesem Doctrinismus stimmt es jedoch überein, daß die Anhänger des erblichen Kaiserthums dasselbe für angemessen unseren Zuständen halten und nicht klar darüber sind, daß sie das, was sie nach ihrer Lehre erstreben müssen, keineswegs vor Augen haben. Dies ist nichts anderes, als die Creirung eines großen deutschen Kaiserreichs. Wenn es wahr ist, daß die Monarchie ein für allemal die beste Staatsform ist, dann sollte man denken, daß deren Anhänger doch gradezu erklärten, einen deutschen Bundesstaat wollen wir nicht, sondern ein deutsches Kaiserthum. Beides zu wollen ist eine Unmöglichkeit, eine Unklarheit, womit man über unsere Zustände sich selbst täuscht.

Diese Doctrin aber und ihre Anwendung auf Deutschland, die deutsche Universalmonarchie, ist schon ein so festgewurzeltes Vorurtheil der „D. Z." geworden, daß sie alle andern Vorschläge die gemacht werden um eine Centralgewalt in Deutschland zu bilden, einfach nur immer damit begegnet, führen wir sobald als möglich das erbliche Kaiserthum ein. Gewiß, wenn es das beste ist was man thun kann, wenn dasselbe allein unseren Zuständen angemessen ist, wenn überall gar nichts anderes möglich ist, wenn nur darin Heil für Deutschland gefunden werden kann, wenn nur diese Form die Existenz der einzelnen Staaten sichert, wenn – ja wenn das Kaiserthum à tout prix hergestellt werden muß, dann muß es freilich möglichst bald hergestellt werden. Und am besten wäre es alsdann daß es schon da wäre, denn es sieht nicht damach aus, als ob noch eine Zeit eintreten könnte wo es leichter herstellig zu machen wäre, als in der schon vergangenen.

Die Monarchisten sind Doctrinärs, die ein Universal-
mittel entdeckt haben womit sie alle Uebelstände abzustel-
len und die beste Ordnung herzustellen sich getrauen. Die
Verschreibung der Erbmonarchie gilt für alle Fälle. Ideen,
Systeme, Lehrsätze dienen uns die Geschichte zu begreifen
und die Wege zu bezeichnen, welche man für die Gegen-
wart einzuschlagen habe. Dieselben aber müssen in ihrer
Anwendung auf die gegebenen Probleme sich nach dem
Gegebenen richten, und nicht muß man umgekehrt das
Wirkliche nach ihnen interpretiren. Der Arzt hat Recepte
für alle Krankheitsfälle im Kopfe, richtet sich aber in ihrem
Gebrauche nach dem Individuum das er zu behandeln hat.
Nicht so unsere Monarchisten. Das Erbkaiserthum ist für
Deutschland ein Universalmittel das auf alle Fälle paßt.
Durch diesen Gebrauch ihrer Lehre stimmt diese Rechte
mit der äußersten Linken überein, die ebenso, abgesehen
vom Wirklichen, mit demselben operiren möchte.

Es handelt sich jetzt auf dem deutschen Reichstage um
die Errichtung einer provisorischen Reichsgewalt. Daß
eine solche nothwendig sei, darüber ist der Reichstag nicht
uneinig, er hat erkannt, daß die Herstellung einer Centralgewalt ein dringendes Bedürfniß ist. Diesem Antrage ist
die Priorität vom Ausschusse zugetheilt, und die Versammlung die ihn in Berathung nehmen will, pflichtet dem Ausschusse bei. Statt diese wahre Sachlage anzugeben, stellt
die „D. Z.“, die aus Liebe zur Erbmonarchie früher gradezu,
jetzt aber auf Umwegen gegen ein Provisorium sich erklärt,
dies als eine bloße Parteistreitigkeit dar. Die Rechte und das
Centrum wären nur darauf eingegangen, weil die äußerste
Linke auch nur „aus dem Drange um unmittelbar wirkend
und schaffend anzufangen“ dahin strebe, daß aus dem
Schoße der Versammlung eine provisorische Regierung
bestellt werde. „Dem gegenüber, sagt die „D. Z.“, glaubte;
man auf der anderen Seite Gegenanträge stellen zu müs-

sen." Nach der „D. Z." erhielte daher diese Angelegenheit, welche die Aufmerksamkeit von ganz Deutschland und die Kraft aller Mitglieder der Reichsversammlung in Anspruch nimmt, die Darstellung, als ob die Versammlung eigentlich keine provisorische Centralgewalt errichten wolle, sondern die Rechte und das Centrum mit Gegenanträgen nur hervorgetreten sind um dem schädlichen Einfluß der Linken entgegenzuwirken, ihr das Feld streitig zu machen. Fast möchte die „D. Z." uns aufbinden, der Reichstag habe so große Furcht schon vor der Linken, daß er sich auf eine Sache einlasse, nur weil die Linke einen Antrag gestellt hat. Die Rechte und das ganze Centrum, d.h. die überwiegende Mehrheit der Versammlung, wolle eigentlich nicht die Bildung einer Centralgewalt, sie würde gerne mit den Anhängern des Erbkaiserthums alle hierauf bezüglichen Fragen aussetzen bis die Verfassung angenommen ist, nun aber sei sie durch die Umtriebe der Linken, die nicht ruhen kann, doch darauf einzugehen, genöthigt. Heißt das nicht dem Reichstage verworfen er lasse sich von der Linken einschüchtern, und am Ende wider Willen leiten. Der Reichstag hat erkannt, daß eine solche Bestellung nothwendig ist, die „D. Z." hat sich überredet, diese Erkenntniß fehle dem Reichstage, er sei verleitet zu dieser Verhandlung.

Immer nur aus der einen Annahme der Nothwendigkeit des Erbkaiserthums heraus raisonnirt dieses Parteiorgan. Den Hergang der Sache entstellt es, und erklärt sich anfänglich gegen jedes Provisorium (No. 136), jetzt aber sucht es darum herum zu gehen, indem es durch Versuche Zweifel zu erregen uns überzeugen möchte, daß entweder doch keine wahre Centralgewalt hergestellt werde, oder daß man in den Abgrund, den die Linke uns bereiten will, falle. Nach dem Antrage der Rechten, welcher auf der fürstlichen Gewalt, als einziger Quelle dieser Executivgewalt, begründet wird, soll dieselbe auch von ihr oder ihrem Organe dem Bundestag bestellt, ihm aber und dem Reichstage verantwortlich sein. Da würde weder sobald die Ernennung der höchsten Personen durch den Bundestag erlangt werden, noch wenn sie denn wirklich bewirkt sei, würden wir „eine beweglichere Executivbehörde, als der Bundestag selbst ist", haben, da der Bundestag dem das Reichsministerium in diesem Falle zugeordnet wäre, noch immer an Instructionen gebunden ist. Das Recht ist hier auf der Seite der „D. Z." Denn durch eine solche, bloß durch die Fürsten gebildete, dem Bundestage verantwortliche Centralgewalt wird nichts erreichen *(sic!)*. Ihre Bestellung bleibt zweifelhaft, ihre Wirksamkeit behindert. Allein man bemerke, es ist der „D. Z." nicht um diese Wahrheit zu thun, sondern um die Erhebung ihrer Erbkaiserthumsidee über alle Anträge dieser Art; da sie noch immer steif und fest dabei beharrt, die Versammlung habe eigentlich nicht die Ueberzeugung eine solche Centralgewalt zu bestellen.

Dies zeigt sich sogleich bei der Besprechung des Antrags des rechten und linken Centrums. Derselbe verlangt, es solle von der Regierung Ein Mann mit der Bildung eines Ministeriums beauftragt werden, das nur dem Reichstage verantwortlich ist. Dieser Antrag hält die Mitte zwischen dem der linken und rechten Seite, wovon jene den Regierungen nicht die Betheiligung bei der Bildung der Centralgewalt zustehen *(sic!)* will, und diese den Regierungen in der That Alles überläßt. Nach dem Antrage des Centrums würde eine Centralgewalt gebildet werden können, wie sie von den Bedürfnissen der Zeit gefordert wird und mit den gegenwärtigen Zuständen übereinstimmt. Allein es würde grade eine Centralgewalt gebildet werden und das ist es, was dies Parteiorgan nicht will, weshalb sie diesen Antrag mit einer Anzahl „es frägt sich" umstellt, wodurch sie bewirken möchte, daß seine Wahrheit verkannt würde. „Ob sich der Bundestag so leicht würde Wegschieben lassen." „Ob ein Ministerpräsident für ein Executivministerium sich finden würde", „es sei denn ein solcher, der zu allen außerordentlichen Streichen aufgelegt wäre"; was will die „D. Z." mit dieser Verdächtigung im Voraus bezwecken? „Die vollziehende Gewalt in die Hände eines verantwortlichen Ministeriums legen, heiße nichts anders, als den Reichstag mit allen Staatsgewalten bekleiden." Schon in diesem unaufrichtigen Vorwurf, da der Antrag ja grade die Ernennung des Ministerpräsidenten den Fürsten überläßt, spielt die „D. Z." darauf hin, daß „dieses Ministerium nichts anders sein oder werden würde, als eine provisorische Regierung", wie der Vorschlag der Linken sie beabsichtigt. Und da diese nun schon in Aussicht gestellt ist, so kehrt die „D. Z." zu dem alten Argument, womit sie anhub, zurück, man werfe sich der Linken auf Gnade und Ungnade in die Arme, und gewänne nichts mit den Gegenanträgen, keine Beschränkung des Antrags der Linken; als wenn die Reichsversammlung nicht selbst erkannt hätte, die Bildung einer provisorischen Gewalt sei nothwendig, als habe sie nur dem Antrage der Linken entgehen wollen, weil sie wie die „D. Z." gar keine bestellt wissen will.

Allein die „D. Z." ist noch nicht zufrieden, sie meint, „bis zur Vollendung der Verfassung behelfe man sich am klügsten gradezu mit dem Bundestage, wie er nun ist." „Je dringender das Bedürfniß einer Centralgewalt ist, desto mehr wäre dies ein Antrieb zur Beschleunigung und zur ungetheilten Beschäftigung mit der Verfassung." Das Bedürfniß nach einer Centralgewalt ist dringend – und dennoch soll man keine bestellen, sondern den Bundestag lassen wie er nun ist, das Bedürfniß ist dringend und doch empfiehlt die „D. Z." man solle sich mit dem Verfassungsentwurf beschäftigen! Warum? „In einer fürstlichen Hand, außer unmittelbarer Verantwortung gestellt, bewegt sich die vollziehende Gewalt frei und entschließt sich, in dringenden Fällen zu handeln, selbst zu beanstandeten Mitteln zu greifen, wenn sie hofft, sie mit dem Erfolg zu decken." Dies ist der Grund, nicht zur Verwerfung des Antrags des Centrums, wo er angeführt wird, sondern warum, obgleich das Bedürfniß zur Bestellung einer Centralgewalt dringend ist, es doch eigentlich nicht dringend ist – nicht, weil der Reichstag die Wahl des Erbkaisers nicht angeordnet. Zu solchen Entstellungen und Widersprüchen werden diese Doctrinärs verführt. Kann man wohl sagen, die Bedürfnisse, Forderungen der Gegenwart, liegen ihnen am Herzen? Die Beachtung gegenwärtiger Zustände leiteten sie in ihren Bestrebungen? Nein! allein das Erbkaiserthum ist Alles in Allem!

Der Gesichtspunkt von dem die Frage nach der Bildung einer Centralgewalt erwogen werden muß, findet sich nicht in Lehren über die Staatsform, die man als unveränderliche Norm für das Geschehende aufstellt. Mit einer solchen Doctrin läßt sich das Wirkliche weder begreifen noch ein Neues schaffen, das aus den Bedürfnissen des Gegenwärtigen hervorgeht. Männer, welche früher der Ansicht huldigten, eine Verfassung lasse sich nicht machen und als ein Fertiges einführen, sondern sie müsse aus den Bedürfnissen und Zuständen natürlich sich ergeben, treten mit einem Male zu einer andern Ansicht über, nun, da es darauf ankommt jene zu bethätigen und darnach handelnd einzugreifen. Solche Erscheinungen ereignen sich in Zeiten wie die unsrigen nicht selten, man sieht plötzlich eine Meinungsumänderung, die man nicht erklären könnte, wenn man nicht wüßte, von welchen gewaltigen Einflüssen die Ereignisse sind. Bei seiner Ansicht zu beharren, scheint in solchen Zeiten oftmals unmöglich, da man durch Versuche der Reaction oder Anarchie u.A. sich imponiren läßt. Diesen opfert man eine wahre Ansicht und flüchtet sich in eine Lehre, die nun, in sich unhaltbar, keinen Punct der Vermittlung mit dem Wirklichen mehr in sich enthält.

Nicht dahin streben die Monarchisten auf dem Reichstage, die Verfassung sich bilden zu lassen nach den Bedürfnissen, die sich kund thun, sondern aus allgemeinen theoretischen Gründen zielen sie dahin, eine Verfassung von oben herab zu verordnen, nach der sich dann umgekehrt die Bedürfnisse gestalten sollen. Das anerkannt dringende Bedürfniß, eine Centralgewalt zu bestellen, wird verkannt und statt dessen gefordert, man solle mit den Staatsformen sich im allgemeinen befassen. Unsere Lage aber ist eine ganz andere. Die theoretischen Streitigkeiten, ob Monarchie oder Republik, Erbherrschaft oder Wahl das beste und angemessenste, sollten niedergeschlagen sein durch die dringenden Bedürfnisse Organe für eine Centralgewalt herzustellen. Dennoch erhebt man sie und hält es besser, damit sich zu befassen, als zu thun was nothwendig ist. Wie mit der Zeit die Centralgewalt dauernd einzurichten sei, läßt sich noch nicht bestimmen, wohl aber ist aus unserer innern und äußern Lage die Nothwendigkeit erkannt, eine Centralgewalt zu verleihen, die auf der Stelle entscheidend, handelnd hervortreten kann. Fangen wir daher getrost damit an, eine solche zu gründen, die Zeit wird uns dann lehren, ob sie in Zukunft eine erbliche oder fortwährend wechselnde sein müsse. So zu verfahren lehrt eine richtige Politik. Die Frage, ob eine erbliche Centralgewalt oder nicht herzustellen sei, ist mit so vielen Schwierigkeiten theoretischer und practischer Art umstellt, daß für jetzt eine Lösung noch gar nicht zu ersehen ist. Warum soll diese denn der nothwendigen, einer bloßen Doctrin zu Liebe, vorgezogen werden. Es handelt sich nur darum, Organe für eine Centralgewalt zu bestellen, ohne welche unser politisches Leben nicht gedeihen kann. Durch die-

sen Gang der Dinge in Deutschland bewährte sich eben
die Ansicht, daß nach den Bedürfnissen sich die staatlichen
Formen bilden müssen und der Inhalt über die Art ihrer
Constituirung entscheide, und man nicht umgekehrt verfahren dürfe, wenn man nicht der Reaction oder Anarchie
in die Hände arbeiten will.[74]

NR. 55 (17. JUNI 1848)

? **Rendsburg,** vom 16. Juni.[75] Daß unsre Ständeversammlung eben keinen sehr glänzenden Eindruck machen kann,
nachdem unsre besten Capacitäten daraus entfernt sind,
versteht sich; Viele fürchten, daß das Phlegma nachgeblieben sei – die engen Herzen und die zugeschnürten Beutel,
und hoffen wenig von dem, was diese zu Stande bringen
wird, jetzt wo keine Intelligenz sie erweckt und beschämt,
kein Enthusiasmus sie aufrüttelt. – Dies ist nun allerdings
voreilig; aber mit einiger Besorgniß sieht man doch den
einfachen und freiheitlichen Wahlgesetzentwurf Männern
in die Hände geliefert, die sich schwerlich selbst für berufen halten können die Democratie zu begründen; und muß
sich in dieser Hinsicht freuen, daß sie (nach ihrer eigenen
Incompetenzerklärung) der Regierung das Recht gelassen
haben die von den Ständen etwa vorzuschlagenden Amendements zu verwerfen. Sehr bedenklich ist es, daß mit
wenigen rühmlichen Ausnahmen – wir nennen von denen,
die gesprochen haben, Löck und besonders Lorenzen von
Kiel – die meisten Deputirten gänzlich und wie es scheint
gern vergessen, daß sie – wie Bargum sagt – nur da sind
um an ihrer eigenen Auflösung zu arbeiten. Statt sich auf

---

74   Handschriftlich mit „M." bezeichnet.

75   Handschriftlich mit „M." bezeichnet.

das Wahlgesetz zu beschränken und alle übrigen Vorlagen abzuweisen, soweit sie nicht von äußerster Dringlichkeit sind, hat es allen Anschein, als wolle man jede wichtige Vorlage an sich ziehen und die Constituante möglichst beschränken. So z.B. hat die Ratification der von der Regierung erlassenen provisorischen Gesetze doch wahrhaftig vollkommen Zeit, bis daß jene zusammentritt und braucht es dazu nicht einer Committee, geschweige denn der zehn Committeen, die unsere Gründlichen forderten. Bedenklicher noch war die heutige Debatte über das Budget, als deren Resultat bezeichnet werden kann, daß die Versammlung nicht bloß eine neue Steuer, sondern auch einen ganz neuen Steuermodus zu berathen denkt, und deßhalb die Vorlagen der Regierung erwartet. Man begreift, von welcher ungeheuren und bleibenden Wichtigkeit die Festsetzung einer neuen Steuerrepartition durch eine Versammlung, die fast ausschließlich das Grundeigenthum repräsentirt, in diesem Augenblick ist; sie wird als eine Art erworbenen Rechts festgehalten und schwerlich von der constituirenden Versammlung abgeändert werden. Wahrlich, wenn die jetzige Ständeversammlung, die *nicht* die Repräsentation des schleswig-holsteinischen Volkes ist, erst durch das Gesetz über die Wahlen zur constituirenden Versammlung das definitive Wahlgesetz, und durch die Einführung eines neuen Steuermodus für die Kriegssteuer das definitive Steuersystem indirect bestimmt haben wird, so kann sie ruhig schlafen gehen – dann hat sie dafür gesorgt, daß der Baum unserer Freiheit nicht in den Himmel wachse. Begriffe sie ihre Pflicht, so würde sie alle Maßregeln vermeiden, die auf eine definitive Organisation unserer Verfassung hinführen; sie würde die Finanzfrage entweder ganz der constituirenden Versammlung überlassen, oder, wenn die Regierung dies nicht will, dieselbe etwa ermächtigen, die schon ult. Decbr. gebuchten, aber erst bis ult. März fälligen Steuern 1,800.000 Rbthlr. pränumerando zu erheben. Sie wird, wenn sie ihre Pflicht thut, das Wahlgesetz aufs äußerste beschleunigen – in 8, höchstens 14 Tagen könnte es berathen, in 4 Wochen die constituirende Versammlung gebildet werden, wenn nemlich die jetzige mit eben so vielem Eifer an ihrem Untergang arbeitet, als sie vermuthlich an ihre Conservirung wenden wird. Man pflegt einzuwenden, daß diese Fragen vor die Committeen gehören und die Geschäftsordnung bei Regierungsvorlagen die Niedersetzung von Comitteen vorschreibe, wenn auch nur ein Mitglied sie fordere. Allein die Geschäftsordnung der bisherigen Stände hat nur eine analoge Rechtskraft für die vereinigten, von der sich auch mit Recht dieselben sehr häufig emancipiren; warum nicht auch in diesem Falle? Das dürfen wir allerdings noch hoffen, daß die niedergesetzten Committeen streng daran festhalten, nur wahrhaft dringliche Vorlagen vor diese Stände zu bringen; und wir werden uns sehr freuen, wenn dies der Fall sein wird; obgleich die bisherigen Debatten dafür nur geringe Hoffnung lassen.

Die heutige Debatte war übrigens die erste von einigem Interesse; die beiden früheren waren mit obligaten und obligeanten Reden und Committeewahlen ausgefüllt. Sie begann damit, daß Herr Baron Blome von Falkenberg sich sehr ereiferte über die letzte Volksversammlung in Rendsburg, in der etwa 200 Personen sich „das Volk Schleswig-Holsteins" titulirt und den König abgesetzt hätten. Wir sind nicht in der Lage, die Zahl der am 13. Juni im Schützenhof Versammelten angeben zu können – nach dem „Kieler Correspondenzblatt" waren es Anfangs 500, später 1000; aber nach dem gedruckten Verzeichniß der in der größeren Committee am 12. Juni Abends Anwesenden, das hier in Rendsburg circulirt, bestand diese aus den angesehensten zum Theil von Vereinen und Gesellschaften

dazu committirten Stadt- und Landleuten der Herzogthümer. Doch wie dies auch sei, jedenfalls macht der Eifer
blind; der Herr Baron übersah, daß jene 200 oder 500 Personen sich nicht „das Volk Schleswig-Holsteins" nennen,
sondern nur ihre Meinung darüber aussprechen („die
Volksversammlung erklärt"), was dies Volk wolle und wünsche; wie dies täglich von Individuen und Gemeinschaften
geschieht. Eben so wenig haben jene 200 und 500 Personen den König abgesetzt; sie haben, wie uns scheint, die
Rechtsfrage offen lassend, als Landeswunsch bezeichnet,
daß Friedrich VII. nicht wieder zur Ausübung der Regierungsgewalt gelange. Ueber die Rechtsfrage bestehen im
Lande allerdings zwei Meinungen; daß aber die Fortdauer
der Suspension Friedrichs VII. wünschenswerth sei, darin
sind unseres Wissens alle Schleswig-Holsteiner einig, und
sollte es uns leid thun, wenn der Herr Baron v. Blome hierin
eine Ausnahme machte.– Der eigentliche Gegenstand der
Verhandlung war die Frage über die Niedersetzung einer
Finanzcommittee. – Dies war es (nach Herrn Lüders tref-
fender Bemerkung), worüber verhandelt wurde oder doch
hätte verhandelt werden sollen. Die Regierung wünschte
ihre Vorlagen über die Art, das Deficit zu decken, erst der
Committee, nicht der Versammlung zu machen. – Theoretisch war sie im Unrecht, practisch im Recht; es schien ihre
Absicht zu sein, mit der Committee wie mit einem Staats-
rathe die verschiedenen Eventualitäten zu überlegen, was
sie natürlich mit der Versammlung in dieser Weise nicht
kann. Allein die Theoretiker stützten sich theils auf die
„Außergewöhnlichkeit" der Vorlage, theils darauf, daß die
Regierung ja wissen müsse, was sie wolle, und behielten den
Sieg; vergeblich wurde namentlich von dem Commissar,
von Reventlow-Jersbeck, und Reventlow-Farve gebeten,
das Formelle nicht zu strenge zu urgiren. Daß man endlich
den Commissar nicht mit seinem Vorschlage zuließ die

Versammlung zu fragen, ob die Regierung ihr einen speciellen Entwurf überreichen solle, und im Bejahungsfall ihm
das Zurückziehen der gemachten Vorlage zu gestatten, das
hatte wieder seinen Grund in Formalien, wodurch der Präsident seine Fragstellung motivirte. So wurde denn freilich
der „Vergleich", den die Regierung anbot, zurückgewiesen
und der formalen Gewissenhaftigkeit ein neuer Siegestag
bereitet.

Nr. 56 (18. Juni 1848).

? **Rendsburg,** vom 17. Juni. Mich dünkt, Herr Redacteur,
daß Sie einen Alliirten nicht verschmähen sollten, der
Ihnen gelegentlich recht nützlich sein kann. Ich meine
den Verfasser der launigen „Briefe von der Elbe" in Kjö-
benhavnsposten, den Sie freilich neulich einmal recht
heftig angefahren haben, weil Sie seine aristophanischen
Travestien beim Collationiren mit den rendsburger Acten
keineswegs exact befanden; aber Sie werden ihn anders
beurtheilen, seit er selbst erklärt hat, daß er nicht referire,
sondern causire und seine Rapporte nicht dem Grundt-
vigschen Tribunal zur Verification etwelcher falscher
Gerüchte (genannt „die Wahrheitslade"), sondern nur
einem Gerichte unterwirft, das nicht aus Philistern besteht
und Spaß versteht. In dieser Zeit, die neben den ernste-
ten Sorgen für Gegenwart und Zukunft auch so viel bleierne Langeweile und unbedeutendes Geschwätz aufrührt,
ist der gute Humor nicht zu verschmähen, woher er auch
kommen mag, und da Sie nicht behaupten werden, daß auf
deutscher Seite ein guter Spottvogel *keinen* Stoff findet, daß
unsre Soldaten alle Marathonshelden, unsre Staatsmänner
alle Perikliden, unsre schleswig-holsteinischen Sänger lauter Tyrtaeen sind, so lassen Sie's immer zu, daß man uns

gelegentlich auslacht an der Elbe wie am Belt, besonders da Sie's doch nicht hindern können. Revanche bleibt natürlich vorbehalten, in diesem kleinen Krieg wie in dem ernsthafteren; und an Gelegenheit wird es Ihnen nicht fehlen, wenn Sie die kopenhagener Angelegenheiten in den aarhuser und odenseer Blättern eben so eifrig und glücklich studiren, wie jener Däne die rendsburger Verhältnisse in den hamburger Zeitungen. Ueberdies versteht es sich von selbst, daß trotz all der kleinen und großen Thorheiten, die auf der Oberfläche herumtreiben, unsre freiheitliche und deutsche Bewegung keine Thorheit, sondern so tief und so wahr ist, daß sie sogar den Spott vertragen kann. Ihr Gegner scheint mir auch durchaus der Mann dazu dies, wenn er aus dem Conversationsstil in den ernsthaften übergehen sollte, bereitwillig zuzugeben; es sagen sich's jetzt schon manche verständige Leute ins Ohr, daß die Blamagen auf beiden Seiten sind.

Warum ich aber diesen Verfasser Ihren Alliirten nenne? Es ist darum, weil ich zu Ihnen das Vertrauen habe, daß Sie neben dem vorübergehenden Kriege gegen Dänemark einen ewigen Krieg gegen den leider auch unsterblichen Zopf führen und nicht so national befangen sind, um nicht hierin jeden humanen und civilisirten Bundesgenossen willkommen zu heißen. Das aber werden Sie mir nicht bestreiten, daß zu diesem Zopfthum jetzt auch der alte schleswig-holsteinische Patriotismus gehört – derjenige Patriotismus, der, gepanzert mit den vergilbten Pergamenten von 1460, behelmt mit der Nachtmütze der legalen Opposition, unterm Arm ein Bündel Falck'scher Deductionen s. w. d. a., in der Rechten aber das Schwert des Herrn, Samwers „Staatserbfolge", mit grimmem Zorne nicht gegen die Dänen auf Alsen oder Fühnen kämpft, da ja mit der legalen Opposition nichts zu thun haben und den Rechtsstand in nichts verändern werden, sondern bereits seit

33 Jahren gegen die unseligen Worte: „secundum tenorem legie regiae" streitet und dieselben noch immer nicht erlegt hat. „Diese Schleswig-Holsteiner – sagt der Briefschreiber von der Elbe – sind nun einmal nicht im Stande Spaß zu verstehen, geschweige denn Satire – das geht gänzlich über ihren Horizont. Um Ansehen zu gewinnen als Redner oder Schriftsteller in Schleswig-Holstein, ist zuerst und vor allem nothwendig, eine ungeheuer lange ernsthafte Predigt halten zu können über gar nichts, ohne über sich selbst oder über sein Publicum ins Lachen zu kommen. Um die Schleswig-Holsteiner zu amüsiren, ist es absolut nothwendig alle anderen civilisirten Menschen zu langweilen." Das ist nicht bloß witzig, sondern auch beinahe war, natürlich so weit der „Conversationsstil" es zuläßt; der alte schleswig-holsteinische Patriotismus, den der Briefschreiber meint, ist nicht mehr berechtigt, wie die Philosophen, nicht mehr zeitgemäß, wie die Berliner sagen, und allerdings sehr wenig amüsant, ja man kann sagen gründlich langweilig. Seit wir Deutschlands Einheit nicht haben, sondern hoffen, ist der provinziale Patriotismus, der Particularenthusiasmus überall in die Kategorie des Spießbürgerthums herabgesunken, und wenn Herr von Vincke sich noch der „38 Nationen" freut, so ist eben Herr von Vincke nichts weiter als ein geistreicher Spießbürger und seine Blamage von der alltäglichen Philisterblamage nur durch ihre großartigen Dimensionen verschieden. Eben so ist, seit wir ein wahres Völkerrecht nicht haben, sondern hoffen, das bisherige sogenannte Staatsrecht mit anderen Injurien auf den gesunden Menschenverstand bei Seite gelegt und wenn gleich an Predigern über die constitutio Waldemariana und ähnliche Lebensfragen für die Herzogthümer und Dänemark leider noch immer kein Mangel ist, so sind doch, nach dem bekannten Erfahrungssatz, daß die Zuhörer eher weglaufen als die Prediger aufhören, die Gemein-

den so ziemlich verschwunden, und die Herren Professoren in Kiel wie in Kopenhagen werden bald auf Privatissima beschränkt sein. – Wir fühlen alle die Wahrheit hiervon; nur wird es Manchem aus einer an sich nicht tadelnswerthen Pietät schwer die Anwendung auf den speciellen Fall zu machen und den specifischen meerumschlungenen Patriotismus als Antiquität zu respectiren, als Standpunct für die Gegenwart zu bekämpfen. Wer diesen Standpunct *noch* festhält, wem noch Schleswig-Holstein etwas anderes ist als eine deutsche Provinz, der ist ein Particularist und Reactionär; er muß und wird bekämpft werden. Ich und wohl die ganze junge Generation Schleswig-Holsteins, jene „Werdenden, die Recht haben" – wir haben es gebilligt in Ihrem Blatte weder jenes vergilbte Staatsrecht, noch jenen meerumschlungenen Patriotismus, und dafür Sinn für das angeborene Recht und das Ringen nach deutscher Einheit zu finden, denn diesem Streben gehört bei allem Unreifen und Ueberschwänglichen, was unser Volksfrühling wie jeder andere Frühling mit sich bringt, doch vielleicht schon die Gegenwart und gewiß die Zukunft.

Nr. 59 (22. Juni 1848)

? **Rendsburg,** vom **21.** Juni.[76] Ein sicheres Urtheil über die Stellung unserer jetzigen Stände ist noch nicht möglich; es hat bisher noch immer an einer Gelegenheit gefehlt, wo ihre politische Richtung und die etwanigen Parteien sich schärfer herausgestellt hätten. Es ist indeß anzuerkennen, daß bei manchen Schwankungen die Majorität sich ziemlich an ihre Aufgabe hält: außer dem Wahlgesetz nur die dringlichsten Gegenstände zu behan-

---

76 Handschriftlich mit „M." bezeichnet.

deln. So war es erfreulich, daß bei der in sonderbarer und sehr unparlamentarischer Weise doublirten, überdies diffusen und confusen Debatte über Einsetzung einer Petitionscommittee die große Majorität dieselbe verwarf; war die Entscheidung auch factisch von geringer Bedeutung, so darf sie doch als eine Erklärung der Stände angesehen werden, daß dieselbe ihren Wirkungskreis so weit möglich einschränken wollen. Ebenso erfreulich ist es, daß Maß gehalten wird mit der Stellung von Privatpropositionen; die von Christiansen und Ravit gestellten sind allerdings dringlich, überdies die erste durch die von der Regierung für die Marine und Hafenvertheidigung ausgesetzte bedeutende Summe sehr erleichtert, die zweite von geringem Umfang und schnell zu erledigen. Nur Hrn. Tiedemanns Antragsmanie ist allem Anschein nach unheilbar; es wird bald von ihm gelten, was man in Frankfurt von den Eisen- und Biedermännern sagt, daß es ganz überflüssig sei Anträge zu stellen, da diese beiden Herren dies Geschäft ohnehin für die ganze Versammlung übernähmen. Mit der Concessionirung der Landesbank z.B. hat es doch wahrhaftig solche Eile nicht! Der Antrag desselben Herrn auf Errichtung eines verantwortlichen Kriegsministeriums war eine der wunderlichsten Scenen, die das parlamentarische Leben nur bieten kann. Alle Welt glaubte natürlich, daß der Antrag auf die wenigstens theilweise Einführung der Ministerialverfassung, daneben auf die Incompatibilität des Kriegsministeriums und des Obercommandos hinauslaufen werde; man meinte schon, daß mancher schwere Vorwurf, manche bittere Klage nun auch in der Ständekammer einen Widerhall finden würde – aber Herr Tiedemann ereifert sich gegen die, welche an seiner Gutmüthigkeit zweifeln; er verspricht einen ganz unschuldigen Antrag, der Niemand wehe thut – wie er das zu Werke bringt, das sei sein Kunststück! Das Kunststück bestand

denn darin, daß der geehrte Herr unter einem verantwortlichen Kriegsministerium blos eine Centralverwaltung
des Kriegswesens gemeint hatte, auf deren Herstellung
einen Antrag zu machen um so unschuldiger war, als diese
natürlich, längst besteht, und wohl reformirt aber nicht
geschaffen zu werden braucht. Wie er gestellt war, hätte
der Antrag eigentlich als gänzlich müßig beseitigt werden sollen, nachdem Brackel Punct für Punct die Bureaus
nachgewiesen, deren Errichtung Tiedemann beantragt,
ihm auch die Adresse des Generalcommandos angege-
ben und ihm demonstrirt hatte, daß die einzelnen Beamten keineswegs „im Lande umher", sondern sämmtlich in
Neuwerk bei Rendsburg unter demselben Dache zu finden seien. Indeß faßte die Versammlung den Antrag nicht
in des Antragstellers, sondern in dem richtigeren Sinne
und hielt mit richtigem Tact besonders die Incompatibi-
litätsfrage fest, wodurch sich dessen Annahme erklärt. Die
Versammlung ist hier wie leider so oft in einer sehr schwierigen Lage. Einerseits ist die Unvereinbarkeit der Oberleitung der Kriegsverwaltung und des Obercommandos
dem ganzen Lande so klar, der Wunsch, daß dieselbe bald
gesetzlich festgestellt werde, so berechtigt und so dringend, daß die Ständeversammlung nicht umhin konnte
demselben nachzugeben; anderntheils hängt diese an sich
und noch mehr durch die verkehrte Fassung des Tiede-
mannschen Antrags eng mit der wegen Einsetzung eines
Kriegsministeriums zusammen und diese Frage wieder
mit der wegen Einführung einer Ministerialverwaltung
überhaupt (wie dies z.B. Hirschfelds Amendement zeigt).
Die Feststellung der Ministerialverfassung aber gebührt
doch unzweifelhaft der verfassunggebenden Versammlung, und sollte wo möglich darin die jetzige dieser nicht
präjudiciren. Vielleicht ergreift die Committee den Aus-
weg das verantwortliche Kriegsministerium fallen zu las-

sen und an die prev. Regierung die Bitte zu richten: daß sie die Oberleitung der Kriegsverwaltung für unvereinbar mit dem Obercommando erklären und die desfälligen Maßregeln treffen möge. Hiedurch würde der Landeswunsch ausgesprochen und der Verfassung doch nicht vorgegriffen sein.

Auch die wenigen Stimmen, die über die Finanzvorlagen gestern laut wurden, schienen einen befriedigenden Ausgang dieser Verhandlungen zu versprechen. Löcks ergreifende Rede wird nicht ohne Eindruck geblieben sein, nicht umsonst wird er gemahnt haben, nur was die Noth erheischt für jetzt zu bewilligen. Sehr angemessen scheint uns der Plan, den Klenze andeutete, allerdings zur Unzeit, aber doch zur Beruhigung Vieler und den wir etwa so verstehen: Für jetzt soll nichts bewilligt werden als die Emission der Kassenscheine bis 4 Millionen Rbthlr. und die Erhebung einer Grund- und Hypothekensteuer von 2 Millionen nicht als außerordentliche, sondern als anticipirte ordentliche Steuer. Dadurch wäre für jetzt Rath geschafft; die etwanige Einkommensteuer aber, die ohnehin nicht wohl verordnet werden kann, ohne daß zugleich das ganze Steuersystem neu geordnet wird, bleibt ausgesetzt bis zur Regulirung der Finanzverfassung durch die constituirende Versammlung. Dadurch wird practisch nichts verändert, als daß die erste Hebung der Einkommensteuer statt alt. Sept. (wie im Vorschlag der Regierung) erst ult. Decbr. erfolgt; was wohl keine wesentliche Störung zur Folge haben kann.

Neben diesen erfreulichen Zeichen hört man denn auch wieder befremdliche Gerüchte über den Ausfall der Committeeentscheidung in Betreff des Wahlgesetzes, wornach der Regierungsvorschlag völlig beseitigt und ein ziemlich hoher Census adoptirt sein sollte. Wir werden denn sehen. Ihr kieler Correspondent ist freilich der Meinung, daß das gerade kein Unglück wäre, und schilt auf mich, daß ich der „allmächtigen Volksmajestät" Complimente machen wollte. Vielleicht erinnert er sich indeß, daß wer in unserm Lande mit Nutzen Complimente machen will, sie nicht der bei uns noch ganz ohnmächtigen Volksmajestät, sondern der sehr mächtigen Grundeigenthümermajestät machen muß – das ist auch ein bitter Wort, aber ein wahres. Die sentimentale Politik, welche mit den Verdiensten von 1844 die Fehler von 1848 compensirt, kann Niemand gelten lassen, der seines Vaterlandes Wohl will; oder sollen wir etwa auch Kaiserlinge werden Dahlmann zu Gefallen? Die Vereinigung der Adels- und der Hufneraristokratie, worauf Ihr Correspondent uns vertröstet, wird leider von der immer schrofferen Scheidung der Besitzer von den Nichtbesitzenden auf dem Lande begleitet – und was wird aus diesen, was aus den Handwerkern, den Kaufleuten, den sogenannten Capacitäten? Der „continentale Bauernstaat", den Ihr Correspondent im Sinne hat, mag seiner Zeit recht schön gewesen sein, jetzt aber, wo wir nicht mehr alle Bauern sind, ist er eine Fiction, wobei man die Nichtbauern negirt, und sich dem aussetzt, daß gelegentlich diese die Sache umkehren und die Bauern negiren. Lassen wir die romantischen Phantasien bei Seite und nehmen die Dinge wie sie sind: da ist es in unserm Lande allerdings aus Vieler Sinn gesprochen, wenn man für die Grundbesitzer spricht, und ist es gar kein Spaß daran zu erinnern, daß andere Menschen auch etwas sind und nicht erst mit 200 Thalern Einschuß die vollständigen Menschen- und Bürgerrechte gekauft werden; da ist es aber auch hohe Zeit, daß die Grundbesitzer ihre Souverainität freiwillig niederlegen, um sie nicht in wenigen Decennien auf gewaltsamen Wege sich entrissen zu sehen.

Nr. 60 (23. Juni 1848)

? **Rendsburg,** vom **22.** Juni.[77] Unsere Stände machen Ferien – bis Montag muß die Welt von selbst gehen. Das Publikum, das die Rechnung bezahlen soll, zählt die Tage bis zur Vollendung der drei Aufgaben. Das Wehrpflichtgesetz kommt Montag zur Verhandlung; aber die Committee über das Wahlgesetz, obwohl schon seit dem 15. Juni ernannt, hat noch immer den Bericht nicht erstattet und allem Anschein nach werden die 14 Tage, in denen die Regierung (wie wir heute hörten) die Diät schließen zu können hoffte, verflossen sein, ehe es nur zur Verhandlung des Wahlgesetzes kommt. Wann die Finanzvorlagen nun erst erledigt sein werden, vermag noch Niemand abzusehen. Wir bedauern dies – nicht aus Ungeduld, sondern weil wir im wahren Interesse unseres Landes eine Beschleunigung des Verfassungwerkes wünschen. Wer weiß wie lange das kostbare Interim währt, das uns jetzt gegönnt ist? wer weiß nicht, welch unberechenbarer Vorteil es uns bei jeder Eventualität gewähren würde unsere Verfassung zu einem fait accompli gemacht zu haben? Ist denn die Entstehung der norwegischen Verfassung, der Reichstag in Eidsvold, die Convention von Moß, die Gründung jener herrlichen Volksfreiheit mitten in der Noth eines unglücklichen Krieges ganz vergessen? Jener Krieg hörte auf, die Freiheit stand da und hat gedauert; wenn der unsrige endet, wird die Volksfreiheit auch gegründet sein? Mögen unsre Deputirten dies erwägen! Es meint wohl Mancher, daß es nicht an der Zeit sei jetzt an unserm Staate zu bauen, wozu man vielmehr auf ruhiger Zeiten ungestörtes Nachsinnen warten möge. Aber wer die Geschichte fragen mag,

---

77 Handschriftlich mit „M.“ bezeichnet.

dem wird sie sagen, daß von der römischen an bis auf die französische und norwegische alle Volksfreiheit nur im Sturme gesäet werden ist, wenn auch erst friedliche Zeiten dieselbe ernten; denn nicht das Nachdenken, sondern die Noth, nicht der Scharfsinn, sondern die Begeisterung erzeugt die Freiheit. Darum fürchten wir für Deutschlands Zukunft weniger den Einbruch der Kriegsfluth, die manchen stöckischen Egoismus auf einmal beseitigen wird, als die ermattende Friedensbedachtsamkeit, in welche dem Rheine gleich unser März- und Aprilrausch zu versenden droht. Darum hoffen wir, daß die künftigen Stände, wenn der Krieg fortwährt und die Soldaten unter ihren Fenstern vorüberziehen, darin keine Störung des Verfassungswerkes, sondern die rechte hochherzige Stimmung zur Begründung desselben finden werden.

Unsere jetzigen Stände fahren fort sich auf das zu beschränken, was der Tage erfordert, obwohl unsere Ungeschickten sie manchmal veranlassen möchten, diese Grenze zu überschreiten.

Die Marinefrage ist formell allerdings in der Finanzvorlage mit enthalten, indeß war es nur zu wünschen, daß auch eine ständische Committee zusammentrat, um Vorschläge für die zweckmäßige Verwendung der ausgesetzten Summe der prov.

Regierung zu überreichen. Ob bei der speciellen Natur dieses Gegenstandes es die Sache fördern wird, wenn der Committeebericht in der Versammlung debattirt wird, scheint uns zweifelhaft; vielleicht läßt man es bei der Uebergabe des Berichts bewenden, zumal da zu einem bestimmten Beschluß doch kaum zu gelangen ist. Dagegen war der Antrag Tiedemanns auf Concessionirung einer Landesbank unter den jetzigen Umständen gänzlich unbegreiflich, und Fries und Ravit hatten nur insofern eine schwierige Lage bei der Führung des Gegenbeweises, als derjenige, welcher sich von aller Logik völlig emancipirt hat, allerdings auch unwiderlegbar ist. Die heutige Verhandlung war nicht uninteressant. Der Friederici'sche Antrag ward in Folge der Unterstützung des Commissars in seinem ersten Theile angenommen; so daß wir nun statt der erwarteten Vorlage der Regierung über die auswärtigen Angelegenheiten zunächst eine diplomatische Committee zur Entgegennahme ihrer desfälligen Mittheilungen in Aussicht hätten. Vielleicht würde unsere Volksstimmung mehr gewonnen haben durch eine kurze und bündige Rechenschaftsablage über die auswärtigen Verhältnisse Seitens der Regierung; was mehr erreicht wird durch Ernennung eines Ausschusses, (für den einen zweckmäßigen Wahlmodus zu finden überdies nicht leicht sein wird) das leuchtet uns nicht recht ein – höchstens daß es unserer Regierung erwünscht sein muß, zur Rechtfertigung ihrer bisherigen Thätigkeit Gelegenheit zu finden. Den zweiten Theil des Friederici'schen Antrags hat die Versammlung schon selbst ziemlich bitter kritisirt, indem auch nicht Einer ihn unterstützt hat. Wie man glauben kann, das Ansehen der provisorischen Regierung zu heben, indem man sie unter Curatel setzt; wie man alles Ernstes behaupten kann, man müsse ihr zu Liebe ihre Verantwortlichkeit – d.h. ihre Machtfülle – möglichst beschränken (was consequent zu ihrer gänzlichen Annullirung führen würde); wie man fremden Mächten die Naivetät zutrauen kann mit einer so vielköpfigen diplomatischen Behörde irgend wichtige Sachen zu verhandeln; wie man endlich selbst so vollständig nicht wissen kann, was man will, und beantragen was man nicht will, das ist uns unbegreiflich gewesen und geblieben. Gegen solche Ungeschicklichkeiten wird die Presse, die bekanntlich nicht blöde ist, auch künftig sich „nicht entblöden" nachdrücklich zu protestiren, auf die Gefahr hin daß man ihr abermals vorwirft zu

urtheilen, wie ein Blinder von den Farben – eine Depu-
tirtentheorie, die sehr an die Beamtentheorie von dem
beschränkten Unterthanenverstand erinnert. Wir verlangen gar keine schönen Reden oder brillante Apercus; aber
wir wünschen, daß Jeder wisse was er wolle und daß ohne
allen schleswig-holsteinischen Pathos, der jetzt, wo es Thaten gilt, sich ausuimmt wie Kerzen beim Tagesschein, der
Verstand und der rechte Sinn mit wenig Kunst sich selber
vortrage – wir sind nun einmal sehr eingenommen für den
gesunden Menschenverstand in Rede und That und erlauben uns ohne Umschweife gerade herauszusagen, wo er
uns zu mangeln scheint.

Montag wird außer der Discussion über das Wehrpflichtgesetz die Motivirung des Hirschfeld'schen Antrages auf Einführung der Ministerialverfassung erfolgen. So
sehr wir für die Sache sind, so sehr wir gewünscht hätten,
daß dieselbe längst bei uns bestände, so sehr fürchten wir,
daß dieselbe außerhalb der Competenz dieser Stände liegt.
Wir sehen mit Verlangen der Entscheidung derselben
entgegen.

NR. 62 (25. JUNI 1848)

? **Rendsburg,** vom **23.** Juni. Es scheint nicht überflüssig,
wenn wir mit Beziehung auf unsere frühern Briefe uns
darüber aussprechen, in welchem Sinne wir unsre jetzigen
innern Verhältnisse, namentlich die Ministerialfrage,
auffassen und in welcher Weise wir die ständische
Wirksamkeit in dieselben eingreifen sehen möchten. Wir
versprechen Kürze und Offenheit; denn zur Abwehr von
Mißverständnissen sind viele Worte immer vom Uebel,
wehrhaft verderblich aber ist die streichelnde, leisetre-
tende Neudiplomatik, die hier vor den Ständen und dort

vor der Regierung sich verbeugt und die das Vertrauen des Landes auf die Männer seiner Wahl so lose gegründet wähnt, daß ein offenes Wort, ein strenger Tadel es erschüttern könnte. Das ganze Land sieht es ein, daß wir einen Staat haben ohne Verfassung, und mit einer nur provisorisch geordneten Verwaltung; ein staatlicher Neubau ist erforderlich in Verfassung und Verwaltung – daß die Kriegszeit uns daran nicht hindern, daß sie vielmehr uns doppelt antreiben muß, daß wie im alten Rom, während die Jüngeren den Staat schützen, die Aelteren denselben ordnen sollen, darüber erklärten wir uns in unserm letzten Brief, erinnernd an das Beispiel Norwegens. Wir müssen eine Verfassung haben, die dem freisinnigen Streben der Zeit entspricht, die uns auf eine Linie stellt mit dem democratischen Theilen Deutschlands, die statt den Egoismus der gegenwärtig regierenden Interessen noch um einige Decennien zu verlängern, allen Interessen offene Bahn und gleiche Berechtigung gewährt. Wir müssen eine Verwaltung haben mit Theilung der Geschäfte in höchster Instanz unter verantwortliche Ministerien; der gegenwärtige Zustand mit einer collegialischen Oberbehörde an der Spitze der Geschäfte ist nicht länger zu ertragen. Derselbe ist nachtheilig in doppelter Hinsicht; einmal weil er nothwendig den Geschäftsgang lähmen muß, zweitens weil er die Opposition paralysirt. Politische Opposition wird und kann unsere Regierung nicht finden, abgesehen bei den wenigen Dänischgesinnten im Herzogthum Schleswig; administrative Opposition muß sie finden wie jede andre Regierung, da es natürlich nicht ausbleiben kann, daß sie Interessen verletzt und Fehler begeht und die davon Betroffenen sich darüber beschweren. Solche Beschwerden sind nothwendig und heilsam; jetzt steht aber die Sache so, daß jede administrative Opposition wo möglich beschwichtigt und zurückgedrückt wird, damit sie nicht als politische erscheine und als solche von unsern Feinden und Detractoren ausgebeutet werde. Dies hat dem Lande schon vielen Nachtheil gebracht. So z.B. war man allgemein unzufrieden mit der Oberleitung der Kriegsverwaltung, aber man schwieg aus politischen Rücksichten, um nicht die Regierung zu erschüttern; hätten wir einen Kriegsminister gehabt, den man hätte bekämpfen können, ohne in diesen Angriff die Regierung zu verwickeln, so wäre die Opposition früher und energischer aufgetreten und hätte von dem Lande vielleicht unersetzlichen Nachtheil abgewandt. Darum wünschen wir für Schleswig-Holstein zunächst eine freisinnige Constitution und die Einführung der Ministerialverwaltung. – Unsere jetzigen Stände können, da sie berathende sind und zunächst nur berufen, um das Gesetz für die Wahlen zur constituirenden Versammlung zu begutachten, dem Lande weder Constitution noch Ministerien direct verschaffen; sie sind sogar verpflichtet der constituirenden Versammlung, wenn irgend möglich, nicht vorzugreifen und die ganze Verfassungsfrage ihr ungeschmälert zu überlassen. Aber sie können und sollen jetzt schon die dringenden Landeswünsche aussprechen, wenn auch nur als Rath und Bitte; mögen sie das ganze Volk, oder nur einige Classen desselben vertreten, dazu sind sie berechtigt als Staatsbürger und verpflichtet als Mandatare ihrer Committenten. Wenden wir dies an auf die Stellung unserer Stände zu der Ministerialfrage. Es ist eine Committee ernannt zur Begutachtung des Antrags auf Errichtung eines verantwortlichen Kriegsministeriums; es wird Montag zur Berathung kommen, ob zur Begutachtung des Antrags auf Einführung einer Ministerialverfassung überhaupt eine Committee zu ernennen ist. Daß diese Anträge gestellt sind, das hat gewiß jeder verständige Vaterlandsfreund gebilligt; nur muß man nicht vergessen, wie weit diese Ständeversammlung berechtigt und befähigt ist, denselben Folge zu geben. Die Festsetzung und Abgrenzung der verschiedenen Ministerien, die Bestimmungen über die Verantwortlichkeit der Minister, die ganze positive Normirung der Ministerialverfassung kann nicht Aufgabe einer berathenden Ständeversammlung sein, sondern muß von der constituirenden Versammlung erfolgen, weil nur diese zu solchen Feststellungen das Recht hat und dieselben auch nur im Einklang mit den übrigen Verfassungsbestimmungen erfolgen können. Dagegen ist es evident, daß in unserer künftigen Verfassung der Grundsatz der Ministerialverwaltung, die ja ein integrirender Bestandtheil einer jeden freisinnigen Constitution ist, nicht fehlen wird; es würde ein gänzlich leeres Formbedenken sein, wenn man einwenden wollte, daß schon die Bitte um Ministerialverfassung von Seiten dieser Stände, der constituirenden Versammlung vorgriffe. Der dringende Landeswunsch ist, meinen wir, vorhanden, und die Stände, als gegenwärtiges Organ des Landes, sind verpflichtet ihn bald und nachdrücklich auszusprechen. Wir wünschten daher, daß die Stände, die Anträge von Tiedemann und Hirschfeld vereinigend, ohne auf nähere und positive Normirung der Ministerialverfassung einzugehen, für jetzt nur der Regierung im Allgemeinen den Wunsch aussprächen, daß dieselbe statt ein Collegium mit Gesammtverantwortlichkeit zu bilden, sich in Ministerien mit Specialverantwortlichkeit umwandeln, und dabei speciell die Incompatibilität des Kriegsministeriums und des activen Obercommandos festsetzen möge. Eine solche Bitte würde den Ständen den Dank vieler Vaterlandsfreunde erwerben und ihre bald zu Ende gehende Wirksamkeit in würdiger Weise beschließen.

T. Die „Berliner Nachrichten vom 27. August"

enthalten folgende merkwürdige Artikel: „Die Personen, welche augenblicklich die Reichsgewalt vertreten, haben, nach genauen Nachrichten, ihre Stellung in dem Maße verkannt, daß sie Preußen wie eine deutsche Provinz zu behandeln unternehmen. So ist unter Anderm in der abgelaufenen Woche die Forderung hierher gelangt, der Centralgewalt von Seiten Preußens sieben ganze Armeecorps, mit einem Effectiv von 310,000 Mann zur Disposition zu stellen, wahrscheinlich um einen Teil davon unmittelbar nach Böhmen zu senden und den Rest etwa nach der italienischen Grenze zu schicken, um sie gegen einen französisch-italienischen Einfall zu schützen. Da es nun notorisch ist, daß keine andere deutsche Macht das bundesmäßige Contingent nur auf dem Friedensfuße in Bereitschaft hat, so wäre es mehr als widersinnig, wenn Preußen seine wohldisciplinirte Armee in der geforderten Weise der Centralgewalt zur Disposition stellen wollte. Die Organe des Hrn. v. Schmerling werden nicht ermangeln, über die Regierung Preußens in Bezug auf diese Forderung das bekannte Zetergeschrei gegen die Sonderinteressen zu erheben, die von Berlin aus gepflegt werden, indessen kann uns das auf unserm Wege in keiner Weise irre machen. Es ist nach Frankfurt geschrieben worden, daß Preußen nicht allein 310,000 sondern 500,000 Mann in das Feld stellen könne, doch dürfte es wohl diese nicht so ohne Weiteres dem Reiche zur Disposition stellen. Indem nun fortwährend das Geschrei gegen Preußen unterhalten wird, ist es bekannt, daß wiederum diese Macht es ist, welche neulich eine Million Thaler nach Frankfurt geschickt hat, um dem dringenden Geldmangel daselbst einigermaßen abzuhelfen, und kein anderer Staat konnte oder wollte eine derartige Zahlung leisten. Möchten doch unsere Abgeordneten in Frankfurt dies Alles energisch in der Nationalversammlung hervorheben, um uns diejenige Stellung zu sichern, welche Preußen in Deutschland gebührt!"

„Die definitive Regelung der dänischen Angelegenheit ist durch die Intervention von England und Frankreich vielleicht nur um einige Tage aufgehalten. Preußen wird auch in der dänischen Frage jetzt den Weg gehen, den ihm seine Lage verzeichnet, und selbst Frankfurt kann nur bis auf einen gewissen Grad maßgebend für uns sein, denn wir haben hier unserer eigenen Provinzen Wohl zu wahren, und wahrlich im Sinne Deutschlands genug geopfert."

Um diese Artikel, die offenbar aus der verrufenen Griesheimschen Officin stammen, richtig zu würdigen, muß man sich erinnern, daß durch den Reichstagsbeschluß vom 15. Juli die Centralgewalt aufgefordert wurde, die von dem Ausschuß für die Militairangelegenheiten beantragte Vermehrung der deutschen Streitmacht nach dem Satze von 2 pCt. der jetzigen Bevölkerung in Ausführung zu bringen. Dabei erklärte indeß der Ausschuß ausdrücklich, daß nicht eine Vermehrung des stehenden Heeres beabsichtigt werde, sondern nur der disponibeln kriegsgeübten Mannschaft, daß also bei den 2 pCt. die Permittirten und die Landwehr, überhaupt die Armee auf dem Kriegsfuß in Anrechnung kommt. Es ist also evident, daß für einen Staat wie Preußen, der bei einer Bevölkerung von 16 Mill. eine Armee von 196,000 M. auf dem Friedens-, von etwa 335,000 M. auf dem Kriegsfuß unterhält (ohne das zweite Aufgebot der Landwehr in Anrechnung zu bringen), dieser Beschluß gar keine praktischen Folgen hat, weil er schon im Vorweg erfüllt ist. Er bestimmt eigentlich nichts anders, als daß die übrigen deutschen Staaten ihren militairischen Bestand auf die Höhe des preußischen bringen und die

Opfer, welche Preußen in Friedenszeiten sich selbst ange-
muthet hat, jetzt auf Ansinnen der Reichsgewalt in diesen
Zeiten des Krieges und der Noth zu beschaffen haben;
wie es denn auch auf dem Reichstage oft gesagt ward, daß
dieser Beschluß zunächst nur die kleinern Staaten betreffe
(z.B. hat unsere Provinz in Folge dessen eine Streitmacht
von etwa 16,000 M. zu stellen). Ebensowenig schrieb jener
Reichstagebeschluß vor, daß diese Truppenmasse von
2 pCt. der deutschen Bevölkerung der Centralgewalt zur
Disposition gestellt werden sollte, was bekanntlich nur
dann geschieht, wenn eine bestimmte Verwendung einzelner Corps erforderlich ist. Die Centralgewalt sollte einfach
begehren, daß die deutschen Regierungen diese Truppen
disponibel halten sollten, d.h. zu *ihrer* Disposition, um
etwanigen Requisitionen der Centralgewalt entsprechen
zu können. – Es ist bekannt, daß die Centralgewalt sich
jetzt mit Ausführung dieser Beschlüsse beschäftigt und
demnach wie an alle deutschen Regierungen so auch an
Preußen deshalb Circularschreiben erlassen hat. Wenn
nun nicht Herr von Peucker den ihn vom Reichstag gewordenen Auftrag gänzlich verkannt und seine Competenz
überschritten hat (wozu er nach den in der Huldigungs-
angelegenheit gemachten Erfahrungen schwerlich geneigt
sein dürfte), so ist es eine maßlose und perfide Verdrehung
dieses Circulars, wenn man darin die Forderung sieht preußischer Seite 310,000 M. mobil zu machen und dem Reiche zur Disposition zu stellen. Es ist beides nicht gefordert,
denn es kann nicht gefordert sein; wohl aber würde man in
gewissen Kreisen in Berlin sehr erfreut sein, wenn die Centralgewalt sich zu solchen Forderungen herbeiließe, und
dadurch ihre Stellung compromittirte. Da sie es nicht thut
und nicht thun wird, so lügt man es ihr einstweilen an, um
den ersehnten Bruch herbeizuführen. Und dazu soll eine
Maßregel dienen, welche rein im preußischen Interesse

unternommen ist und alle deutsche Staaten schwer belastet mit Ausnahme Preußens! Und das thut man zu einer Zeit, wo durch das offenbare Aussondern Oesterreichs aus Deutschland, durch das Verschwinden seiner Abgeordneten von Frankfurt die compakte preußische Majorität am Reichstag immer fester und sicherer diesen und damit die deutsche Centralgewalt beherrscht! Wir, die wir die Indignation über die schmähliche Verunglimpfung Preußens durch gewisse süddeutsche Coterien getheilt haben, die wir laut ausgesprochen haben, daß nur die preußische Hegemonie Deutschland retten kann, die wir in dankbarer Erinnerung dessen, was Preußen für Schleswig-Holstein gethan hat, seine jetzige unsere theuersten Wünsche und vielleicht einen Theil unsrer Rechte preisgebende Friedenspolitik nur als eine unvermeidliche Nothwendigkeit beklagen, wir haben das Recht unsern Unwillen auszusprechen gegen jene Clique des Zopfpreußenthums, welche von Deutschland nichts weiß, als daß es außerhalb Preußen liegt, welche auf die Neue Berliner Zeitung sich abonnirt und Inserate für die Vossische liefert, welche mit Knitteln in Charlottenburg und mit Pistolen in Frankfurt den alleinseligmachenden preußischen Zopf verficht, welche ihren Staatsmann an Bülow-Cummerow, ihren Bayard in Herrn von Griesheim und ihren Alexander in dem Prinzen von Preußen hat, und die, wenn sie unter sich sind, Gott anrufen, daß er sie erlöse von General Wrangel und von Friedrich Wilhelm IV. Wir wissen es wohl, daß die Wünsche und Hoffnungen dieser Partei getheilt werden weder von der preußischen Regierung noch von der Majorität des preußischen Volks. Preußen ist der Staat des Fortschritts; groß und stark wie er ist, er stürzt so wie er stabil wird. Darum muß Preußen sich zu Deutschland erweitern und wahrlich, wenn die Stein und Hardenberg diese Epoche erlebt hätten, sie würden nicht gezaudert haben wie ihre Epigonen, sie würden einen kühnen Griff gethan haben und so oder so würde Preußen das Haupt Deutschlands geblieben sein. Die kühle und vorsichtig zuwartende Politik des jetzigen preußischen Ministeriums hält wenigstens die Möglichkeit eines solchen Eintretens in Deutschland sich offen und wenn sie auch nicht wagt, die Zukunft Preußens zu bestimmen und dadurch zu sichern, so bricht sie doch auch nicht mit ihr. Das möchte aber jene Junkerpartei, welche darum der gerechte Haß aller derer trifft, denen Preußens und Deutschlands untrennbare Geschicke am Herzen liegen. Wir Schleswig-Holsteiner haben noch besondern Grund erbittert zu sein gegen sie; denn sie hegt (wie unter vielen ähnlichen Zeitungsartikeln der obige zeigt) einen tiefen Haß gegen Schleswig-Holstein – nicht blos jene allgemeine Verachtung, mit der diese Zopfpreußen von der Höhe ihres templower Berges herabsehen auf alle deutschen Provinzen, welche bisjetzt noch nicht das Glück gehabt haben, von Preußen erobert zu werden – sondern sie gönnt uns einen speciellen Widerwillen, theils weil die Einheitsideen in Schleswig-Holstein sehr unbequem für das Altpreußenthum erscheinen, theils weil sie nur die großen Opfer, die Preußen unserer Sache gebracht hat, und nicht die großen Resultate, die es hier errang zu würdigen weiß und es uns jetzt sehr verdenkt, daß wir unsere Landesrechte uns nicht ruhig nehmen ließen. Es versteht sich, daß wir uns deswegen nicht vertheidigen oder entschuldigen werden; wir wollen aber aufmerksam darauf machen, daß eine solche Sprache wie die des zu Anfang mitgetheilten Artikels auch die Ehre Preußens leichtsinnig in den Wind schlägt. „Preußen wird thun, was seine Lage gebietet – wir haben genug geopfert für Deutschland!" Es muß anders lauten. Preußen wird thun was seine Ehre gebietet und wird, wenn es um Deutschland oder auch nur um ein deutsches Land sich handelt, nicht ein bestimmtes Maß von Opfern als genügend erklären. Was würden die preußischen Feldherrn oder Staatsmänner von 1813 gesagt haben, wenn ihnen ein anderer Herr von Griesheim nach der Schlacht von Leipzig gesagt hätte, daß Preußen nun „genug" geopfert habe! Wir wünschen alle Frieden, selbst wenn er uns vielleicht nicht alles gewährt, was wir Anfangs erwarten konnten; aber die Sprache, die von gewissen Seiten jetzt geführt wird, die einen Frieden um jeden Preis bevorworten möchte, ist eben so unverständig als ehrlos.

Nr. 120 (1. September 1848)
T. Ist die Resignation unsere einzige Tugend?

Schleswig-Holstein ist das Land der Resignation. Was haben wir nicht von Dänemark erduldet, ehe wir es über uns gewannen, Insurgenten zu werden! Was haben wir nicht dadurch verloren, daß wir uns vertheidigten nicht als es unser erstes, sondern erst als es unser letztes Recht galt: nicht als man den ersten Eingriff machte und unsern ewigen Bund und unsere gemeinsame Verfassung in (sic!) Verwaltung, sondern als man auch den letzten Rest derselben uns nehmen wollte, da endlich standen wir auf und bereuten die lange Zögerung. Fast geht es uns jetzt wieder so im Verhältniß zu Preußen und Deutschland; wir haben ertragen und geopfert, was möglich war. Mit unbegrenztem Vertrauen haben wir unsere Zukunft in die Hände der bestehenden Gewalten in Deutschland gelegt; wir haben uns nicht warnen lassen durch die zweideutigen Decrete des Bundestags, durch die halben Beschlüsse der Nationalversammlung, wir haben nicht gehört auf Diejenigen, welche meinten, daß die uns zu Hülfe eilenden Fürsten nicht die Dänen, sondern die Republik abzuwehren kämen, welche der Ansicht waren, daß die Entfernung der preußischen Garden aus Berlin und der nassauischen, badischen und würtembergischen Truppen aus ihrer republikanischen Heimath nicht ausschließlich motivirt sei durch den Nothstand in Schleswig-Holstein. Wir waren gefaßt darauf, unsere selbstgewählte Regierung zu opfern und eine andere von der deutschen Centralgewalt zu empfangen; wir waren gefaßt darauf, unsern Wunsch auf Trennung der verhaßten Personalunion nicht berücksichtigt und sogar einen Theil des schleswigschen Landes von uns abgerissen zu sehen. Als alle diese und andere Opfer schon vorauszusehen waren, hat unser Landtag erst kürzlich mit einem, man muß sagen, unverantwortlichen Vertrauen auf den bloßen Wunsch eines unserer Sache bekanntlich sehr abgeneigten deutschen Ministers sich selbst beseitigt, um die Verhandlungen in keiner Weise zu hindern, und mit einer rücksichtsvollen Deferenz sogar das Odium dieser Vertagung dem Herrn Heckscher abgenommen, so daß selbst dieser eingesehen haben muß, wie bequem zu regieren die Schleswig-Holsteiner sind und wie wir an Resignation fast nur noch von den Jüten übertroffen werden.

Aber die Resignation ist nur so lange eine Tugend, als sie in gewissen Grenzen bleibt, und diese Grenzen sind erreicht, ja schon überschritten. Wofern die Resignation nicht die einzige Tugend der Schleswig-Holsteiner ist, wofern daneben noch männliche Kraft und die volle Alles wagende und Alles verantwortende Entschlossenheit im Lande und zunächst bei unsern Abgeordneten zu finden ist, so ist jetzt die Zeit gekommen, diese zu zeigen. Der Waffenstillstand ist abgeschlossen, die Auswechselung der Ratificationen erfolgt wahrscheinlich am heutigen Tage. Die Diplomaten eilen; eilen wir uns auch! Die Bedingungen sind zwar nicht genau bekannt, aber allem Anscheine nach von der Art, daß sie Deutschlands Ehre beflecken und Schleswig-Holsteins Recht preisgeben. Wir können und dürfen solchen Bedingungen uns nicht fügen; und Schande dem, welcher dazu räth, weil wir machtlos sind! Wären wir es, wir könnten doch noch die Ehre retten; wir sind aber nicht machtlos. Wir wollen jetzt die Möglichkeit eines activen Widerstandes nicht discutiren; aber auch der passive einer allgemeinen Steuerverweigerung über das ganze Land ist nicht nutzlos. Und auch an Bundesgenossen wird es uns nicht fehlen, wenn wir zeigen, daß wir der Hülfe werth sind; die Schande ist ja allen Deutschen gemein, und es Wäre möglich, daß vor der lauten Anklage einer Politik, worin die deutschen Fürsten abermals Schmach gehäuft haben auf das deutsche Volk, die noch keineswegs gesicherten Throne wiederum erzitterten. Es wäre sehr wünschenswerth, wenn unser Landtag schleunigst die Regierung veranlaßte, ihm Abschrift sämmtlicher Acten in Betreff der Waffenstillstands-Verhandlungen mitzutheilen, damit auf diese Acten hin der Landtag dereinst von Preußen an Deutschland, von den Cabinetten an den Reichstag, von den Fürsten an das Volk appelliren könne. Es ist mancher schon jetzt der Meinung, daß Deutschland im April sicherer gethan hätte mehr zu wagen; und nicht wenige, die bisher keineswegs an eine neue Umwälzung dachten, sind durch die letzten Ereignisse geheilt werden von ihren constitutionellen Sympathien. Unser Widerstand hier kann in einer Zeit, wo alles wandelbar ist, und heute wankt, was gestern felsenfest stand, vielleicht von unberechenbaren Folgen sein. Aber Muth müssen wir haben, wir müssen auf uns vertrauen, auf unser Recht und unsre Kraft, das ist das wahre Gottvertrauen.

Unser Landtag ist zusammenberufen zum Montag den 4. Sept. Wir freuen uns dieses Beschlusses, der unsrer Aufforderung zuvorkommt; er macht wenigstens zum Theil die Vertagung wieder gut. Welchen Weg der Landtag alsdann einschlagen wird, hängt natürlich von den Bedingungen des Waffenstillstandes ab, die ohne Zweifel alsdann bekannt sein werden; doch läßt sich schon jetzt vorhersehen, daß ihm zunächst drei Pflichten obliegen werden: die Vertheidigung seiner eigenen Existenz, die Abwehr dänischer Regierungscommissarien und die Organisirung des passiven Widerstandes gegen eine solche halbdänische Regierung. Es ist viel in die Hand der Männer gelegt, die wir an unsere Spitze gestellt haben. Schleswig Holstein erwartet, daß jedermann seine Pflicht thun wird!

Unser Landtag als constituirender darf weder aufgelöst werden, noch sich selbst auflösen; jeder Abgeordnete, der hierein willigt, vernichtet, so weit an ihm ist, das Princip der Volkssouveränität, auf Grund dessen er gewählt ist, und macht sich seinen Wählern verantwortlich, wenn er anders weicht, als nach Anwendung offener Gewalt. Wenn die Thüren des kieler Schlosses gesperrt werden, so werden die Abgeordneten einen Ballsaal zu finden wissen. Schmachvoll wäre es für unser Land wie für Deutschland, wenn man uns während des bevorstehenden londoner Friedenscongresses für mundtodt erklären wollte; schmachvoll wäre es für diese Zeit der Freiheit, wenn man in London den Markt über uns eröffnete und uns von dort den Frieden dictirte. Sollte am Montag noch nicht bekannt sein, was der Waffenstillstand in Betreff des Landtages bestimmt, so hoffen wir, daß bis diese Entscheidung erfolgt sein wird, der Landtag sich für permanent erklären und sich unter den Schutz der deutschen Nationalversammlung stellen wird. Wir werden dann sehen, ob „die preußischen Bajonette sich werden brauchen lassen um eine deutsche Versammlung zu sprengen und für die dänische Regierung die Polizei auszuüben.

Wir erwarten ferner Maßregeln für den Fall, daß unserm Lande eine Regierung gegeben werde, in welcher vom

König von Dänemark ernannte Mitglieder Sitz und Stimme hätten. Unser Volk hat den König von Dänemark als Herzog von Schleswig-Holstein suspendirt und sich eine interimistische Regierung gegeben, welche von Deutschland anerkannt ist. Wenn Deutschland uns eine andere Regierung setzt, so werden wir uns fügen; daß aber Dänemark unsere jetzige Regierung ab- und eine andere einsetze oder einsetzen hülfe, wäre eine freventliche Vernichtung eines auf der Base der Volkssouverainität und der deutschen Reichsgewalt ruhenden Actes und ein ungesetzlicher Eingriff in unsere Rechte. Wir erwarten, daß für diesen Fall die Landesversammlung der jetzigen Regierung, wenn diese aufgefordert werden sollte sich zurückzuziehen und darüber die Entscheidung des Landtages einholt, das Abtreten untersage, welches bekanntlich nicht ohne Einwilligung der Landesversammlung erfolgen kann. Wir erwarten ferner, daß der Landtag alle Acte einer also zusammengesetzten Regierung im Voraus für nichtig erklären und namentlich den Steuerpflichtigen untersagen wird an diese Regierung oder deren Beamten Zahlung zu leisten. Es versteht sich dies allerdings von selbst und wird gewiß ohnehin von sehr vielen Schleswig-Holsteinern geschehen; es ist aber nöthig, daß die Vorschrift des Landtages den individuellen Acten den Charakter einer Protestation des ganzen Landes aufdrücke. – Daß diejenigen Beschlüsse, die in den letzten fünf Monaten auf gesetzlichem Wege gefaßt sind, die mit theurem Blute errungenen Grundlagen und Bürgen einer besseren Zukunft, auf keine Weise, weder durch einen Paragraph der Waffenstillstandsbedingungen noch durch einen andern Federstrich annullirt werden können, sondern in voller Kraft bestehen bleiben, so weit sie nicht verfassungsmäßig aufgehoben werden, versteht sich von selbst und bedarf es hier keiner ausdrücklichen Confirmation von Seiten des Landtags.

In diesem Sinne hoffen wir den Landtag handeln zu sehen, wenn uns wirklich die schmachvollen Bedingungen bevorstehen wie das Gerücht sie bezeichnet. Hier, wo es sich um unsere Ehre und unsere Nationalität handelt, wird der Parteistreit verschwinden; hier werden diejenigen, welche durch die Vertagung die Zukunft des Landes gefährdet haben, es beweisen, daß sie ohne Grund der Feigheit und des Mangels an Energie beschuldigt werden sind. Diese Männer der Vertagung werden etwas gelernt haben aus der Freude der Dänen, aus der mitleidigen Verwunderung der deutschen Staatsmänner, aus der Bestürzung der Abgeordneten in Frankfurt, aus dem Zorn von fünf Sechstheilen ihrer Committenten über diesen Schritt; sie werden ihre Hand dazu bieten, dem Lande diese letzte Schmach zu ersparen. Thäte der Landtag dies nicht, handelte er nicht in diesem Sinne, dann freilich wäre es eine Lüge, daß wir frei, und eine Schande, daß wir deutsch sind, und dem Einzelnen, der seine Ehre liebt, bliebe nichts übrig als dies unglückliche Land, wenn er es vermag, zu verlassen.

Nr. 127 (9. September 1848)
T. Der Waffenstillstand

Den Waffenstillstand hat unser Landtag verworfen, unser Volk ihn verurtheilt; Deutschland wird dies Urtheil ratificiren. Es ist nicht Noth und nicht Zeit, auf die Kritik desselben einzugehen; er gestattet nur die Kritik des Schwertes. Darum wollen wir nur mit wenigen Worten zusammenfassen, inwiefern er eine militairische und politische Niederlage ist.

Eine militairische; denn Art. 1 beraubt Deutschland aller Chancen eines Winterfeldzugs, d.h. des einzigen schnellen und sicheren Mittels um Dänemark zum Frieden zu zwingen. Der Separatartikel unter 1) untersagt die Fortsetzung der Fortificationsarbeiten während des Waffenstillstandes; den Dänen ist dies gleichgültig, da der für sie allein in Betracht kommende Brückenkopf bei Düppel schon hinreichend fest und mit schwerem Geschütz besetzt ist, für uns aber schreibt der Artikel vor, daß alle unsere offenen Hafenstädte auch für den nächsten Feldzug ebenso offen den Kanonen der feindlichen Kriegsschiffe ausgesetzt sein sollen. In militairischer Hinsicht schreibt die Convention eigentlich vor, daß wenn der Krieg wieder beginnt, er in derselben uns ungünstigen Jahreszeit, in demselben wehrlosen Zustand unserer Häfen beginnen soll, wodurch wir in dem Feldzuge dieses Jahres der Früchte unseres Sieges beraubt werden sind.

Es sollen ferner die aus dem Herzogthum Schleswig gebürtigen Soldaten, in besondere Abtheilungen formirt, in Schleswig stationirt und unter die Befehle der neu zu bildenden Regierung gestellt werden. Deutsche Truppen dürfen bis zu einer Stärke von 2000 M. in den Herzogthümern bei den Depots und Hospitälern bleiben; sehr warscheinlich würde der größere Theil derselben in Holstein stehen, möglicherweise Schleswig bald ganz von deutschen Truppen geräumt sein. Es ist also klar, daß beim Ablauf des Waffenstillstandes, die schleswiger Truppen entweder ausschließlich oder doch vorzugsweise das Herzogthum besetzt halten werden; und daß diese von der Regierung, der sie untergeordnet sind, und den von dieser zu ernennenden Officieren (denn nur wenige in Schleswig geborne Officiere dienen in unserm Heer, die meisten Posten müßten neu besetzt werden) zu Dänemark werden hinübergeführt werden, ist Dänemarks Hoffnung. Wenn nun auch diese gewiß an dem deutschen Sinne der schleswiger Soldaten scheitern würde, so hat doch der Waffenstillstand das Mögliche gethan, um Deutschland eines mit seinen Truppen fechtenden Corps und einer von ihm beim Abschluß des Tractats besetzten Provinz verlustig zu machen.[78]

Es ist nicht weniger nachtheilig, daß während das dänische Heer ungeschwächt und ungetheilt bleibt, ein Theil des deutschen aufgelöst wird, indem die Trennung der Schleswiger und Holsteiner der militairische Ruin unserer sämmtlich gemischten Bataillone sein muß. Da die Schleswiger militairisch jedenfalls als Teil der deutschen Armee anzusehen sind, so ist es eine Iniquität, daß die Verabschiedung derselben von dem Willen einer von Deutschland unabhängigen Behörde abgernacht wird und Deutschland der militairischerr Hülfsmittel Schleswigs beraubt wird. Unerhört ist es aber, daß auch für Holstein und Lauenburg, welche in jeder Hinsicht ein integrirender Theil Deutschlands sind, Deutschland sich durch diese Convention der freien Disposition begiebt.

Gesetzt, daß „der deutsche Bund" jetzt etwa wegen eines drohenden Krieges mit Frankreich neue Truppenaushebungen anordnete, so würden diese nach Art. 6 in Holstein nicht stattfinden können, nach Art. 9 in Lauenburg von dem guten Willen einer von Deutschland unabhängigen Regierungsbehörde abhangen. Ja sogar, es darf während des Waffenstillstands kein deutscher Soldat in Lauenburg einrücken ohne Willen einer wesentlich dänischen Regierung! Solche Bedingungen schreibt der Däne dem Deutschen, der Besiegte dem Sieger vor! Und ein preuß. Minis-

---

78   Daß der Art. 6: „die aus dem Herzogthum Schleswig gebürtigen Soldaten, welche sich gegenwärtig im Militairdienst in den Herzogthümern befinden", dort während des Waffenstillstands stationiren läßt, ist wohl mehr schlechte Fassung als perfide Intention; dem Wortlaute nach könnten danach die auf Alsen befindlichen Schleswiger mit den schleswiger Soldaten der deutschen Armee gemischt werden.

ter resumirt sie dahin, daß die Bundestruppen in Schleswig bleiben und der Effectivbestand des schlesw.-holst. Armeecorps nicht vermindert wird! Diese militairischen Unbilligkeiten sind aber von geringem Belang gegen die politischen Rechtsverletzungen, sowohl für Schleswig-Holstein als für Deutschland. Indem wir hierüber nicht wiederholen wollen, was die nach Frankfurt abgesandte Denkschrift unserer Landesversammlung entwickelt hat, können wir uns kurz fassen.

Diese Convention erklärt unsere Erhebung vom 24. März für einen widerrechtlichen Aufstand, indem sie die Nichtigkeit sämmtlicher Acte der provisor. Regierung ausspricht, Sie legt an die große Erhebung der letzten sechs Monate den verschollenen metternich-bodelschwingh'schen Maßstab, den man zunächst an unserem kleinen Lande versucht, um ihn später in großartigerer Weise wieder einzuführen. Sie vernichtet die Aufhebung des Jagdrechts, der Kopfsteuer, des Instengeldes, das allgemeine Wahlrecht; wie sie das Princip der Freiheit läugnet, so annullirt sie alle seine gegenwärtigen und künftigen Consequenzen, die unsere Regierung und Landesversammlung zu ziehen bemüht waren und sind. Indem sie die Administrativacte der prov. Regierung annullirt, verwirrt sie alle Rechtsverhältnisse, stürzt zahllose Familien ins Unglück, und erklärt gerade die Epoche unserer vollen Volksmündigkeit und freiesten Rechtsbildung für eine Epoche der Unmündigkeit und Rechtlosigkeit. Das Aergste, was uns von dänischer Seite gedreht ward, die Behandlung der Schleswig-Holsteiner als Insurgenten, das erleiden wir von unsern deutschen Landsleuten; Preußen, das uns zu helfen gekommen war, giebt sich dazu her den Schergen Dänemarks zu machen! Es war also doch wahr, was im April d. J. der Minister der auswärtigen Angelegenheiten auf der kopenhagener Börse anschlagen ließ, daß die preuß. Truppen in Holstein eingerückt seien, um die Insurrection im Gebiete des deutschen Bundes zu unterdrücken.

Ist das wahr, ihr tapfern Garden? Habt ihr darum die Dänen in wilder Flucht bis an die Meeresgrenze gejagt, um die Werkzeuge eines infamen diplomatischen Verrathes zu sein.

Man giebt es zu, daß wir verlieren, was wir seit dem 24. März gewonnen haben. Aber, sagt man, wir behalten doch noch eins: unsere schleswiger Deputirten bleiben in Frankfurt, und damit eine wichtige Bürgschaft für Schleswigs Aufnahme in Deutschland. Es scheint dies ein Irrthum. Wenn „alle Gesetze, Verordnungen und Verwaltungsmaßregeln", die von der prov. Regierung erlassen sind, außer Kraft treten, so ist auch das Gesetz für die Frankfurter Wahlen und die Legitimation der schleswiger und holsteiner Deputirten null und nichtig; und da diese Nichtigkeit in einem officiellen Actenstück ausgesprochen ist, so kann auch die frankfurter Versammlung, wenn sie den Waffenstillstand anerkennt und dabei consequent ausführt, nicht umhin, Notiz von dieser Nichtigkeit zu nehmen, sie kann nicht länger die Creditive als äußerlich untadelhaft gelten lassen. Sollte man wirklich auf eine solche vielleicht nicht unerwünschte Inconsequenz der frankfurter Versammlung mit Recht gerechnet haben, so würde in diesem allergünstigsten Fall uns von allen unsern neuen Rechten ein einziges nicht gesichert, sondern nur bloß nicht genommen werden. Wir hätten dann nicht den ersten Schritt auf dem Wege der Freiheit vorwärts gethan, sondern nur noch auf dem Rückwege zur Dänenherrschaft den letzten nicht zurückgethan, und es wäre wahrscheinlich nicht eine Milderung, sondern nur eine Theilung unserer Schande. Was der Waffenstillstand uns noch gelassen hat, das würde der Friede uns rauben; in diesem Sinne ist es allerdings einzusehen, daß der Waffenstillstand dem Frieden nicht präjudiciren wird.

Man wendet ferner ein, daß die neue Regierung angewiesen sei, von den „Gesetzen, Verordnungen und Verwaltungsmaßregeln" der prov. Regierung diejenigen wieder in Kraft treten zu lassen, „deren Aufrechthaltung ihr unerläßlich oder für den regelmäßigen Geschäftsgang ersprießlich erscheint". Abgesehen davon, daß diese Festsetzung im Widerspruch steht mit der anderen Bestimmung, wonach die gesetzgebende Gewalt in den Herzogthümern während der Dauer des Waffenstillstandes ruht, und daß also es wenigstens zweifelhaft ist, ob auf diesem Wege auch die Gesetze der prov. Regierung, also gerade die wichtigsten Errungenschaften des Landes gerettet werden können, ist es ganz evident, daß eine solche Restitution der Gesetze der prov. Regierung durch die neu zu ernennende Commission die Schmach der Annullirung nicht im mindesten entfernt. Ob sie die materiellen Nachtheile derselben entfernen, hängt wesentlich ab von den Persönlichkeiten, welche in die Commission eintreten werden. Welche Garantien aber bisher in dieser Hinsicht geboten sind, ist keinem unbekannt; wir zweifeln sehr, daß es irgend einen namhaften Mann giebt, welcher zugleich den Herzogthümern und dem dänischen Ministerium persona grata ist. Fände man aber auch einen solchen Mann, so kann doch das größte persönliche Vertrauen nie ein Ersatz sein für unsere jetzige Rechtssicherheit, die allein uns die Zukunft verbürgt.

Aber, hört man sagen, wenn auch eure neuen Rechte euch verloren sind, so sind euch die alten doch gesichert werden, welche die dänische Usurpation euch entriß. Es wäre dabei am Orte sich aufzulehnen gegen den historischen Jesuitismus, der es verkennt, daß das historische Recht kein Datum hat, und mit dem 24. März 1848 weder anfängt noch aufhört; dem der Wille der Lebendigen und der Hauch der Gegenwart ein Spott, die Pergamente der Verstorbenen und der Rost des Alterthums ein Heiligthum ist. Doch lassen wir das; fragen wir vielmehr, wie es mit dieser „großen Concession" steht, wie der Minister von Auerswald sie bezeichnet. Sie besteht mit einem Worte darin, daß der König sein Rescript vom 18. März, worin er die Incorporation Schleswigs aussprach, zurückgenommen oder vielmehr die rechtliche Nullität desselben anerkannt hat. Wir verkennen dies nicht; es ist ein Resultat. Aber wir wissen auch wohl – und wahrscheinlich besser, als man in Berlin es weiß – daß dies Reseript nicht die erste, sondern die letzte Verletzung unserer Landesrechte war. Es standen in Dänemark seit längerer Zeit zwei Parteien sich gegenüber: die Verfechter der Gesammtstaatstheorie, welche Holstein und Lauenburg als integrirende Theile der dänischen Monarchie behandelt wissen wollen, und die national-dänische Partei, welche den Staat da begrenzt, wo nach ihrer Ansicht die dänische Nationalität aufhört, und nur Schleswig dem dänischen Staate vindicirt. Jene Partei herrschte unter Christian VIII., ihre Werke sind der offene Brief vom Juli 1846 und dessen Consequenz, der Erlaß vom 28. Januar d. J.; die Partei der Eiderdänen, welche mit dem Casinoministerium ans Ruder kam, tief das Rescript über die Incorporation Schleswigs hervor. Da nun dies revocirt ist, so wäre es nicht unwahrscheinlich, daß die verschollene Theorie des dänisch-deutschen Gesammtstaats wieder die Oberhand gewänne, Dies entspräche der allgemeinen reactionairen und antinationalen Tendenz der Convention und den gesteigerten Hoffnungen der Dänen, welche, obwol sie um ein Dänemark bis an die Eider Krieg führten, es nicht verschmähen werden, wenn Deutschland ihnen ein Dänemark bis zur Elbe zum Geschenk macht. Es wird ein solcher Plan noch wahrscheinlicher durch das Schwanken des Ministeriums der Eiderdänen, vor allem aber durch die

Ernennung des Grafen Carl Moltke[79] zum Präsidenten der künftigen Regierung. Dieser ist bekanntlich der Hauptvertfechter des Gesammtstaats, welcher allerdings für solche absolutistische denationalisirte Renegaten recht eigentlich gemacht ist. – Daß aber der Gesammtstaat in seiner strengen Durchführung für Schleswig-Holstein noch weit verderblicher ist als die Pläne der Eiderdänen, indem er nicht einmal einen Rest unseres Landes bei dem deutschen Staate läßt; daß er zugleich eine Protestation gegen Deutschland und keine geringe Schwächung für dasselbe ist, dessen wichtigste Handelsstädte dadurch unter den Bereich dänischer Bajonette gerathen, das bedarf keiner Auseinandersetzung. Die „große Concession" Dänemarks besteht also darin, daß sie für ihren Staat nicht mehr Schleswig, sondern Schleswig und Holstein beanspruchen: die Aufhebung „des die Herzogthümer so schwer gravirenden Erlasses" besteht eigentlich in der Erneuerung eines uns nicht minder gravirenden, gegen den wir

---

79   Es ist dies möglich gemacht durch eine kleine Perfidie, die wir nicht übergehen dürfen. Der Art. 7 des Entwurfs von Bellevue schließt von der neuen Regierung einerseits die Personen der prov. Regler. aus, andrerseits die Mitglieder der Verwaltung, die vor dem 17. März in Function waren; der correspondirende Artikel der malmöer Convention beschränkt dies auf die Mitglieder der sog. schlesw.-holst. Regierung in Schleswig. Die eigentliche Regierung der Herzogthümer war bekanntlich bis dahin die schlesw.-holst.lauenb. Canzlei in Kopenhagen, deren Präsident Graf Carl Moltke war, deren Räthe sonst unter den für die neue Regierung bezeichneten Personen sich befinden. Also nicht bloß hat Preußen eine von ihm und der deutschen Centralgewalt anerkannte Regierung gestürzt, sondern sogar die alte dänische Regierung, deren Beseitigung das Princip der Gegenseitigkeit forderte, zugelassen, und zwar zugelassen in Folge eines diplomatischen Pfiffs, der die schlesw.-holst. und die prov. Regierung geschickt coordinirte.

nur darum nicht revolutionirten, weil derselbe zu schnell durch einen verschiedenartigen Rechtseingriff verdrängt ward. Wer errinnert sich nicht der ungeheuren Aufregung, die das Rescript vom 28. Januar d. J. in den Herzogthümern hervorrief.

So wird also vorgearbeitet für den dänischen Gesammtstaat, dessen definitive Anerkennung man in Kopenhagen beim Frieden zu erlangen hofft. Eine Vorbereitung zur Auflösung des schleswig– holsteinischen Staatsverbandes ist jedenfalls die Trennung der schleswiger Truppen von den holsteinischen, mit denen sie Jahrhunderte lang in demselben Corps vereinigt gestanden haben.

Wie diese Bedingung in einen Tractat aufgenommen werden konnte, dessen Basis der status quo ante ist, begreift sich schwer; sie ist eine von denen, die im Lande die allerstärkste Indignation hervorgerufen haben. Man fürchtet, es möge dies für unsern Staat der Anfang des Endes sein, zumal auch bei der Zusammensetzung der gemeinsamen Regierung die für Schleswig und die für Holstein ernannten Mitglieder geschieden werden. Es ist eine bloße Phrase, daß das unsern Rechten nicht präjudicire, das Factum präjudicirt immer dem Rechte!

Aber ebenso wie Schleswig-Holsteins sind Deutschlands Rechte durch die Convention von Malmö gefährdet. Sie stürzt zwei von Deutschland anerkannte Regierungen, sie entfernt mehrere Deputirte aus der Paulskirche; sie greift ein in alle von den schleswig-holsteinischen Abgeordneten beim Bunde und den Deputirten bei der Nationalversammlung mit berathenen und beschlossenen Akte. sie entzieht Deutschland die freie Disposition über zwei anerkannt deutsche Provinzen, um von Schleswig gar nicht zu sprechen, sie hemmt dadurch die allgemeine deutsche Gesetzgebung und Verwaltung, die ohne die Application durch Provinziallandtage, ohne die Ausführung

durch dem deutschen Staate subordinirte Behörden nicht
regelrecht fortschreiten können. Es ist in der ständischen
Denkschrift ausführlicher entwickelt, was alles Preußen
gegen Deutschland für Dänemark gethan hat. Was es für
ein Bewandtnis hat mit der unzweifelhaft überschrittenen
Vollmacht, mit der Ignorirung der Centralgewalt und der
Auferweckung des deutschen Bundes von den Todten, das
werden wir bald näher erfahren. Hat wirklich das berliner
Cabinet die Absicht, nicht bloß die Acte der prov. Regier.
und unsern Landtag, sondern auch die Acte der Centralgewalt und die frankfurter Versammlung zu beseitigen, so
ist der Waffenstillstand Preußens mit Dänemark mit einer
Kriegserklärung gegen Frankfurt gleichbedeutend.

Was das Schicksal eines solchen Waffenstillstandes, der
unsere freiheitliche Entwickelung zu vernichten, die Einheit Schleswig-Holsteins zu sprengen und den Gesammtstaat herbeizuführen droht, der die ganze Errungenschaft
Deutschlands anzufechten scheint und unser Recht wie
unsere Ehre preisgiebt, bei unserm Landtag sein mußte,
war vorauszusehen. Der Landtag und das Land hat ihn
verworfen; er hat seine Pflicht gethan. Graf Moltke, der
hier sich zu installiren gekommen ist, hat eingesehen, daß
er hier im Lande kaum einen Schreiber, geschweige denn
einen Collegen finden wird, daß er unmöglich ist. Seien
wir aber vorsichtig. Es ist nach manchen Anzeichen nicht
unwahrscheinlich, daß man versuchen wird, den Sturm
gegen Moltke dahin auszubeuten, als wäre nicht der Waffenstillstand, sondern Moltke allein unmöglich; wenigstens hört man jetzt den Tadel gegen Moltke aus manchem
Munde, wo er einigermaßen befremdet, ja die Naiven unter
diesen Reactionairen urgiren es, daß einige der zur Regierung designirten Mitglieder nicht schlechthin, sondern
nur in Gemeinschaft mit Moltke die Regierung zu übernehmen verweigert haben. Es möge sich aber Niemand

darüber täuschen, daß nicht bloß Moltke, sondern überhaupt der Waffenstillstand unmöglich ist; würde auch eine Concession in der Personenfrage gemacht, so würde das Land sich dennoch «nicht anders aussprechen. Ohne daß die Acte der provisorischen Regierung anerkannt bleiben und die freie Entwickelung der Militairmacht der Herzogthümer garantirt wird, ist ein Waffenstillstand unmöglich. Wird dies bewilligt, so wird, obwohl die Persönlichkeiten unserer jetzigen Regierung dem Lande theuer sind und durch ihren Rücktritt ein wichtiges Prinzip der Democratie gefährdet wird, doch unser Landtag ohne Zweifel den Wünschen der Centralgewalt gegenüber gerne zu Concessionen sich verstehen. Was die Verwerfung des Waffenstillstandes nach sich zieht, das wissen wir wohl; wir stehen jetzt etwa eben da, wo wir am 24. März standen; wir werden bald, wahrscheinlich sehr bald mit Dänemark, das den Waffenstillstand für gebrochen erklären wird, zu kämpfen haben. Aber sei es allein, sei es mit denjenigen unserer süd- und norddeutschen Bundesgenossen, die uns in der Zeit der Noth nicht verlassen: wir werden wiederum den Kampf wagen, denn wir müssen es. Wir können aber auch siegen; es gilt Alles, wagen wir Alles! Sollen wir doch einmal zur dänischen Provinz werden, so soll wenigstens die Geschichte von uns sagen: die Schleswig–Holsteiner, verlassen von Deutschland, setzten den Kampf allein fort und hatten den Muth auf sich selbst zu vertrauen.

Nr. 128 (10. September 1848)
T. Das Staatsgrundgesetz
I.

Wir haben nun eine Verfassung. Wir freuen uns dessen, aber mit Maßen; denn diese Verfassung ist nicht wie in andern Ländern, denen ihre staatliche Erziehung leichter gemacht wird, das Ende der politischen Kämpfe, sondern in gewissem Sinne der Anfang derselben. Diese Verfassung enthält nicht so sehr was wir errungen haben, sondern was wir vor uns und vor Deutschland uns geschworen haben zu erringen, nicht was wir zu vertheidigen: sondern was wir durch alle Chancen eines gefährlichen Krieges zu erobern, was wir unserm Erbherrn und Erbfeinde aufzuzwingen uns geloben. In gewissem Sinne ist die Verfassung eigentlich unser Programm, das wir nur darum jetzt schon als Gesetz ausgesprochen haben, um uns äußerlich und feierlich zur unausbrüchlichen Befolgung desselben zu verpflichten. Das Factum geht sonst dem Rechte voran; hier soll das Recht erst zum Factum werden. Möge das Land seiner großen Aufgabe gewachsen sein! Es soll dies aber noch in einer andern Weise, in Beziehung worauf das Staatsgrundgesetz nicht weniger ein Anfang zu nennen ist. Die demokratischen Principien, denen bei allen Limitationen und Restrictionen der Aengstlichkeit doch im Allgemeinen die Verfassung huldigt, sind eben nur Principien, d.h. Anfänge, keine Resultate, sondern Aufgaben. Es ist nicht viel damit erreicht, daß freie Gemeindeverfassung, Revision des Steuerwesens, Trennung von Justiz und Administration durch alle Instanzen, Ministerialverfassung und wie die politischen Wolkengestalten weiter heißen im Staatsgrundgesetz vorgeschrieben sind; solange diese demokratischen Gottheiten in ihrem unbestimmten Himmel verbleiben und nicht herabsteigen in Stadt und Dorf, in Kirche und Schule, in Schreibstube und Polizeibureau, wird der alte Polizeistaat unter neuem Namen, an dem es den politischen Jesuiten nicht fehlen wird, nach wie vor grünen und blühen und im Besitz der irdischen Dinge den Volksbeglückern recht gern ihren demokratischen Regenbogen gönnen. Es ist, daher die Aufgabe aller wirklichen Demokraten, nun nicht wie nach gethaner Arbeit zu ruhen, sondern jetzt erst recht zu streben und keine Stunde zu versäumen. Wirket so lange es Tag ist; es kommt die Nacht, da Niemand wirken kann. Noch steht die Sonne der Freiheit am Himmel, aber sie sinkt schon am westlichen Horizont; vielleicht sind uns nur noch einige Abendstunden vergönnt, um die positiven Resultate eines Außschwungs zu sichern, der für diese Generation schwerlich wiederkehrt. Eilen wir darum mit der vollständigen Realisirung der Verfassung.

Es ist unsere Absicht, die wichtigsten Bestimmungen des neuen Gesetzes in diesen Blättern einer Kritik zu unterziehen. Wir haben nicht ohne einen gewissen Widerwillen die wüste Eile mit angesehen, womit in drei Tagen pro forma discutirt und approbirt ist; nothwendig war sie freilich, um noch vor dem 8. Septbr., bis zu welchem Tage nach der Convention zu Malmö die provis. Regierung abtreten soll, das Gesetz zu Stande zu bringen, freilich könnte, da das berliner Cabinet die provis. Regierung nicht abgesetzt, sondern nur zum Rücktritt aufgefordert hat, selbst von preußischer Seite nicht geleugnet werden, daß auch die nach dem 8. Septbr. von der provis. Regierung vollzogenen Acte ebenso rechtsbeständig seien, als die früher vollzogenen; indeß war es durchaus zweckmäßig hierin jede Vorsicht zu gebrauchen. Allein schmerzlich blicken wir dabei zurück auf die thatenlose Säumigkeit der fünf Monate, welche jetzt durch unschickliche Hast gebüßt wird; unwillig hörten wir noch am Dienstag jene stundenlange Declamation des Grafen Reventlow gegen die anarchischen Wühlereien, die darum, weil sie mit einem gewissen ritterlichen Aplomb vorgetragen ward, doch nicht aufhörte etwas anders zu sein als Worte, Worte, Worte und die nebst den obligaten Repliken dem Lande einen kostbaren Vormittag gekostet hat. Doch lassen wir das; als die Debatte begann, war freilich eine Eile unvermeidlich, die nothwendigerweise zu Uebereilungen führen mußte. Es war eine allerdings sehr exceptionelle Maßregel, welche alle Amendements ausschloß; obgleich wir weit entfernt sind, alle Amendements zu bedauern, welche die Portefeuilles einzelner Mitglieder gefüllt haben sollen – à quelque chose malheur est bon! Aber es sind in der That nicht unwichtige Verbesserungen durch das Abschneiden der Amendements unterblieben, es sind in sehr wichtigen Fragen Beschlüsse gefaßt, welche selbst die dafür Stimmenden, größtentheils gewiß nicht als gut, sondern nur als verhältnißmäßig am wenigsten nachtheilig ansehen. Da es auch abgesehen von der Revision des Verfassungswerkes (welche, wenn sie wirklich bis nach dem Abschluß der frankfurter Gesetzgebung unterbleiben soll, in der That ad calendas graecas vertagt ist) nach Art. 155 auch jetzt schon möglich ist durch Majorität von ⅔ Aenderungen des Staatsgrundgesetzes zu treffen, so halten wir es nicht für überflüssig den wichtigsten Fall dieser Art, den Wahlmodus zu der Landesversammlung (Art. 74–76) sofort zur Erörterung durch die Presse zu bringen, zumal da die bevorstehende Discussion über das Wahlgesetz diese Fragen doch wieder zur Sprache bringen wird.

Nachdem der Antrag des Grafen Reventlow auf ein Zweikammersystem, der sowohl seines Inhaltes als seiner ganz mangelhaften Redaction wegen gar nicht in Betracht kommen konnte, mit 93 gegen 7 Stimmen zurückgewiesen war, standen noch vier Systeme sich einander entgegen: das von Liliencron und Cons., von Jensen und Cons., von Dr. Lorentzen und v. Prangen, und das ursprüngliche der Regierungskommission. Das erste, obwohl sonst nicht ganz unzweckmäßig, litt an dem unheilbaren Fehler, daß in jedem städtischen oder ländlichen Wahldistrict die Haus-, resp. Grundbesitzer den einen, die Nichtbesitzenden den andern Abgeordneten wählen sollten; es wäre dies in der

That ein gesetzlich regulirter Bürgerkrieg gewesen zwischen Besitzern und Nichtbesitzern; statt die Interessen zu versöhnen, hätte eine solche Landesversammlung sich in zwei feindliche Lager gespalten. Der Vorschlag fiel mit 90 gegen 10 St. – Der Vorschlag von Jensen wäre unzweifelhaft durchgegangen, wenn nicht sehr Viele an dem aus der Kammer gewählten Senat von 25 Mitgliedern Anstoß genommen hätten; man fürchtete den schleppenden Gang des Zweikammersystems, und die Incapacität einer Kammer, welche ihre besten Arbeitskräfte dem Senat abzugeben hätte. Man hätte noch anführen können, daß wenn Majorität und Minorität der Landesversammlung sich schroff gegenüber gestanden hätten, der Senat ausschließlich aus Majoritäts-Mitgliedern bestehen und die Minorität darin, allen Grundsätzen der Volksvertretung zuwider, nicht einmal einen Fürsprecher haben würde. Auch dieser Vorschlag ward verworfen mit 90 gegen 10 Stimmen. – Es blieben nur der Lorentzensche und der der Regierungskommission, welcher den Census enthielt. Wäre jener Vorschlag gefallen, so hätte sehr leicht bei der besonderen Abstimmung über den Census dieser durchgehen können; deshalb stimmten Viele, die den Census um keinen Preis wollten, für den Vorschlag von Lorentzen. Es kam hinzu, daß man überhaupt die Möglichkeit voraussah, daß eben so wie in der Committee so auch in der Versammlung sich gar keine Majorität gebildet hätte, und daher geneigt war, nachzugeben. So ging der Vorschlag von Lorentzen und Prangen mit 66 gegen 34 Stimmen durch. Danach ernennen sämmtliche mündige Staatsbürger in 50 Wahldistricten 50 Abgeordnete, ferner die städtischen Einwohner mit Ausschluß der Besitzlosen[80]

---

80   Wir bezeichnen der Kürze halber mit diesem Ausdruck diejenigen, welche weder ein Einkommen von 150 ℳ noch einen Grundbesitz von 600 ℳ in einer Stadt oder auf dem Lande haben.

20, die ländlichen gleichfalls mit Ausschluß der Besitzlosen ebenfalls 20, die größeren Grundbesitzer (d.h. die, welche ländliche Grundstücke über 30,000 ℳ besitzen) die letzten 10 Abgeordneten, so daß eine Gesammtzahl von 100 Deputirten herauskommt.

Dieser Vorschlag ist, wie man sieht, gänzlich prinziplos; er enthält etwas allgemeines Wahlrecht, etwas Corporatives, etwas ständisches, er hat das schlechteste aller Systeme, nämlich alle Systeme zugleich. Man kann sagen, daß er nicht auf der Ueberzeugung, sondern auf der Mannigfaltigkeit der Ueberzeugungen der Herren v. Prangen und Lorentzen beruht und vor allem die gute Absicht hat es mit Niemand ganz zu verderben. Wir bezweifeln, daß ihm dies gelingen werde; denn während der Vorschlag vor dem einen System sein Compliment macht, stößt er von hinten die andern vor den Kopf. Am besten sind die Aristokraten gefahren, welche es sich wahrlich – man lese die Verhandlungen der rendsburger Ständeversammlung vom Juni d. J.! – im Frühling und Sommer dieses Jahres nicht hätten träumen lassen, daß eine auf den breitesten volksthümlichen Grundlage gewählte Versammlung auf den Antrag von zwei Männern, die sich bis jetzt zu der demokratischen Partei zählen, ihnen den zehnten Theil der sämmtlichen Stimmen zum Geschenk machen würde! Auch wir hätten gewünscht, in Anbetracht der besondern Wichtigkeit des großen Grundbesitzes für unser Land und der eigenthümlichen Lage desselben, daß man ihm ein oder zwei Specialvertreter eingeräumt hätte, damit er wenigstens stets gewiß sei zum Worte zu kommen; wir haben dies früher, als die demokratischen Wegen höher flutheten und alles fortzureißen schienen, in einem Aufsatz ausgeführt, dessen vielleicht einige unserer Leser sich erinnern. Aber zehn Stimmen! ungefähr eben so viel wie in den alten Provinziallandständen auch! halb so viel als die kleinen Grundbesitzer, die doch drei mal so viel Land besitzen, als die gro-ßen Gutsherren! Nun, wenn das schon möglich ist, wenn man die Demokratie schon so versteht, dann werden wir auch bald wieder erleben, daß Baron Blome Platz nimmt in unserer Ständeversammlung als „Vertreter des gesammten schleswig-holsteinischen Volkes" (so der Art. 82, den die Antragsteller zu tilgen vergessen haben).

Die Aristokraten werden zufrieden sein; sie konnten nur Trümmer retten und haben mehr erhalten, als sie zu hoffen wagten. Dagegen irren die Urheber des Antrags, wenn sie sowohl die zu befriedigen meinen, welche all-gemeines Stimmrecht wollen, als die, welche in der Lan-desversammlung die Commünen vertreten wissen wollen. Dieser Ansicht sind wir zugethan, die freilich eine entwi-ckelte Gemeindeverfassung voraussetzt; das ist aber keine Communalvertretung, wenn man alle besitzenden Städ-ter und alle besitzenden Grundbesitzer noch außer ihrer Theilnahme an den allgemeinen Wahlen 40 besondere Vertreter wählen läßt. Nicht die Commünen als solche, sondern die Besitzenden werden hier vertreten; nicht die Connexion der kleineren organischen Ganzen mit dem großen Organismus des Staates wird gefördert, sondern der Krieg zwischen Reichen und Proletariern. Tritt auch dieser permanente Bürgerkrieg hier weniger grell her-vor als in dem liliencronschen Antrag, so wird doch auch hier eine Drachensaat gesäet, die Unheil bringen muß, wenn unsere Landesversammlung nicht noch rechtzeitig Einhalt thut. Die feste Phalanx der 50 Abgeordneten der Besitzenden wird den in allgemeinen Wahlen Gewähl-ten stets als Vertreter der Privilegirten gegenüberstehen; die demokratische Partei wird zu ihren Beschwerden, die demagogische zu ihren Umtrieben einen steten Stoff darin finden, daß der Reiche zwei, der Arme nur eine Stimme hat. So fein dies ausgesonnen sein mag, dem Volke wird es absurd erscheinen; erklärt die Menschen wie ihr wollt für stimmfähig oder für unfähig, aber nicht für halb fähig. Ausgeschlossen von den Wahlen der Privilegirten, werden die Proletarier sich mit aller Macht auf die allgemeinen Wahlen werfen, sie werden nicht ruhen, bis sie ihr Recht ganz haben, das ihr sie kennen lehrt und doch es ihnen verkümmert. Ist es nicht der Superlativ der Thorheit den Armen die Waffe zu geben und zugleich ihn zu reizen sie gegen euch zu richten? Schließt die Besitzlosen ganz aus, so könnt ihr sie despotisiren, laßt sie ganz zu, so könnt ihr mit ihnen euch vertragen; aber hütet euch vor dem Mittel, das die Nachtheile beider Wege vereinigt.

Wir wollen nicht weiter eingehen auf das Künstliche und Unpraktische des Vorschlags, wonach das Land theils in funfzig allgemeine, theils in vierzig resp. städtische und ländliche Wahldistricte zerfällt: wir fürchten oder vielmehr wir hoffen, daß der Vorschlag allein an seiner politischen Unausführbarkeit scheitern wird. Man versuche es nur einmal, aus unseren Städten 20 Wahldistricte zu formiren! Es genügt nachgewiesen zu haben, daß dieses System ein wahres Ideal von Halbheit ist, ungerecht in jedem Sinne, daß es die Aristokratie von den Todten erweckt und die Keime enthält zu einem Kriege der Besitzenden und Besitzlosen. Wir sind entschieden dem Census abgeneigt; aber viel lieber als den Vorschlag von Lorentzen und Prangen hätten wir den Entwurf der Regierungscommission selbst mit dem Census von 150 Rthlr Einkommen acceptirt. Für den Census spricht allerdings Einiges, und was mehr ist, auch dieses Verfahren ließ allmälige Herabsetzung des Census und stetige demokratische Fortentwicklung zu; das jetzt beliebte aber kann nur mit dem Kriege gegen die Aristokraten und mit Proletariatstürmen enden. Es ist vielleicht nicht möglich, jetzt schon ein Wahlgesetz einzuführen, das auf dem Gemeindebürgerrecht und der freien Communalverfassung beruht; wäre dies der Fall, so würden wir ein Wahlgesetz etwa wie das, wonach unsere jetzige Landesversammlung gewählt ist, mit Ausschluß jedoch derer vom Stimmrecht, die in fremdem Lohn und Brod stehen, d.h. den Dienstboten und Knechten (*sic!*). Dieser Zusatz empfiehlt sich auch den Demokraten, weil er mehr gegen die Aristokraten als gegen die Geringen gerichtet ist. Ist aber alles dies unmöglich, so glauben wir doch, daß alle guten Staatsbürger jeder Fraction des von Lorentzen und Prangen vorgeschlagenen Wahlmodus ihre Hand bieten werden, und daß auch die demokratisch Gesinnten viel eher in einen Census willigen werden, als diesem sich fügen. Geschieht dies nicht in dieser Versammlung, läßt man die 10 ritterschaftlichen Stimmen erst wieder Besitz ergreifen, so wird die Abschaffung auf friedlichem Wege sobald nicht möglich sein, da in der künftigen auf der Basis des jetzt beliebten Wahlmodus gewählten Versammlung man nicht blos jene 10 Stimmen, sondern auch die ganze Autorität unserer auf breitester demokratischer Basis gewählten Constituante gegen sich haben würde. Möge man nicht gestatten, daß ein aus Zufall oder Versehen in höchster Eile angenommener unbedachter Antrag dauerndes Unheil bereite!

Nr. 130 (13. September 1848)
T. Die Beschlüsse vom 4. September

Die Beschlüsse der L.-V. vom 4. Sept. sind von einer schweren Bedeutung, die wir in ihrem vollen Umfang auszusprechen für unsere Pflicht halten. Daß sie die rechten, die nothwendigen waren, das zeigt die Einstimmigkeit unserer 101 Abg., das zeigt noch mehr die ernste Freude des Landes. Was aber diese Beschlüsse enthalten, das ganz auszudenken und in seinen vollen Consequenzen zu erfassen, fordern wir von dem männlichen Muth unsrer Mitbürger.

Was sind die Consequenzen dieser Beschlüsse für Schleswig-Holstein?

Im günstigsten Fall, wenn sie die Annullirung des Waffenstillstandes durch die deutsche Nationalversammlung veranlassen oder doch befördern und Preußen sich diesem Beschluß unterwirft, sichern sie uns den Beistand Deutschlands auf so lange, als die deutschen Truppen nicht gegen Osten oder Westen einem gefährlicheren Feinde zu begegnen haben. In dem Falle, daß entweder der Waffenstillstand in Frankfurt ratihabirt wird, oder Preußen durch Opposition gegen diesen Beschluß uns der militairischen Vortheile desselben beraubt, hat unser Land die Wahl, entweder in einer moralischen Verlassenheit und politischen Isolirung, wogegen die Lage Tirols im Jahre 1809 eine glückliche genannt werden kann, unsere militairisch höchst schwierige Vertheidigung gegen die mindestens gleichen und durch die Kriegsschiffe der That nach verdoppelten Streitkräfte des Feindes und gegen die antideutsche so wie die kaufmännische Partei im Innern durchzuführen, oder alle Uebel und die ganze Rechtlosigkeit eines passiven Widerstandes zu erdulden, der doch nur eine Befriedigung unseres Rechtsgefühls, eine Protestation gegen das Unvermeidliche, nicht eine Abwehr des Unrechts sein würde.

Was sind die Consequenzen dieser Beschlüsse für Deutschland?

Wir wirken theils durch das moralische Gewicht unseres einstimmigen Landtagsbeschlusses, theils durch die Stimmen unserer Abg. in Frankfurt hin auf die Verwerfung des Waffenstillstandes durch die Nationalversammlung. Daß unser Verhalten in dieser Hinsicht gleichgültig sei, ist eine ebenso schwache als irrige Ausflucht. Es liegt nicht Alles, aber unendlich viel in unserer Hand; wir haben die Initiative genommen und dadurch das mit in die Wagschale geworfen, daß Deutschland nun nicht blos Preußens Verfahren gelten lassen, sondern zugleich das unsrige desavouiren muß. Wird nun der Waffenstillstand aufgehoben, so kann sich Preußen fügen oder nicht fügen. Im ersteren Falle beginnt ein Krieg wieder, der moralisch und materiell schwer auf Deutschland lastet; die Neugestaltung Deutschlands wird gehemmt durch die Complication mit einem gefährlichen Kriege; möglicher, ja wahrscheinlicher Weise bricht ein Krieg aus, der nicht mehr um die Existenz Schleswig–Holsteins geführt werden wird, sondern um die Existenz Deutschlands. Fügt sich Preußen der deutschen Nationalversammlung nicht, wobei ihm die Sympathien aller derer zur Seite stehen, die sonst wohl die deutsche Einheit wünschen, aber unter dem Druck des Krieges leiden, so ist die Einheit Deutschlands nur noch erreichbar durch einen vernichtenden Bürgerkrieg und in dem Chaos aller Zustände und Verhältnisse nur so viel gewiß, daß wir auf unsere eigene Hand mit den Dänen würden fertig werden müssen.

Neben diesen practischen Folgen der fünf Beschlüsse sind sie aber auch theoretisch eine Protestation gegen die deutsche Einheit. Mag man Schleswig-Holstein als einen deutschen Bundesstaat oder als eine deutsche Provinz betrachten, einem von den constituirten Gewalten Deutschlands rechtsgültig abgeschlossenen Waffenstillstand muß es sich fügen. Durch die fünf Beschlüsse aber weigern wir uns dessen, mag der Waffenstillstand von Frankfurt aus gebilligt sein oder nicht; wir thun das, die wir so oft und so laut auf das eine Deutschland provocirt haben!

Dies ist der Inhalt, dies die möglichen Folgen der fünf Beschlüsse; dies die ungeheure Verantwortlichkeit, die

Schleswig-Holstein vor Deutschland über sich genommen hat. Viele unserer Freunde werden uns tadeln, daß wir sie unverschleiert in strenger Wahrheit ausgesprochen und statt durch schöne Worte vielmehr durch den Ernst der Dinge zu großen Anstrengungen aufgerufen haben. Was liegt daran, wenn einige Träumer dadurch aufgeschreckt werden? Wir halten es für politisch, ganz wahr und offen zu sein. Daß angesichts solcher Folgen, der Ruin ihres eigenen Landes und des gemeinsamen deutschen Vaterlandes vor Augen, auf die Gefahr hin von Deutschland desavouirt und im Stich gelassen zu werden, unsere Abg. einstimmig die Beschlüsse vom 4. Sept. faßten, daß das ganze Land, ohne daß, soviel uns bekannt, auch nur eine Stimme sich dagegen erhob, diesen Beschlüssen beitrat und nur durch sie die schon an mehreren Punkten ausbrechende Anarchie unterdrückt ward: das muß nach unserer Ansicht auch den uns feindlich gesinnten Kabinetten, das muß ganz Europa besser als jede Deduction beweisen, daß der Waffenstillstand in der That unmöglich war. Er war die provisor. Vernichtung des deutschen Schleswig-Holsteins, und daß wir dazu selbst die Hand bieten, uns selber executiren,.das kann, sogar Deutschland nicht von uns fordern. Die Pflicht – sagt Herr v. Radowitz – geht nicht weiter als die Möglichkeit. Wäre es wirklich schon so weit, daß die Einheit Deutschlands zum Wrack geworden und Schleswig als erstes Opfer über Bord geworfen werden müßte, so verlange man wenigstens nicht von Holstein, daß es das Bruderland hinabstoße!

Zugleich aber wollen wir darauf hinweisen, daß wir gar wohl wissen, wie solche Beschlüsse nur durch die höchste Noth gerechtfertigt und nur durch die Verzweiflung ausführbar werden. Keineswegs wird man hier eigensinnig auch auf billigen Forderungen bestehen und was irgend erträglich ist, gerne tragen für uns und vielleicht noch mehr für Deutschland. Es ist eine schändliche Lüge, daß die Schleswig-Holsteiner Deutschland blos in ihrem Particular-Interesse exploitiren wollen und nur so viel und so lange deutsch sind als es ihnen nützt; man sage was man will, der positive Kern unserer Bewegung ist nicht die Trennung von Dänemark, sondern der Anschluß an Deutschland. Vielleicht mehr noch als unsere specielle Gefahr haben die Gefahren Deutschlands, die ja auch unsere sind, alle Gemüther in den letzten Tagen erfüllt. Unsere heißesten Wünsche für die Lösung der Personalunion, unser Recht auf die Untheilbarkeit Schleswigs, die Existenz unserer jetzigen prov. Reg. werden wir zum Opfer bringen, wenn Deutschland es befiehlt; daß wir aber nur von Ehrenmännern regiert werden wollen und nicht von einem Moltke, daß wir die Vereinigung der schlesw. Soldaten mit den holstein. nicht aufgeben, welche seit unvordenklicher Zeit bestanden hat und nun mit gänzlicher Verletzung des status quo ante in einem auf dieses Princip basirten Waffenstillstand uns genommen werden soll; daß wir endlich unsern Antheil an der freiheitlichen Errungenschaft dieses Jahres, namentlich unsere beschließende L.-V. uns nicht wieder nehmen, uns nicht mit einem Schlage in die Zeit des dänischen Absolutismus zurückversetzen lassen wollen: dafür wird kein verständiger Staatsmann, kein billiger Gegner uns tadeln; ja sie müßten uns verachten, wenn wir dies litten. Es scheint, daß die ersten Anfänge dieser Erkenntniß in den letzten schlesw. Conferenzen auch dem dän. Kabinet aufgegangen sind. Mit inniger Freude haben wir die Mittheilungen vernommen, welche aus dem Munde des General Wrangel der Regierungscommissar in der letzten Sitzung des Landtags gemacht hat; sollte es gelingen in Kopenhagen zur Ueberzeugung darzuthun, daß Graf Moltke und seines Gleichen, die Trennung der Truppen, die Vernichtung der

wesentlichen Gesetze in den Herzogthümern unausführ-
bar sind, so ist unter diesen Modificationen der Waffenstillstand möglich und es würde dem General Wrangel
die Ehre bleiben, den Dänen sowohl die Schärfe des deutschen Schwertes als die Macht des deutschen Nationalge-
fühls kennen gelehrt zu haben.

NR. 146 (1. OCTOBER 1848)
T. Briefe über die Landesversammlung
I.

Sie erlauben wohl, daß ich Ihnen von Zeit zu Zeit über
unsere L.-V. einige Worte sage. Aufmerksamer aber ruhiger Zuschauer meine ich eine gewisse Unparteilichkeit in
Anspruch nehmen zu können – nicht jene verächtliche der
Gesinnungslosigkeit, aber wohl die Unparteilichkeit, nicht
Jeden auf der Rechten für einen Aktenstock, noch Jeden
auf der Linken für einen Demosthenes zu halten. Die Vorliebe für meine Partei geht nicht so weit, daß ich bei ihren
Anhängern mein Urtheil in die Tasche stecken sollte. Allerdings soll man, um auf der Höhe der Zeit zu sein, seinen
Verstand gefangen nehmen unter der Herrschaft der Partei
und keinen Gott haben außer ihr; aber Sie müssen es mir
schon gestatten, meine Freiheit auch der Partei der Freiheit
nicht aufzuopfern. Die Censur der Redlichkeit, des Talents
und des guten Geschmacks steht über allen Parteien und
verdammt in gleichem Maße den reactionären wie den
revolutionären Jesuitismus, die naive Einfalt des Landpfarrers und die gedankenlosen Formeln der Bureaukratie,
die pastörliche Kapuzinade und die revolutionäre Pauke.
Die Beispiele würde ich Ihnen nennen, wenn nicht leider
unsre lieben Deutschen in jedem persönlichen Tadel eine
persönliche Malice fänden, und so gern sie ihrem Nachbar

Streiche gönnen, doch jeder seine eigne Tadellosigkeit und Unverletzlichkeit gleichsam in den frankfurter Grundrechten geschrieben glaubte.

Die Parteien hat Ihnen Ihr § Korrespondent in Nr. 142 übersichtlich geschildert. Die Linke hat sich bis jetzt nicht getrennt, doch dürfte bei längerem Zusammensein der Marsilyclub schwerlich einer Spaltung entgehen, nicht so sehr im Zweck – denn die Demokratie im vollen Sinne ist der Zweck Aller – als in den Mitteln. Die Demokraten quand même und die, welche die Demokratie jetzt nur wollen, so weit sie jetzt möglich ist, haben sich, wie man hört, schon in der Frage über die allgemeine Volksbewaffnung nicht einigen können; denn, so wünschenswerth diese Allen erscheint, so giebt es doch Viele, welche es leugnen, daß die Demokratie wie Kadmus die geharnischten Männer aus dem Boden stampfen könne. Aehnliche Differenzen werden bei der socialen Frage sich ergeben; daß dereinst, wenn das Land Geld oder doch Kredit hat, etwas Ernstliches für die kleinen Leute geschehen muß, wird die ganze Linke zugeben, während wir vermuthlich von der eben bezeichneten Fraction hören werden, daß schon jetzt und gleich etwas geschehen kann und muß. Eine solche Trennung war auch bemerkbar bei der Abstimmung über das St.-Grdges.; mit den Modificationen der Regierung war die ganze Linke nicht einverstanden, aber während die Meisten um des Ganzen willen im Einzelnen sich fügten, verwarfen 18 Mitglieder um des Einzelnen willen das Ganze. Hier sind die Anfänge einer äußersten Linken, um den banalen Ausdruck zu brauchen; denn von Rechtswegen hieße sie eher die blinde Linke. Von wirklicher Bedeutung ist unter diesen Aeußersten nur Th. Olshausen, allerdings Einer für Viele, denn die Coulissendonner des Dr. Dreis und die gedankenlose Heftigkeit des Advokaten Friederici sind beide weder nützlich, noch schädlich. Was Olshausen der Versammlung ist, wird man erst in den Tagen der Gefahr ganz ermessen; er wird dann ein Eckstein sein auch für Viele, die jetzt seinem Einfluß sich entziehen. Es sind nicht die Kenntnisse, noch die klare und einfache Entwickelungsgabe; die Macht der Ueberzeugung, der leidenschaftlich feste Wille, der gewaltige Glaube an eine freie Zukunft macht ihn zu dem ersten Manne der Versammlung. Wir erinnern die, welche es gehört haben, an seine Interpellation in der Unterhandlung über die Flagge: wer hier wage von Waffenstillstand zu sprechen. Die übrigen namhaften Mitglieder der Linken, Amtm. Jacobsen, Steindorff, Ohrt, Jensen, Kamphövener, Dr. Lorentzen, Matthiessen, J. Olshausen, gehören ihrer Gesinnung nach nicht jener äußersten Fraction an. Eine scharfe Trennung wird schwerlich je eintreten, da wie gesagt principielle Verschiedenheiten kaum existiren. Wer die Männer der Olshausenschen Partei als die Republikaner bezeichnen wollte, würde sehr irren; es ist vielleicht Niemand auf der ganzen Linken, der nicht sehr gut wußte, daß der Streit: ob Republik oder Monarchie? eine hohle Schulfrage ist und daß die Zwecke der Demokratie innerhalb der Grenzen der constitutionellen Monarchie vollständig erreicht werden können. Den Phrasensturzbach des Herrn Grafen von Jersbeck und seiner Collegen außerhalb der Schloßkirche kann freilich das nicht ändern und die republikanischen Umtriebe, die anarchischen Wühlereien, die ungeheuren Ueberstürzungen, jene ganz armselig tautologische Phraseologie wird uns nach wie vor in die Ohren klingen; aber alle verständigern Männer auf beiden Seiten wissen es, daß die Schimpfreden von Republik einer-, von Absolutismus andrerseits ein bloßer Spektakel für die Gallerie sind und nur von dem geringen Gerechtigkeitssinn und noch geringeren Witz ihrer Urheber zeugen.

Die Rechte ist natürlich noch mit der Parteienbildung zurück; das Blut fließt hier träger und die Bedenklichkeit, ja selbst die Faulheit ist hier größer. Prehn von Altona ist jedenfalls der erste Führer der gemäßigten Rechten; ohne Redner zu sein, hat er dafür die Gabe in der Regel den Nagel auf den Kopf zu treffen, und einen praktischen Sinn, der mitleidlos die poetischen Proclamationen zermalmt. Ohne Demokrat von Haus aus zu sein, macht er dem self-government doch die nothwendigsten Concessionen, soweit bureaukratische Gewohnheiten und die Furcht, ob das Volk auch des Gängelbandes entbehren könne, sie ihm gestatten. Wie beim Staatsgrundgesetz werden wir ihn wieder bei der Städteordnung besonders thätig sehen; wo er z.B. im Gegensatz zu Steindorff und Kamphövener an der Ernennung des Bürgermeisters durch die Regierung festhält. Lüders, Mommsen, Prangen, Balemann, Preußer sind mehr oder weniger ebenfalls zu dieser Partei zu zählen. – Der alten Schule der Bureaukratie, zu der Rathgen, Wamstedt, Moltke, Liliencron, Ravit, Callisen gehören, ist ihre Vergangenheit sehr hinderlich, selbst bis zur Ungerechtigkeit. Die Demokraten können es noch nicht zu jener göttlichen Vergebungsseligkeit bringen, der ein bekehrter Sünder lieber ist, als hundert Gerechte. Hoffentlich wird den zum Theil bedeutenden Talenten dieser Männer die Anerkennung nicht länger vorenthalten werden, wenn sie sich mehr als bisher davon überzeugt zeigen, daß die Freiheit allerdings möglich ist, und wenn sie von dem geheimen Aerger, daß das Volk auch ohne Bureaukraten sich selber regieren kann, allmählig genesen. – Unser würdiger Falck nimmt an Parteidebatten wenig Theil, dagegen erfreut es oft wieder zu bemerken, wie er mit den mannigfaltigsten Kenntnissen den klarsten bon sens verbindet. – Den Grafen Reventlow würden wir unsers Theile ungern vermissen, so sehr sein verbiage unerträglich, so sehr seine Sermone langweilig, so sehr seine Anweisungen, wie eine Committee sich zu benehmen habe, impertinent sind. Es ist zweckmäßig, daß in dieser demokratischen Versammlung das Gespenst der Aristokratie noch spuke, wäre es auch nur als Vogelscheuche. Proselyten hat er bisher schwerlich gemacht, und lebt er daher auch, mit der Gegenwart ziemlich zerfallen, in Erinnerung der Vergangenheit und, wie Einige behaupten, in der Hoffnung auf die Zukunft – der Immediatcommission. Daß übrigens jetzt eine äußerste Rechte sich gebildet haben soll, die selbst den genannten Grafen der Ueberstürznng beschuldigt, bestehend allein aus den Herren Nickels (von dem man behauptet, daß er bis jetzt noch für keinen Antrag aufgestanden) und Prof. Ratjen (dem bekannten „Urängsterling“), wird erzählt; ob es wahr ist oder bloß gut erfunden, wird Sie wohl wenig kümmern.

Advokat Samwer mögen wir weder mit Stillschweigen übergehen, da er ein gewandter Redner und ein bedeutendes Talent ist, noch auch irgend einer Partei anschließen. Wir glauben ihm nicht Unrecht zu thun, wenn wir von ihm sagen, daß er nicht Politiker, sondern Advokat ist, und statt für Nationalität oder Demokratie zu kämpfen, sich bloß die Aufgabe gestellt hat, den Prozeß Schleswig-Holsteins contra Dänemark auf Grund der Acten in possessorio hier und definitiv in der Recursinstanz zu London zu gewinnen. Daher die juristische Erbitterung, mit der er für den Besitz Nordschleswigs ficht, als wenn mit dem Verluste dieses Theils unsere Sache verloren wäre. Wir unseres Theile, die wir keineswegs Verehrer der vergilbten Pergamente sind, möchten seinem Talent eine andre Bahn wünschen, und sähen es gern, wenn er überhaupt nicht jeden Antrag als einen „gegnerischen“ betrachtete, der möglichst zu Grunde zu richten ist. Wir erinnern an die Verhandlung über den Antrag des Dr. Meyer gegen die Umtriebe der Propaganda, die bloß durch die lange und geschickte Rede Samwers den

Anstrich erhielt, als beantrage der Ausschuß Exceptional-
gesetze, was völlig irrig war, aber der ganzen Debatte eine
schiefe Richtung gab. Aehnlich war die Beschuldigung,
als beantrage der Ausschuß zwangsweise Eintreibung der
Kriegssteuer von den durch den Krieg Verarmten, woran
natürlich der Ausschuß nie gedacht und höchstens sich
nachlässig ausgedrückt hatte. Natürlich ist das alles nicht in
perfider Absicht geschehen; aber es ist die leidige Advoca-
tengewohnheit, die gegen jede Vorlage eines andern im
Kriegszustand sich befindet, und die in diesem Saale lästig
und schädlich ist. Im Ganzen ist die Rechte etwas stärker
als die Linke, jedoch nicht in der Weise, daß nicht in allen
mittleren Fragen bald diese, bald jene den Sieg davon träge.
Ein großer Uebelstand ist die Abwesenheit sehr vieler Mitglieder; selten sind mehr als einige 80 im Saal, so daß also
stets 20 bis 30 abwesend sind. Da nach der Geschäftsordnung ein Beschluß nur gefaßt werden kann, wenn 78 Mitglieder anwesend sind, so kann sehr leicht der Geschäftsgang ins Stocken kommen, wenn die Herren ihres Amt
nicht sorgfältig warten. Es wäre sehr wünschenswerth,
wenn bei jedem Protocoll die Namen der Anwesenden
veröffentlicht würden, damit die Mandanten eine strenge
Kontrole darüber ausüben könnten. – Kein billiger Richter
wird behaupten, daß es der Versammlung an Talenten und
gutem Willen fehle; eher wäre die Klage begründet, daß
die Versammlung einen gewissen doctrinären, dem Leben
und der Praxis entfremdeten Charakter hat. Daß für die
20–30 Bauern, die in unsrer vereinigten Ständeversammlung saßen, etwa eben so viele Pastoren und Schullehrer
eingetreten sind, haben wir immer bedauert; daß man den
Leuten eingeredet hat, nur die könnten eine Constitution
machen, die etwas Latein gelernt (und regelmäßig auch
wieder vergessen) haben, hat keine gute Folge gehabt. Die
Herren, deren Reich nicht von dieser Welt ist, und deren

Aufstehen in der Versammlung sehr häufig das Signal zu allgemeiner Heiterkeit oder allgemeiner Retirade giebt, können jene unmittelbare Repräsentation der Landleute nicht ersetzen; um z.B. Witt aus Büsum hier zu haben, gaben wir unsrerseits gern vier Pastoren nach beliebiger Auswahl und einen Schullehrer dazu. Hätten die Bauern selber an dem Staatsgrundgesetz mitgearbeitet, so hätte man es dadurch dem Volke mehr „ans Herz gelegt" als durch zwanzig Proclamationen – ganz abgesehn von den Reden ohne Anfang und Ende über Schule, Kirche und Staat, die wir alsdann nicht gehört haben würden.

Bei Gelegenheit dieser verunglückten Proklamation zur Einführung des Staatsgrundgesetzes möchte ich auf ein Mittel aufmerksam machen dieselbe zu ersetzen, und thue dies gleich hier, da ich nicht weiß, wann ich die Feder wieder ergreife. Wäre es nicht zweckmäßig, daß die Regierung die Prediger anwiese, an dem Sonntag, wo das Staats–Grdges, in den Kirchen verlesen wird, darüber eine Predigt zu halten? Werden doch jährlich Sieges- und Eidespredigten gehalten, und ist überhaupt zu hoffen, daß politische Predigten allgemeiner werden. Wir wünschen, daß der Vorschlag Beachtung finde, wenn nicht bei den Behörden, doch bei den Geistlichen selbst.

Nr. 147 (3. October 1848)
T. Briefe über die Landesversammlung
II.

Daß die L.-V. ihre Zeit nicht zu Rath halte, kann kein billiger Beurtheiler sagen. Ungleich so mancher andern deutschen Ständeversammlung, deren ganze Thätigkeit darin besteht, Fragen und Antworten zu spielen und deren geschichtliche Bestimmung nur die zu sein scheint, daß die junge Volkssouverainität in ihnen die Hörner sich ablaufe, leidet die unsrige weder an der Scheu vor soliden Arbeiten noch an dem Interpellationsfieber. Daß das letztere sich nicht eingestellt hat, ist allerdings zum Theil ein Verdienst des Commissars, dessen permanentes „Ich habe keine Kunde davon", auch den muthigsten Interpellanten abschreckt. Wie zu jedem Spiel gehören auch zum Frag- und Antwortspiel noch immer zwei. Eher könnte man unsre Versammlung beschuldigen, zu viele und zu große Arbeiten auf einmal anzufangen. Es kommt uns zuweilen vor, als wäre Weihnachten vor der Thür und das Wünschen an der Tagesordnung. Die Städter wünschen eine Städte-, die vom Lande eine Landgemeindeordnung, der Schulmeister ein neues Schulgesetz, der Bauer eine neue Landesmatrikel, der kleine Mann Abhülfe seiner Noth und die Resultate (?) der Instencommission, der philanthropische Dorfpfarrer „standesmäßige" Pensionen für alle emeritirten Staatsbürger, und Herr Syndicus Klenze wünscht sich gar alles zusammen: Oberappellationsgerichtsordnung, Civilprozeßordnung, Criminalgesetzbuch und Criminalprozeßordnung, Physicatsordnung, Revision der Pensionslisten und Revision der Abgabenverhältnisse, und zwar das alles „unverzüglich"! Daß dies lauter ganz vortreffliche Dinge sind, bestreiten wir nicht, stimmen aber durchaus dem Abgeordneten bei, welcher meinte, man müsse damit anfangen, die Sitze der Abgeordneten für erblich zu erklären. Wohl ist es wahr, daß die Reorganisation unseres ganzen Staatswesens ein dringendes Bedürfniß ist; daß dieselbe aber jetzt, wo wir noch um die Existenz unseres Staates kämpfen und die Unzufriedenheit, welche alle Veränderung des Bestehenden zur Folge hat, zu scheuen haben, daß sie in dieser Weise ausgeführt werden kann, bezweifeln wir. Außer den schon in früheren Jahren vorbereiteten gesetzlichen Arbeiten wird vielleicht wenig bis zur practischen

Durchführung vollendet werden. Wir sind aber überhaupt der Meinung, daß unsere L.-V. keineswegs begriffen hat, welcher Antheil ihr bei dieser Reorganisation zukommt. Sie nimmt eine, wie wir meinen, viel zu ausgedehnte Initiative in Anspruch, während sie sich darauf beschränken sollte, die erforderlichen Gesetze zu provociren und zu controliren. Der Neubau der Staatsverwaltung muß ein Ganzes sein, und nicht in einzelnen Abtheilungen in zufälliger Ordnung und von „den verschiedenartigsten Committeen, bei deren Wahl weder die menschliche Vorsicht noch die göttliche Vorsehung zu walten scheint, in Angriff genommen werden; darum geht er überall von dem Ministerium und nur mittelbar von der Majorität der Ständeversammlung aus. Bei uns scheint diese selbst bauen zu wollen; wir fürchten sehr, daß sie selbst bald erkennen wird, wie wenig eine zahlreiche und schwerfällige Versammlung mit schwankenden Majoritäten zum Baumeister geeignet ist. Ueberdies geht ihr natürlich die erforderliche Kenntniß der gegenwärtigen Sachlage, der unmittelbare Verkehr mit den Behörden ab; es ist ihr nicht möglich, durch die Administration selbst der Gesetzgebung vorzuarbeiten, eine neue Districtseintheilung – die Grundlage aller Reorganisation – allmälig ins Leben zu rufen und durch Versuche in einzelnen Aemtern und Districten dem Lande das gefahrvolle Experimentiren zum Theil zu ersparen. Allerdings geht diese Klage gegen die L.-V. zurück in die eine und allgemeine, die schon seit vielen Monaten in diesen Blättern und von allen einsichtigen Staatsbürgern geführt ist: *Warum haben wir noch immer keine Minister?*

Daß unsere L.-V. neben den gesetzlichen Arbeiten sich vor allem um die laufenden Geschäfte der Verwaltung kümmert, daß sie unsre politischen Angelegenheiten überwacht, und sowohl der Immediatcommission als der Propaganda ihr Auge zuwendet, bleibt in der Lage, worin wir sind, Hauptaufgabe, und möge sie sich ja nicht irre machen lassen durch den Ruf derjenigen, welche ihre Feigheit und zum Theil wohl auch ihre reactionären Zwecke verstecken hinter der Vorschrift, daß die Landesversammlung sich nicht in die Verwaltung zu mischen habe. Verwalten soll die Volksvertretung freilich nicht, wohl aber die Verwaltung, wann und wie es ihr nöthig scheint, beaufsichtigen und dirigiren; unsere L.-V. hat um so mehr diese Pflicht, weil die prov. Reg. ja von ihr ausgegangen, in gewissem Sinne eine von ihr eingesetzte Executiv-Commission ist. Was wir bei der Einwirkung der L.-V. auf die Administration hauptsäch- lich vermissen, ist das Ineinandergreifen der Thätigkeit der Regierung und der L.-V.; diese bekümmert sich nicht hin- reichend um die von der Regierung in dem betreffenden Fall getroffenen Maßregeln, was zur Folge haben wird, daß diese wiederum sich um die speciellen Vorschläge der L.-V. sich nicht kümmert. Einen Beleg hiefür finden wir in den Verhandlungen über DR Meyers Antrag auf Einschreiten gegen die dänische Propaganda. Wenn man das Vorschla- gen specieller Maßregeln gemißbilligt und als einen Eingriff in die Administration bezeichnet hat, so ist dies natürlich eine vollkommene Absurdität; wenn jeder Privat– mann das Recht hat, der Regierung einen guten Rath zu geben, so wird doch hoffentlich auch der L.-V. dies gestattet sein. Ungemein befremdet aber hat es uns, daß weder die Committee noch sonst Jemand in der Versammlung sich darum bekümmert hat, welche Maßregeln die Regierung zur Abwehr der dänischen Eingriffe schon getroffen habe. Kaum daß der Commissar einige Male hinwies auf die von der prov. Reg. erlassenen Verfügungen, und daß erst durch eine zufällige Frage Falcks die Versammlung die Existenz eines außerordentlichen Regierungscommissars für Nord- schleswig erfuhr, deren Einführung sie eben zu beantragen im Begriff war. Verständiger Weise hätte die Committee, ehe sie einen Antrag gestellt, von der Regierung detaillirte Außchlüsse fordern sollen nicht bloß in Betreff der Verordnungen, die in der „Schlesw.-Holst. Ztg." stehen, sondern auch in Betreff der Instructionen, die sie ihren Beamten gegeben, und in Betreff der Erklärungen derselben über die Lage der Dinge im Norden und über die Ausführbarkeit und Ausführung der ihnen gewordenen Vorschriften; auf den Grund solcher Mittheilungen hin hätte die Committee und die Versammlung alsdann bestimmen können, ob und was noch ferner zu thun sei. Daß die Committee dies übersah und neben einer allgemeinen guten Ermahnung ins Blaue hinein diese und jene Maßregel vorschlug, halten wir für gänzlich zwecklos und konnte zu nichts führen, als zu der kurzen Antwort ungefähr des Inhalts, daß die Regierung die allgemeine Ermahnung ebenso wie die speziellen Vorschläge als überflüssig ansehe (Sitzung vom 28. Sept.). Es war das nicht unverdient, denn die allgemeine Aufforderung war eine jener vielen nutzlosen Demonstrationen, wo wie man sagt „etwas geschehen muß" und darum etwas Nutzloses geschieht, und die speziellen Maßregeln waren nicht motivirt, weil man weder die Beschaffenheit des Uebels noch die dagegen schon angewandten Mittel genügend kannte. Aber es darf auch nicht verkannt werden, daß die Veranlassung zu solchen Verkehrtheiten der prov. Regierung zur Last fällt. Getrennt von der L.-V., vertreten durch einen schlecht unterrichteten Commissar, der weit eher der Briefträger als das Organ der prov. Regierung heißen kann, zurückhaltend mit ausführlichen und intimen Mittheilungen drängt die prov. Regierung die L.-V. selbst gewissermaßen dazu auf eigene Hand zu verfahren, thut wenigstens gar nichts dazu, um mit ihr Hand in Hand zu gehen. Bei der exceptionellen Stellung unsrer obersten Behörde bleibt uns auch hier nur die Klage übrig: *Warum haben wir noch immer keine Minister?*

Da wir einmal dabei sind, über die letzten Beschlüsse unsre Meinung zu sagen, so wollen wir uns einige Worte erlauben über die Debatten wegen Verlegung des Sitzes der Reg. von Rendsburg nach Schleswig. Leidenschaft ist eine vortreffliche Sache und besonders in unserm lieben sinnigen Vaterland, wo der Enthusiasmus das Bürgerrecht nicht hat, und wo daher auch keine Redner gedeihen, denn die Leidenschaft allein macht den Redner – pectus facit disertum. Wir hätten aber wohl gewünscht, daß die Leidenschaft sich ein edleres Schlachtfeld gesucht hätte als das des Localpatriotismus der Rendsburger, Kieler und Schleswiger, und daß diese Frage mit jener Ruhe behandelt worden wäre, die bei den Debatten über das Staatsgrundgesetz beobachtet ward. Daß fast ein jeder Redner damit anfing, er habe die Absicht gehabt in dieser Sache zu schweigen und er die materiellen Gründe als irrelevant bezeichnete, bewies nur, daß Jeder sich vor sich selbst seiner Pfahlbürgerei schämte, und daß Jeder selbst die Verkehrtheit seiner Gründe begriff. Wir wollen keineswegs die Rechnung aufmachen zwischen den Prätensionen der drei hadernden Städte, wohl aber es aussprechen, daß wir das Resultat beklagen. Daß die gesetzliche Fixirung des Sitzes der Regierung erforderlich und ein nothwendiger Theil des Testaments unsrer jetzigen Regenten war, wird jeder Verständige zugeben. Ohne Zweifel hat die provisorische Regierung auch im besten Glauben und ohne jede Rücksicht auf eigene Sympathieen und Gewohnheiten die Stadt Schleswig zum Regierungssitz erwählt, wir fürchten aber sehr, daß sie nicht richtig gehandelt hat. Wenn man dadurch seine Sicherheit zeigen will, daß man dem Feinde näher rückt, so ist das eine eitle Bravour, eine jener Demonstrationen mehr, wodurch man unbequeme Eventualitäten nicht beseitigt, sondern blos verläugnet. Daß den Dänischgesinnten in Nordschleswig oder gar den Dänen auf Alsen dadurch imponirt werde, bezweifeln wir sehr. Die Wirksamkeit der Behörden hängt nicht ab von der Zahl der Meilen, welche der Untergebene mehr oder weniger entfernt ist. Eine Compagnie Soldaten mehr würde gegen die Dänen bessere Dienste gethan haben, als die ganze Landesversammlung. Nach unserer Ansicht mußte die Regierung bis zum Frieden bleiben, wo sie war, und die Landesversammlung ihr folgen. Wir wollen mit dem Herrn Commissarius glauben und hoffen, daß es nicht wieder zum Kriege kommt; aber sichere Kunde kann auch er darüber nicht haben und kommt es dazu, so wird doch Rendsburg abermals der Sitz der Behörden werden müssen. Der idealen Sicherheit, die den Bajonetten durch moralische Kraft trotzt, ziehen wir die reelle Festigkeit der Wälle von Rendsburg durchaus vor. Auffallend aber ist es, daß man diese wahrlich wichtige Frage aus Gründen, die anerkanntermaßen vorübergehender Art waren, definitiv entschieden hat; während doch geographisch die Lage von Schleswig anerkanntermaßen ungünstig ist. Man sagt freilich, daß auch das definitive Gesetz immer abgeändert werden kann; aber man verschweigt, daß Gesetze dieser Art, welche eine dauernde Einrichtung großer Geschäftsbetriebe und sehr viele Privatverhältnisse begründen, späterhin ungemein schwer zu beseitigen sind. Man hätte, auch wenn man einmal Schleswig wählte, jedenfalls in Hinblick auf die Gründe der Wahl beifügen müsse[n], daß Schleswig (nicht „bis weiter", sondern) bis zum definitiven Frieden der Sitz der Regierung sein solle; man hätte damit dasselbe erreicht, und den wahrlich sehr wichtigen Gründen, die für Kiel sprechen, nicht präjudicirt. Wir haben sehr ungern in den Debatten über diese Frage statt politischer Erwägung nur Deferenz gegen die hohe Regierung und die zum Theil höchst komisch sich gebehrdenden vaterstädtischen Sympathien gefunden, welche nur ehrenhaft sind, wenn und insoweit sie mit der Vaterlandsliebe nicht in Collision kommen.

II. Aus „Die Nation, Wochenschrift für Politik, Volkswirthschaft und Litteratur

Herausgegeben von Dr. **Th. Barth.** *"* 20. *Jahrgang, Nr. 11
(13. Dezember 1902), S. 163–164*

Was uns noch retten kann

Der Umsturz der Reichsverfassung entwickelt sich rasch. Nachdem durch gewissenlose Interpretation der Berechtigung zusammenfassender Beschlüsse man sich die Befugniß verschafft hat ein in alle wirthschaftlichen Verhältnisse tief einschneidendes, die mannigfaltigsten und wichtigsten Lebensfragen der Nation wie der Einzelnen bestimmendes Gesetz ohne jede ernste Diskussion formell zu legalisiren, ist nun auch das Rederecht im deutschen Reichstag von dem Belieben eines jeden augenblicklich Vorsitzenden abhängig gemacht worden, hat also aufgehört ein Recht zu sein. Was folgen wird, wird sich zeigen. Wir stehen nicht am Schluß, sondern am Beginn eines Staatsstreiches, durch den der deutsche Kaiser und die deutsche Volksvertretung dem Absolutismus eines Interessenbundes des Junkerthums und der Kaplanokratie unterworfen werden sollen. Das einstmalige absolute Regiment des Monarchen war, verglichen mit dem uns drohenden, eine milde und humane Regierungsform. Der absolute Herrscher ist weder Kaufmann noch Landwirth noch Priester und seine Stellung eine über den privaten Interessen stehende und somit nothwendig unparteiische; jetzt sollen die verbündeten Interessen niedrigster Art darüber entscheiden, ob Kanäle und Flotten gebaut und wie zum Besten der regierenden Cliquen der Staatsbürger auszubeuten ist und die Wissenschaft zu knebeln.

Gibt es gegen diesen in der Vollziehung begriffenen Staatsstreich noch eine Abhilfe, so kann sie nur erreicht werden durch den Zusammenschluß aller nicht in diese Verschwörung verwickelten Parteien, selbstverständlich unter Ausschluß derjenigen, die die Namen wie des Liberalismus so auch den der Nation geschändet hat, und selbstverständlich mit Einschluß der sozialdemokratischen. Dem ebenso falschen wie perfiden Köhlerglauben muß ein Ende gemacht werden, daß die Nation sich theile in Ordnungsparteien und in eine Umsturzpartei und daß es die erste politische Pflicht ,der zu jenen sich zählenden Staatsbürger sei, die Millionen der Arbeiterpartei als pestverdächtig zu meiden und als staatsfeindlich zu bekämpfen.

In der That gibt es im politischen Leben weder Ordnungs- noch Umsturzparteien, oder, wie man es auch ausdrücken kann, jede Partei ist eine Umsturzpartei. Was sind die Ziele bei uns der Liberalen, des Centrums, der Junkergesellschaft, der Arbeiterpartei? Die Liberalen möchten das Reichsoberhaupt in den ersten Beamten des Staats umwandeln nach dem Muster Englands und Nordamerikas. Für unsere Nation mit ihrem tiefen, anscheinend unzerstörbaren dynastischen Gefühl ist das der Umsturz. Das Centrum möchte die Rekatholisirung Deutschlands da aufnehmen, wo sie im siebzehnten Jahrhundert abgebrochen ward, und unsern Herrscher umwandeln in den Statthalter des Statthalters Gottes auf Erden. Auch ein Umsturz. Die Junkerpartei strebt nach dem formell gesicherten Alleinbesitz der höheren Beamten- und Militärstellungen und will den deutschen Kaiser herabdrücken zum ersten unter seines Gleichen. Gewiß ebenfalls ein Umsturz. Die Sozialdemokraten beabsichtigen oder behaupten zu beabsichtigen, daß die Volkswirthschaft von der privaten Kapitalbildung absehen und daß jedem, ohne Unterschied seiner Leistung, aus dem großen allgemeinen Topf das gleiche Quantum Suppe verabreicht werde. Das stürzt freilich auch alle bestehenden Verhältnisse um.

In der That, hinsichtlich des Umsturzes haben sämmtliche Parteien sich wenig vorzuwerfen. Sie verfolgen alle letzte Zwecke, deren Erreichung der Untergang der bestehenden Ordnungen sein würde. Davon ist die Moral, daß kein politisches Gemeinwesen die Parteien entbehren kann, aber auch keines des Gegensatzes der Parteien; daß die eine durch die anderen beschränkt, in Schach gehalten und an der Alleinherrschaft gehindert werden muß. Oder, was dasselbe ist in anderer Form, alles Staatsregiment besteht in der Ausgleichung gegensätzlicher Interessen, in der Herbeiführung von Zuständen, wo die rivalisirenden Richtungen sich in leidlicher Weise in einander schicken, während keine voll ihren Willen durchsetzt und also das Gemeinwesen balancirt.

Für den gegenwärtigen schweren und gefährlichen Moment ist nichts nothwendiger als Einverständniß derjenigen Liberalen, die noch berechtigt sind sich also zu nennen, und der Arbeiterpartei. Dafür wird freilich auf beiden Seiten Abkehr und Umkehr erfordert.

Die ernstlich freisinnigen Mitglieder der sogenannten Ordnungsparteien werden selbstverständlich nicht aufhören, den von der Arbeiterpartei aufgestellten letzten Zielen entgegenzutreten und die Beherrschung ,der Parlamente durch eine Arbeitermajorität, wie sie hie und da in Australien einigermaßen realisirt worden ist, als gemeinschädlich zu betrachten. Aber alles politische Zusammengehen bezieht sich nicht auf die letzten Ziele, sondern auf die nächsten. Das natürliche und jetzt mehr als je gebotene Zusammengehen zwischen dem ehrlichen Freisinn und den durch die Habsucht der Interessencliquen gedrückten und zum Theil erdrückten, grollenden Arbeitermassen muß in die That umgesetzt werden. Es darf nicht mehr geschehen, daß der Freisinnige dem unverschämten oder verschämten Reaktionär seine Stimme lieber gibt als dem Sozialdemokraten. Wie es keinen besseren nationalen Kitt gibt als das auf dem Schlachtfeld gemeinsam vergossene Blut, so muß auch auf der politischen Wahlstatt das Zusammengehen gegen den gemeinschaftlichen Feind zu innerer Einigung führen.

Aber auch die Sozialdemokraten sollten ihre Haltung ändern. Ich bin nie einer gewesen und gedenke auch nicht es zu werden; aber es ist leider wahr, zur Zeit ist dies die einzige große Partei, die Anspruch hat auf politische Achtung. Von dem Talent ist es nicht nöthig zu reden; jedermann in Deutschland weiß, daß mit einem Kopf wie Bebel ein Dutzend ostelbischer Junker so ausgestattet werden könnten, daß sie unter ihresgleichen glänzen würden. Die Hingebung, die Opferbereitschaft der sozialdemokratischen Massen imponirt auch dem, der ihre Zwecke nichts weniger als theilt. An der Disziplin der Partei, deren ungeheure Schwierigkeiten uns ihre Parteitage drastisch vor Augen führen, könnten namentlich unsere Liberalen sich ein Muster nehmen. Aber auf der andern Seite ist auch nicht zu bestreiten, daß an der gegenwärtigen fast verzweifelten Lage der Staatsverhältnisse die Sozialdemokratie einen guten Theil der Schuld trägt. Unter ihren denkenden Führern – alle denken sie nicht – kann keiner sein, der nicht erkennt, daß unter den Anhängern der kapitalistischen Wirthschaft eine sehr große Anzahl das ernstliche Bestreben hat, nicht den Sozialdemokraten ihren Willen zu thun, nicht eine Arbeitertyrannei einführen zu helfen, aber innerhalb der bestehenden Ordnungen zu bessern und zu mildern, und zwar nicht im Wege des Almosens, das der Arbeiter mit Recht abweist, sondern im Wege der

Gleichberechtigung von Mann und Mann. Einen Mann wie den todten Krupp, dessen tragisches Ende auch zu den schweren Schicksalen unseres unglücklichen Landes gehört, sollte auch der sozialdemokratische Arbeiter anders würdigen, als es geschieht. Die sozialen Bestrebungen unserer Regierung und sogar nicht weniger von der Habsucht nicht völlig demoralisirter Parteiführer mag der Sozialdemokrat immer als unzulängliche Abschlagszahlung bezeichnen; aber es ist eine für mich unbegreifliche Gemüthsroheit, daß diese Massen für solches *Wollen* und zum Theil auch Vollbringen gar keine Empfindung zu haben scheinen. Daß dies zugleich praktisch ungefähr das Verderblichste ist, was sie für ihre Interessen thun können, ein politischer Selbstmord, das werden sie in dieser Krise nur zu bald erfahren.

Theodor Mommsen.

Anmerkung. Mommsen bot dem Herausgeber der „Nation", *Th. Barth,* diesen Artikel in einem Schreiben an, das dieser in der „Nation", XXI. Jahrgang, Nr. 6 (7. November 1903) und dann wieder in seinem Buche „Politische Porträts", Berlin 1904, S. 136f., in Faksimile zum Abdrucke brachte. Es lautet:

„Lieber Freund!

Würden Sie es zweckmäßig finden einen Artikel in die Nation zu nehmen, der die schlimmen Eigenschaften der Socialdemokratie, daneben aber ihre Tüchtigkeit, ihre Opferwilligkeit, ihre Disciplin den Ostelbiern und den Kaplänen gegenüber aus einander setzt? Ich bin zweifelhaft darüber, ob es opportun ist unsere Sache mit der socialdemokratischen zu identificiren; vielleicht schadet das mehr als es nützt. Sonst bin ich bereit einen solchen Artikel zu schreiben und zu zeichnen. Meiner Meinung nach geht alles um alles; in den nächsten sechs Monaten kann ein gutes Stück ganze Arbeit gemacht werden. Es ist eines Jeden Schuldigkeit für die Sache einzutreten; helfen wird es freilich nichts. Exoriare aliquis ex ossibus ultor!

Ch. 7/12. 1902.

Ihr Mommsen."